Stefan Heimer
Spinnen

Michael Meyer
Braunschweig, den
18 Juli 2011

Stefan Heimer

Spinnen

Faszinierende
Wesen auf acht Beinen

 Landbuch
Verlag

Fotos:

Dr. Stefan Heimer, Dresden: Seiten 8, 9, 12, 13 (2), 17 o., 20, 21, 25, 28, 29 l., 36, 37, 41, 44 (2), 45, 48, 49, 53 (2), 60, 61, 65, 68, 69 (2), 76, 77, 80 o., 81, 84, 85, 88, 89, 93, 96, 97 (2), 100 (2), 101 (2), 112, 120 (2), 121 (2), 128, 129, 132, 133, 136 (2), 137, 140 (2), 141 (2), 144 (2), 145, 148 (2), 149 (2).
Joachim Pötzsch, Radeberg/Sachsen: Seiten 17 u., 23, 29 r., 32, 33, 80 u., 105.

© Landbuch-Verlag GmbH, Hannover, 1997

Lektorat: Dr. Helge Mücke, Hannover

Gesamtherstellung: Landbuch-Verlag GmbH, Hannover

ISBN 3 7842 0543 7

Inhalt

Zu diesem Buch

Die Spinnen sind eine Tiergruppe, von der seit langem viele Menschen fasziniert sind. „Wunderbare Welt der Spinnen" hieß eines der erfolgreichen Bücher zu diesem Thema, das Stefan Heimer vor fast zehn Jahren im damaligen Urania-Verlag, Leipzig, veröffentlichte und das gleichzeitig im Landbuch-Verlag, Hannover, erschien. Seitdem wurde es als gute biologische Hintergrundinformation vielfach vermißt. Hiermit legen wir eine veränderte, völlig neu ausgestattete Ausgabe vor – wiederum mit dem Ziel, Grundkenntnisse zu vermitteln über jene seltsamen Tiere, die bei den einen Furcht auslösen, bei den anderen anziehend wirken und Neugier wecken.

Landbuch-Verlag, Hannover, 1997

Vorwort

„Das tückische Lauern in einem verborgenen Hinterhalt und das gegenseitige Befeinden, besonders der Weibchen und Männchen … charakterisiert jene kleinen Finsterlinge, welche man Spinnen nennt."

So jedenfalls steht es in einer der ersten Ausgaben von „Brehms Tierleben", dem oftmals einzigen Tierbuch in den Bücherschränken unserer Eltern und Großeltern. Einige Zeilen später wird darauf verwiesen, daß Spinnen „des Interessanten genug" bieten und es „eine nicht geringe Geisteskrankheit" sei, Spinnen und ihre Netze zu mißachten und zu verabscheuen. Und dann folgen Beschreibungen von Körperbau und Lebensweise verschiedener Spinnenarten, so, wie sie dem damaligen Stand der Forschung entsprachen.

Heute wissen wir natürlich wesentlich mehr über Spinnen – oder?

Während sich viele Hobby-Naturforscher und Wissenschaftler mit Vögeln und Schmetterlingen beschäftigen, ist die Zahl der Spinnenforscher relativ klein, gibt es immer noch Leute, die nicht einmal wissen, wie viele Beine sie haben.

Wir werden in diesem Buch erfahren, woran man Spinnen schnell und sicher erkennen kann, wie ihr Körper funktioniert, wie giftig diese Tiere wirklich sind. Mehr noch: Spinnen können fühlen, hören, schmecken und riechen sowie Feuchtigkeitsänderungen und unterschiedliche Temperaturen mit den vielfältigen Sinnesorganen ihrer Beine feststellen. Einige, allen voran die Springspinnen, verfügen über ein Sehvermögen, das dem unseren durchaus gleichwertig ist. Und ein erstaunlich kompliziertes Gehirn steuert alle Funktionen des Spinnenkörpers.

Natürlich erfreut sich unser Auge zuerst am Glanz der Spinnenseide. Doch kaum jemand ahnt, daß man den Faden eigentlich gar nicht sieht. Selbst der Schatten eines Spinnenfadens bleibt wegen seiner Feinheit für das bloße Auge unsichtbar. Noch bemerkenswerter sind Festigkeit und Elastizität des edlen Materials. Seit Jahrmillionen ist diese Seide der universelle Werkstoff aller Spinnen zur Herstellung von Wohngespinsten, deren Tapete äußerst widerstandsfähig ist gegen Feuchtigkeit, Fäulnis und Schimmel.

Diese Spinnenseide dient aber auch dazu, raffinierte Fangnetze zu bauen, die kleinen Tieren, vor allem Insekten zum Verhängnis werden. Und so, wie die Tiere versuchen, diesen Netzen auszuweichen, entwickeln sich im Spinnenreich immer neue Fangstrategien. Der „Coevolution" (der gemeinsamen Entwicklung bei wechselseitigem Einfluß) Spinne–Insekt eröffnet sich hier seit Jahrmillionen ein riesiges Versuchsfeld. Stolperdrähte, Fußangeln und Falltüren haben sich als Fangmechanismen bestens bewährt. Im Flugraum der Insekten sind umfangreiche Fadendschungel und die geradezu kunstvollen Radnetze zu finden. Doch auch diese sind nicht perfekt, werden zu Seidenschals „umfunktioniert". Oder die Spinnen locken mit Duft, mit Sexuallockstoff von Schmetterlingen.

Apropos Sex, es wird erzählt, daß die weiblichen Spinnen ihre Männchen verspeisen. Aber die Natur hat genügend Methoden hervorgebracht, aggressive Spinnenweibchen wenigstens für die Zeit der Vereinigung zu besänftigen. Spinnenmännchen klopfen arttypisch ans Netz, bringen ein Hochzeitsgeschenk oder vollführen rituelle Tänze bis hin zum symbolischen Fesseln des Weibchens. Oft sitzen beide Partner nach der Paarung friedlich nebeneinander, um sich ausgiebig zu putzen. Allerdings gibt es auch tödliche Umarmungen – zumindest für das Männchen. Die Mörderin ihres Gatten zeigt danach eine Brutpflege, die vom sorgfältigen Verpacken der Eier über das Füttern der Jungen bis zur Hergabe des eigenen Körpers als Nahrung für die Nachkommen reicht.

Oft schon nach wenigen Tagen hängen die Jungspinnen an eigenen Fäden in ihrer selbstgesponnenen Welt aus Seide, in einer Welt, die auch erfahrene Arachnologen immer wieder fasziniert durch ihre Vielfalt an Form und Farbe, in einer Welt, deren Geheimnisse nur annähernd bekannt sind. Sie zu lüften wird Naturfreunden Erlebnisse und Überraschungen bringen.

Dazu ist es aber günstig, wenn Sie wenigstens einige der etwa 1 000 Spinnenarten in Mitteleuropa beim Namen nennen können. Meist werden Sie „auf den ersten Blick" Netze, auffallende Farbmuster oder extrem lange Beine sehen, und nicht mit der Lupe Beinstacheln zählen wollen – sofern eine lebende Spinne in freier Natur sich das gefallen läßt. Richtiger ist es, „einen Blick" für diese oder jene Spinnenart zu bekommen, und zwar draußen im Lebensraum des Tieres. Dabei möchte ich Ihnen helfen. Und vielleicht gelingt es auf diesem Wege, die so tief verwurzelte Spinnenfurcht abzubauen und die Spinnen so zu sehen, wie sie wirklich sind.

Stefan Heimer, Dresden, 1997

Spinnen und Menschen

„Mathe ist doof" steht in großen Kreide-
lettern auf der Treppe vor dem Schulhaus.
Stimmt, denkt Karsten. Denn wie soll
einer auch begreifen, daß einskommafünf-
undsiebzig dasselbe ist wie sieben Viertel?
Und so beschließt er, erst einmal zu
„relaxen" am Ufer des nahen Teiches, wo
seine ganz spezielle Freundin wohnt.
Wahrscheinlich kennt nur er die Schöne,
und er spielt gerne mit ihr. Dort auf dem
Schilfblatt sitzt sie. Karsten streckt vorsichtig die Hand aus. Sie springt darauf und
schaut ihn an. Große schwarze Augen hat
sie. Hellbraun mit bronzefarbenem Muster
und olivgrünen Streifen ist ihr seidig
glänzendes Kleid aus Schuppenhaaren. Ihr
Name: Marpissa – eine von etwa 300
einheimischen Springspinnenarten.

Üblicherweise haben wir Mitteleuropäer
eine ganz andere Beziehung zu Spinnen.
Diese geht so weit, daß viele Menschen gar
nicht (mehr) wissen: Wie sieht eigentlich
eine Spinne aus? Woran erkennt man eine
Spinne? Und wenn es Ihnen auf Anhieb
auch nicht einfällt, fragen Sie doch einmal
irgend jemanden in Ihrer Nähe. „Eine
Spinne? Also, ich würde sagen... Aber
eigentlich...". So oder ähnlich werden
viele der erhofften Antworten beginnen.
Tatsächlich sind vielen Menschen diese
Tiere fremd, von Kenntnissen über ihre
Lebensweise ganz zu schweigen.

So las ich vor kurzem in einer Zeitschrift,
daß die Spinne so etwas wie ein stechen-
des Monster sei. Und Fotos von „der
Spinne" – meist eine Gartenkreuzspinne –
werden regelmäßig verkehrt herum ge-

◁ *Marpissa radiata* –
eine unserer schönsten Springspinnen.

Eurypelma spec. – eine der größten Vogelspinnen Amerikas.

druckt. Da zeigt der Kopf des Tieres fast immer nach rechts oben – vielleicht der positiven Wirkung wegen ... Daß sich aber die feinen Fäden des Spinnennetzes – unter der Last von Tautropfen und Spinne – nach oben durchbiegen, scheint kaum jemand zu bemerken. Beim Anblick des vielbeinigen Monsters Spinne kann man wohl sogar die Schwerkraft vergessen. Apropos Vielbeinigkeit: Nicht alles, was bizarr aussieht und viele (wieviele?) Beine hat, muß gleich eine Spinne sein. Eine junge Frau, die wußte, daß ich mich mit Spinnen beschäftige, fragte einmal, wo denn diese Spinne ihre Flügel(!) habe. Gemeint war eine Gespenstheuschrecke, die an Zimmerpflanzen schaukelte.

Offensichtlich wissen viele Mitmenschen über Spinnen nur, daß diese Tiere giftig, gefährlich und häßlich sind. Das war nicht immer so. Für unsere Vorfahren – wie für unvoreingenommene Kinder auch – waren das Wesen, die man nicht so recht verstand, weil sie sich ganz anders verhalten als Vögel, Säuger und Menschen. Respekt zollte man diesen Tieren ob erstaunlicher Leistungen wie etwa das Spinnvermögen, aber auch der Schnelligkeit und Giftigkeit einiger Arten. Man fand heraus, daß größere Spinnenarten eßbar, wohlschmeckend und nahrhaft sind. Manche Spinne wird von Kindern als Spielgefährte geliebt. Und doch haben Spinnen irgend etwas Geheimnisvolles.

9

Des Menschen ursprünglichste Beschäftigung mit Spinnen ist Staunen und Essen – auch heute noch. Oder staunen Sie nicht, wenn Sie das regelmäßige Netz einer Kreuzspinne entdecken oder bemerken, wie da eben eine Wolfsspinne davongehuscht ist? Und bei vielen Naturvölkern werden große Spinnen verspeist.

Die am Oberlauf des Orinoco im südlichen Venezuela heimischen Piaroa-Indianer ernähren sich hauptsächlich von pflanzlicher Kost. Tierisches Eiweiß steht nur selten auf dem Speiseplan. Wird ein Pekari-Schwein erlegt, essen die Piaroa nur wenig davon, die besten Stücke werden für das Fest „warime" aufgehoben. Vogelspinnen übrigens auch.

Tagelang tragen die Männer die lebenden Tiere mit sich. Erst zu „warime" werden die Spinnen getötet, geröstet und nach uraltem Ritual von den Jägern genußvoll gegessen. Große Vogelspinnen sind selten und deshalb eine Delikatesse.

Vor allem aber haben Spinnen etwas Mythisches. In Mikronesien zum Beispiel erzählt man von einer Alten Spinne, die als einziges Lebewesen im Nichts und Nirgends umherirrte, bis sie eine Muschel fand. In der Muschelschale schlief die Spinne drei Tage, und als sie erwachte, war es immer noch dunkel. Da verwandelte sie ein Schneckenhaus in den Mond. Ein Wurm half ihr, die Muschelschale etwas zu öffnen. Salziger Schweiß rann ihm dabei vom Körper und wurde zum Meer. Die Spinne fand noch ein zweites Schneckenhaus und machte es zur Sonne. Schließlich schuf die Alte Spinne Menschen – und damit auch Gut und Böse – in ihrer Muschelwelt. So kam es denn, daß die Erdentochter Sinekepapa einen Sohn namens Naleau gebar. Gierig wie Naleau war, leerte er nicht nur die Kokosnuß bis zum letzten Tropfen, sondern wollte auch noch den reichen Fang eines fleißigen Fischers. Allen Mahnungen zum Trotz verwandelte er sich in einen Hai und fraß alle Fische auf. Von den Menschen erkannt, wurde auch er wieder ein Mensch, schämte sich seiner und versank im Meer. Selbst der Faden, den ihm die Alte Spinne statt eines Seiles reichte, rettete ihn nicht

mehr. – Und so streckte die Spinne alle acht Beine aus und ruht weiter.

Auch im Mythos der Antike spielen Spinnen eine Rolle. Viele der wissenschaftlichen Spinnennamen wurden griechischen, römischen und germanischen Sagen entlehnt. Unsere Herbstspinne und ihre Verwandten tragen den Namen der germanischen Schicksalsgöttin Meta. Viele Kreuzspinnen heißen Argiope wie jene Nymphe, die Herakles' Sohn Telephos zur Frau nahm. Da ist auch der von einer Schlange getötete Knabe, der Archemoros genannt wurde – so wie eine Spinnengattung aus der Verwandtschaft der Kreuzspinnen. Und als Theseus das Orakel von Delphi falsch gedeutet hatte und sich in eine Königstochter verliebte, gab diese ihm ein Knäuel Faden, dessen Ende er am Eingang zum Labyrinth festknüpfte, damit er nach dem Kampf mit dem Minotauros zurückfände. Es war der sprichwörtliche Faden der Ariadne. Wen wundert es, daß auch eine Spinne Ariadna heißt? – eine in Nordamerika beheimatete Sechsaugenspinne.

Die wohl bekannteste Spinnensage ist die von Arachne, die ihren Namen den Spinnentieren, den Arachnidae, lieh. Als Tochter eines Pupurfärbers lebte sie in dem Städtchen Hypäpa in Lydien. Im ganzen Land war die fleißige Weberin Arachne bekannt, und selbst die Nymphen des Flusses Paktolos bestaunten ihre Kunstfertigkeit. Es wurde erzählt, das armselige Mädchen hätte die Webkunst von Athene gelernt. Arachne widersprach solchen Gerüchten und prahlte, noch geschickter als Athene zu sein. Die Göttin selbst verwandelte sich in eine alte Frau, ging zu Arachnes Hütte und bot ihr Rat und Hilfe an. Verächtlich soll sich Arachne der Greisin gegenüber geäußert haben.

Das war zu viel: Athene zeigte ihre wahre göttliche Gestalt und forderte die junge Lydierin zum Wettstreit auf. Die Göttin lobpreiste auf ihrem Gewebe die Götter, stellte aber auch den Hochmut der Menschen dar. Arachne dagegen zeigte den Göttervater Zeus, wie er mal als Stier, Adler oder Schwan jungen Mädchen aus dem Menschengeschlecht den Hof machte. Im Zorn zerriß Athene das Gespinst der fleißigen Jungfrau und warf ihr eine Spindel an den Kopf. Arachne, voll Zorn und vom Wahnsinn gepackt, erhängte sich. Im letzten Moment sprach die Göttin Athene: „Lebe, aber hange, du Verwegene, und so sei dein ganzes Geschlecht bis zu den spätesten Enkeln bestraft!" „...und sie schrumpfte zu einem winzigen, häßlichen Tier zusammen." – eine Spinne. So jedenfalls schrieb es Gustav Schwab, als er vor über einhundert Jahren die schönsten Sagen des klassischen Altertums zusammentrug.

Die Spinne als häßliches Tier, als Abbild der hochmütigen, trotzigen, törichten Arachne. Leonardo da Vinci hat diese Vorurteile gegenüber Spinnen aufgegriffen. In seinen Fabeln schreibt er von einer „betrügerischen Spinne", die sich in reifen Weintrauben versteckte, um „arme Fliegen" zu überfallen. Doch ein Bauer kam, pflückte und zerquetschte die Traube mitsamt der Spinne. Zerquetscht wird bei Leonardo noch eine andere Spinne, die im Bereich der Haustür mehrere Netze webte und das Schlüsselloch als Versteck wählte. Als sie Schritte hörte, zog sich die „kluge Spinne" in ihre „eisengefütterte Festung" zurück. Ein Schlüssel wurde ins Schlüsselloch geschoben, drehte sich und – die Spinne bezahlte mit ihrem Leben.

Und bis heute haben wir manche Tiere zu fürchten, sie als widerliche Bestien, als häßlich anzusehen. Leider kommt es dabei immer wieder darauf an, wer, was über welche Tiere sagt, schreibt oder zeigt. So sind Tierfilme nach wie vor sehr beliebt. Das ist gut so, doch wie viele Zeitgenossen sehen nicht das Tier als Lebewesen in seinem Lebensraum, sondern schauen zuerst nach dem Autor des Filmes und lassen sich dann davon beeindrucken, daß das „niedliche" Tier zum Glück den Fängen des „bösen" Raubtieres entkommen ist, daß der Tierfilmer ganz persönlich es vor dem Ertrinken gerettet hat – und da sind dann noch die großen „Kulleraugen"!

Wehe dem, wenn solch ein Tier – eine Maus etwa – leibhaftig vor einem steht und mit spitzer Nase und großen Kulleraugen zu erkunden versucht, wer denn das andere große Lebewesen dort sei.

Ganz extrem beobachten wir solche Emotionen im Umgang mit Spinnen. Kaum jemand macht sich die Mühe, diese Tiere genauer anzusehen. Von Kindes Beinen an wird – meist unbewußt – gelehrt, daß man sich vor Spinnen fürchten muß; mehr noch, ich kenne einige Science-fiction-Filme und -Bücher, die von Begegnungen mit gewalttätigen, „außer Kontrolle geratenen" Außerirdischen berichten. Und oftmals gleichen die Gesichter solcher Wesen bis ins Detail irgendeinem Spinnengesicht – Warum wohl?!

Es ist wissenschaftlich erwiesen, daß Spinnenfurcht bei vielen Völkern eine jahrhundertealte Tradition hat. Solche Arachnophobie wird wie eine Infektionskrankheit von der Mutter auf das Kind übertragen. Und sollte in einer „zivilisierten" Gesellschaft einmal ein unvoreingenommenes Kind mit einem achtbeinigen „Krabbeltier" spielen, so bremst seine Mutter mit „Pfui Spinne" sofort alle Entdeckungslust. Und sofort folgen Belehrungen über die Gefährlichkeit und Giftigkeit von Spinnen. Ob es wirklich eine Spinne war, weiß wohl niemand so genau.

Glücklicherweise wird – auch und vor allem über gut gemachte Tierfilme und -bücher - das Interesse an wenig bekannten, mißverstandenen und damit „unheimlichen" Lebewesen geweckt. Viele Menschen, denen beim Anblick eines Spinnentieres „die Gänsehaut den Rücken hinunterläuft", fragen, was denn das für ein Tier sei, wie denn eine Spinne wirklich aussieht, wie sie lebt, wie man sie selbst beobachten kann.

Das sind Spinnen

Immer wieder werden Spinnentiere als „irgendwelche Insekten" angesehen. Vergleichen wir aber zum Beispiel eine Biene mit einer Spinne, fällt sofort auf, daß Spinnen keine Flügel haben. Die Biene dagegen kann keine Fäden spinnen. Und doch ist beiden Tieren vieles gemeinsam, und beide gehören sie zur großen Gruppe der Gliederfüßer zusammen mit Tausendfüßern, Hundertfüßern und Krebsen. Weit mehr als die Hälfte aller bekannten Tierarten sind nach Schätzungen von Wissenschaftlern diesem Stamm im System der Tiere zuzuordnen.

Allen gemeinsam ist ein Panzer aus Chitinplatten oder -röhren um den gesamten Körper. Die festen Teile dieses Außenskeletts sind durch weichhäutige Gelenke beweglich miteinander verbunden. Daraus ergibt sich eine auch äußerlich deutlich sichtbare Gliederung des Körpers und der Beine. Im Gegensatz zu den Wirbeltieren befindet sich das Herz der Gliederfüßer im Bereich des Rückens, die Hauptnervenstränge dagegen liegen auf der Bauchseite. Man spricht deshalb von „Bauchmark"tieren. Die Atmung erfolgt durch Kiemen (bei den meisten Wasserbewohnern) oder Tracheen bzw. sogenannte Buchlungen. Während das Röhrensystem der Tracheen die Atemluft direkt an die inneren Organe heranführt, werden die Buchlungen innerhalb des Körpers von Hämolymphe, dem Blut der Gliederfüßer umspült, das den Sauerstoff mitnimmt und im Körper verteilt.

Im Verlauf der Evolution haben die einzelnen Körperteile mannigfache Veränderungen erfahren, sind Glieder miteinander verschmolzen, haben sich Beine spezialisiert, während andere gänzlich verschwunden sind. Heute versuchen wir, die ungeheure Vielfalt verschiedener Gliederfüßer in großen Gruppen, den Klassen, zusammenzufassen. Hierzu gehören Krebstiere, Tausendfüßer, Hundertfüßer,

Argiope catenulata – eine durch ihre Farben besonders schöne Kreuzspinne aus Südostasien.

Der langbeinige Weberknecht *Mitopus morio.*

Eine Tarantel zeigt alle typischen Merkmale der Webspinnen.

Insekten und Spinnentiere, die sich nach der Anzahl der Körperglieder, der Beine und Antennen (Fühler) sowie der Augen recht gut voneinander unterscheiden lassen.

So tragen fast alle Krebstiere zwei Paar Antennen, haben einen aus Kopf und Brust bestehenden Vorderkörper sowie eine unterschiedliche Anzahl weiterer Körpersegmente. Auch die Zahl der Beine, die manchmal mit Scheren ausgestattet sind, variiert sehr stark. Tausend- und Hundertfüßer besitzen ein Paar Antennen am Kopf. Ihr Körper ist in zahlreiche gleichartige Segmente gegliedert. Die meisten dieser Glieder haben bei den Tausendfüßern zwei Paar Beine, bei den Hundertfüßern jeweils nur ein Paar. Der Körper der Insekten ist in Kopf, Brust und Hinterleib, also drei sehr unterschiedliche Teile gegliedert. Am Kopf finden wir ein Paar Fühler, am Brustteil drei Paar Beine und bei vielen Arten ein oder zwei Paar Flügel. Am Hinterleib der Insekten sind keine Gliedmaßen entwickelt. Bei sehr vielen Vertretern dieser vier Tierklassen finden wir zudem komplexe Facettenaugen, die aus einigen wenigen bis vielen tausend Einzelaugen bestehen können. Zwischen den Augen tragen sie alle ein oder zwei Paar Fühler.

Und eben diese Fühler oder Antennen fehlen bei allen Spinnentieren! Außerdem kommen bei den Arachnidae, wie die Spinnentiere auch noch heißen, niemals Facettenaugen vor. Alle haben punktförmige Einzelaugen wie wir sie bei vielen Insekten zusätzlich, bei Hundertfüßern und einigen Krebsen finden. Ein dreigliedriger Körper, wie bei den Insekten, kommt in der Klasse der Spinnentiere ebenfalls nicht vor. Auch Flügel fehlen ihnen, obgleich fast alle Spinnen fliegen können, an Fäden nämlich. Und ganz wichtig, um Spinnentiere sicher zu erkennen, ist die Zahl der Beine: acht Stück, also vier Paar müssen es sein.

Nun haben Sie vielleicht schon einmal nachgezählt: Skorpione haben auch acht Beine und Weberknechte ebenfalls – sie gehören zur Klasse Spinnentiere (Arachnidae), die sich in mehrere Ordnungen untergliedern läßt, sind also mit den eigentlichen Spinnen eng verwandt. Die Spinnentiere, die uns in Europa begegnen, sind die Skorpione, Pseudoskorpione, Weberknechte, Milben und Spinnen. In tropischen Ländern leben außerdem Geißelspinnen und -skorpione sowie die kleinen Kapuzenspinnen. Ob die abenteuerlich aussehenden und in fast allen Meeren verbreiteten Asselspinnen auch zu den Arachniden gehören, darüber sind sich die Wissenschaftler nicht einig.

Wir sollten die europäischen Vertreter der Spinnentiere etwas genauer kennenlernen.

Mit nichts zu verwechseln sind die Skorpione, von denen im Mittelmeerraum mehrere Arten vorkommen. Ihr Körper ist unterteilt in ein großes Kopfbruststück und den mehrfach gegliederten Hinterleib – oft als Schwanz bezeichnet. Am Vorderkörper befinden sich vier Paar Laufbeine und ein Paar Taster, die kräftige Scheren tragen. Bei genauem Hinschauen entdecken Sie oben auf dem Kopfbrustteil ein Paar schwarze Punktaugen. Viele Skorpionarten tragen zudem ganz vorn am Rand des Kopfes weitere Einzelaugen. Der Hinterleib der Skorpione ist langgestreckt und dank seiner Gliederung außerordentlich beweglich. Das letzte Hinterleibglied – das anatomisch als Schwanz angesehen werden könnte – trägt bei allen Arten einen Giftstachel. Nur selten machen die Tiere Gebrauch von dieser Waffe, um größere Beutetiere zu überwältigen oder sich zu verteidigen. Während die Scheren der Skorpione uns Menschen kaum etwas anhaben können, muß man sich vor dem Schwanzstachel schützen. Der Stich mancher Arten kann zu Komplikationen, in seltenen Fällen sogar zum Tode führen.

Sehr viel kleiner als Skorpione und den meisten Menschen unbekannt sind Pseudoskorpione. Wie ihre großen Namensvettern haben die millimeterkleinen Tiere Scheren an den Tastern. Allerdings sind die beiden Tiergruppen nicht näher miteinander verwandt. Der Hinterleib der Pseudoskorpione setzt in ganzer Breite am Vorderkörper an, ist nicht schwanzartig verlängert und trägt auch keinen Giftstachel. Kennzeichnend für die winzigkleinen, meist versteckt in der Laubstreu lebenden

Tiere sind ihre mächtigen Tasterscheren, die bei manchen Arten nahezu Körperlänge erreichen können.

Noch kleiner als Pseudoskorpione und vielen Menschen genauso wenig bekannt sind die meisten Milben. In einer unglaublichen Formenvielfalt besiedeln diese Spinnentiere nahezu alle Lebensräume: trockene Felsen, Gewässer, Laubstreu, tiefere Bodenschichten, Pflanzen, Tiere, Getreidespeicher, Käsedosen, Teppichböden, ja selbst Haarbalg und Schweißdrüsen von uns Menschen. Sehr viele Arten sind mikroskopisch klein. Dagegen kann man die knallroten Samtmilben am Waldboden, die oft sehr schön bunten Wassermilben und die gefürchteten Zecken mit bloßem Auge gut beobachten. Der kompakte Körper ist nicht weiter untergliedert und trägt vier Paar Laufbeine. Im Bereich der Mundöffnung finden wir sehr unterschiedlich ausgebildete Taster und Mundwerkzeuge. Je nach Nahrungserwerb kann es sich um beinartige Greiforgane, kleine Scheren oder Stechborsten handeln.

Zur näheren Verwandtschaft der Milben rechnen viele Spinnentierforscher die Weberknechte. Auch diese Tiere haben einen kompakten Körper, von dem weder Kopf noch Hinterleib deutlich abgesetzt sind. Weberknechte besitzen vier Paar Beine, ein Paar Taster und meist scherenartig funktionierende Mundwerkzeuge. Oben auf dem vorderen Teil des Körpers finden wir bei fast allen Vertretern zwei schwarze Punktaugen. Wer nun glaubt, Weberknechte, das sind allein die extrem langbeinigen Kanker, die sich im Herbst an Hauswänden wärmen, der kennt nur einen verschwindend kleinen Teil der Formenvielfalt dieser Tiergruppe. Viele Arten sind ausgesprochen kurzbeinig, meist kleiner als einen halben Zentimeter und leben versteckt in der Streu unserer Wälder. Im selben Lebensraum findet man auch die exotisch anmutenden Brettkanker – so man sie findet; die zentimetergroßen Tiere sind extrem flach, über und über mit Erdkrümchen behaftet und stellen sich bei der geringsten Störung tot.

Die artenreichste Ordnung der Spinnentiere, die Webspinnen, sollen uns des weiteren beschäftigen. Der Körper dieser Tiere ist deutlich in Kopfbrust und Hinterleib gegliedert. Beide Körperteile verbindet ein der „Wespentaille" vergleichbares Stielchen. Das namengebende Spinnvermögen mittels Spinnwarzen am Hinterleib unterscheidet die Spinnen von allen anderen Arachniden. Am Vorderkörper finden wir vier Paar Laufbeine und ein Paar Taster. Die Mundwerkzeuge der Spinnen sind meist sehr kräftig und mit je einer Giftklaue versehen, die sich wie die Klinge eines Taschenmessers auf- und zuklappen läßt. Die Wirkung dieser Beißwerkzeuge und ihres Giftes für uns Menschen wird oftmals stark übertrieben.

So funktioniert
ihr Körper

Mit Klauen und Gift

Die unglaublichsten Geschichten werden über Spinnen erzählt, wobei die Giftigkeit dieser Tiere eine besondere Rolle spielt. Manchmal ist sogar die Rede von einem gefährlichen Giftstachel und von Überfällen auf schlafende Menschen.

Das berühmte Körnchen Wahrheit in diesen Märchen: Spinnen sind, von wenigen Ausnahmen abgesehen, Gifttiere. Aber kein Spinnenforscher, kein „Arachnologe" hat bisher einen Giftstachel gefunden.

Spinnen stechen nicht, sondern beißen. Ihre Beißwerkzeuge sind allerdings nicht mit den Zähnen der Säuger zu vergleichen, auch liegen sie nicht im Mund, sondern weit davor. Diese als Cheliceren bezeichneten Gliedmaßen sind die vordersten am Spinnenkörper.

Die für die Spinnen typischen Cheliceren bestehen stets aus zwei Gliedern, einem kräftigen Grundglied und der Klaue, die gegenüber dem Grundglied beweglich ist. In Ruhestellung klappt die Klaue wie die Klinge eines Taschenmessers gegen das Grundglied und liegt dann zwischen Zähnchen, Haaren oder in einer Rinne verborgen.

Beim Überwältigen eines Beutetieres wird die Chelicerenklaue aufgeklappt und fast immer wie eine Injektionskanüle gebraucht. Zubeißend stößt sie die Spinne in ihr Opfer, wobei gleichzeitig Gift aus der Öffnung nahe der Klauenspitze herausgepreßt wird.

Auch die Grundglieder der Cheliceren sind gut beweglich. „Lebende Fossilien" unter den Spinnen (Spinnen, deren Körperbau noch einer früheren Entwicklungsstufe entspricht) zeigen uns noch heute die ursprüngliche Bewegungsweise. Ihre Beißwerkzeuge sind vor dem Kopf schräg nach unten gerichtet, derart, daß die leicht aufgeklappten Klauen sich unterhalb der Grundglieder überkreuzen können. Die Beweglichkeit dieser Cheliceren in vertikaler wie horizontaler Richtung ist sehr groß.

Es könnte der Antagonismus zwischen hoher Beweglichkeit und starker Kraftwirkung gewesen sein, der zur Herausbildung von zwei grundsätzlich verschiedenen Bewegungsweisen der Cheliceren und damit zu dem „orthognathen" Typ der Vogelspinnen und dem „labidognathen" Typ der Kreuzspinnen sowie der meisten anderen Spinnen führte. Bis heute wird die unterschiedliche Ausbildung der Cheliceren zur systematischen Einteilung der Spinnen herangezogen.

Orthognathe Cheliceren sind in ihrer seitlichen Beweglichkeit stark eingeschränkt, sie lassen sich nur wenig spreizen. Dagegen können beide Grundglieder gleichzeitig oder unabhängig voneinander auf und ab bewegt werden. Dementsprechend arbeiten die Cheliceren nebeneinander vor dem Kopf, und auch die Klauen werden parallel zur Körperlängsachse eingeschlagen.

Beim labidognathen Typ dagegen arbeiten sie gegeneinander. Die Grundglieder lassen sich seitlich weit spreizen und wie Teile einer Zange bewegen, wobei die Spitzen der Klauen einander gegenüberstehen und so den Zangeneffekt noch verstärken. Auch sind die Cheliceren der meisten labidognathen Spinnen unter dem Kopf angeordnet und können nur beide zugleich etwas nach vorn oben bewegt werden, was bei Kreuz- und Wolfsspinnen besonders deutlich wird.

Rein mechanisch betrachtet sind die labidognathen Cheliceren den orthognathen in mancher Hinsicht überlegen. Das gleichzeitige Gegeneinanderarbeiten ergibt beim labidognathen Typ eine wesentlich größere Greifspanne, kürzere Hebel und damit günstigere Kräfteverhältnisse im Vergleich mit gleich großen Cheliceren orthognather Spinnen. Dementsprechend sind die Cheliceren der Labidognatha wesentlich kleiner bei gleicher Wirksam-

Mundwerkzeuge einer Vogelspinne
von der Bauchseite gesehen.

Cheliceren einer Spinne
der Gattung *Ero* (Mikropräparat).

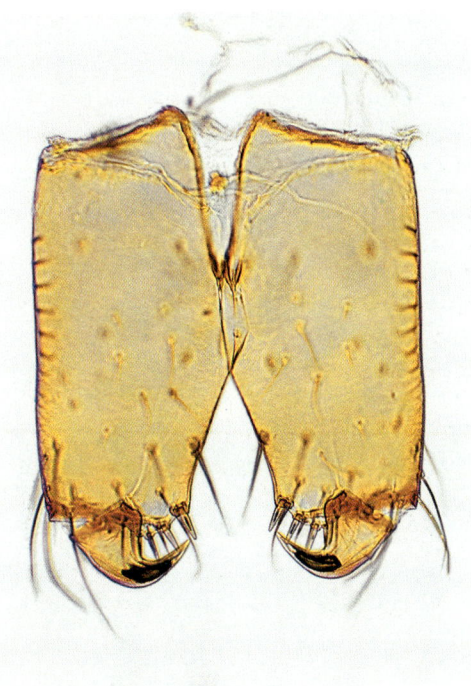

keit. Dies führte sogar so weit, daß die Chelicerengrundglieder der labidognathen Symphytognathidae und einiger anderer Familien miteinander verwachsen und nur noch die Klauen beweglich sind.

Außer zum Überwältigen der Beute dienen die Cheliceren als vielseitiges Greiforgan etwa zum Festhalten des Partners bei der Paarung oder zum Transport des Eikokons. Einige Vogelspinnen graben mit ihnen Erdröhren. Wahrscheinlich können fast alle labidognathen Spinnen mit Hilfe der Cheliceren Fäden durchtrennen.

Als weitere Gliedmaßen am Spinnenkörper folgen hinter den Cheliceren ein Paar Taster oder Pedipalpen, denen sich vier Paar Laufbeine anschließen. Die Taster sind in ihrem Grundaufbau ebenfalls beinartig. Bei erwachsenen Männchen ist das Endglied des Tasters zu einem komplizierten Begattungsorgan umgebildet.

Für die Nahrungsaufnahme von Bedeutung ist die Coxa, die Hüfte der Taster, jenes Glied, das die direkte Verbindung der Extremität zum Körper herstellt. Die Tasterhüften sind nicht seitwärts gerichtet wie die der Laufbeine, sondern mehr nach vorn orientiert. Damit schließen sie die Unterlippe, an der sich der Mund befindet, zwischen sich ein. Es entsteht ein röhrenförmiger Mundvorraum. Begrenzt wird dieser Raum vorn durch die Cheliceren und das dahinterliegende Rostrum, den „Rüssel", der besser als Oberlippe bezeichnet werden sollte. Die hintere Begrenzung bildet die Unterlippe, und seitlich wird der Mundvorraum durch die Tasterhüften abgeschlossen.

Während die Hüften der Taster bei den ursprünglichen Gliederspinnen und einigen Vogelspinnen noch einfache Chitinröhren sind, also einen mehr oder weniger runden Querschnitt haben, zeigen sich bei anderen Spinnen zunehmend Spezialisierungen. Die Tasterhüften sind derart verbreitert, daß ihre Innenränder teilweise aneinanderstoßen. So haben sich zwei relativ flache Platten, die Gnathocoxae oder Kauladen, entwickelt; sie schließen die Unterlippe zwischen sich ein und treffen vor dem Mund zusammen. Somit ist die untere Begrenzung und damit der gesamte Mundvorraum stark erweiterungsfähig. Am basalen Teil der Gnathocoxae sind die übrigen Glieder der Pedipalpen inseriert und lassen den Ursprung der Kauladen aus spezialisierten Tasterhüften deutlich erkennen.

Die vor der Unterlippe und dem Mund liegenden Teile der Kauladen sind dicht behaart. Selbst sehr große Tropfen flüssiger Nahrung bleiben in den Haaren hängen und können nachträglich aufgesogen werden. Möglicherweise dient die Behaarung auch der Nahrungsfilterung und als Bürste beim Putzen.

An der Vorderkante der Kauladen finden sich außerdem auffällige Zacken, die bei den labidognathen Spinnen zu einer feinen Säge, der Serrula, angeordnet sind. Ursprünglich dienten diese Zähne wohl nur zum besseren Festhalten der Beute. Es liegt aber die Vermutung nahe, daß mit der Serrula ganz gezielt Fäden zerschnitten werden können, indem sie zusammen mit kleinen Höckern an den Chelicerenklauen wie der Messerbalken einer Mähmaschine funktioniert.

Zum Überwältigen ihrer Beute sowie zur Verteidigung setzen Spinnen sehr oft Gift ein. Bevor wir uns mit Spinnengiften beschäftigen, sollten wir zunächst die damit in Zusammenhang stehenden Organe und deren Bedeutung für die Spinne untersuchen.

Grundsätzlich wird das Gift in bestimmten Bereichen des Vorderkörpers hergestellt und mit Hilfe der Mundwerkzeuge in den Körper des Beutetiers bzw. Feindes eingespritzt. Die Giftdrüsen der Spinnen sind zylindrische, stets paarig angeordnete Hohlorgane, deren Innenwand von großen Drüsenzellen gebildet wird. In den Zellkörpern entstehen zahlreiche Bläschen – Vesikel genannt –, die in Richtung des Drüsenhohlraumes wandern, dort aufplatzen und ihren Inhalt, das Gift, in das Lumen entleeren. Über schmale Ausführgänge gelangt das Gift in die Chelicerenklauen und über diese in das Beutetier.

Eine auffällige, spiralig angeordnete Muskelschicht umgibt die gesamte Giftdrüse und sorgt durch Kontraktion für ein Auspressen des Giftes durch den Ausführgang. In ihrem Feinbau entsprechen die Muskeln denen unseres Bewegungsapparates. Außerdem sind Muskeln und Drüsenzellen sehr gut mit Nerven versorgt. Aus all dem wird geschlußfolgert, daß nicht nur die Entleerung der Giftdrüsen willkürlich erfolgt, sondern auch die Giftsynthese in den Zellen nervös gesteuert werden kann.

Indirekte Hinweise auf diese interessanten Tatsachen gibt es genügend. Läßt doch eine gereizte Wanderspinne Gifttröpfchen aus den Chelicerenklauen austreten, noch bevor sie zubeißt. Kreuzspinnen dagegen gehen sparsam mit ihrem Giftvorrat um, indem sie nicht bei jedem Biß Gift injizieren und wahrscheinlich auch die abgegebene Giftmenge variieren können. Oder denken wir an Speispinnen, die aus genau definierter Entfernung ganz bestimmte Mengen eines Gift-Leim-Gemisches auf das Beutetier spucken.

Lage und Größe der Giftdrüsen variieren von Spinnengruppe zu Spinnengruppe. Bei fast allen Vogelspinnen sind sie relativ klein und finden Platz in den massigen Chelicerengrundgliedern. Dagegen haben die meisten anderen Spinnen große Giftdrüsen, die im oberen Teil des Vorderkörpers liegen und nur ihre Ausführgänge in die Cheliceren entsenden. Soweit bekannt, besitzen die Kräuselradnetzspinnen überhaupt keine Giftdrüsen. Für das Wie und Warum dieser eigenartigen Reduktion konnte man bisher keine einleuchtende Erklärung finden.

Das Spinnengift ist ein sehr unterschiedlich zusammengesetztes Gemisch aus Aminen, Polypeptiden und Proteinen. Einige dieser Stoffe sind in der Lage, die Verbindung zwischen Nerven- und Muskelzellen zu stören. Somit wird auf chemischem Wege die Weiterleitung von Reizen blockiert, was sich in Lähmungserscheinungen äußert. Andere Giftbestandteile beeinflussen den Stoffwechsel im Haut- und Blutgewebe derart, daß es zum Absterben und zur Zerstörung der Zellen kommt. Manche wirken durch direkte Auflösung des Zelleiweißes ähnlich wie Verdauungsenzyme.

Wie giftig sind Spinnen? – Eine Frage, die sehr oft gestellt wird, deren Beantwortung dem Arachnologen genauso schwerfällt wie einem Giftexperten. Zunächst muß eine Maßeinheit gefunden werden, nach der die Giftigkeit verschiedener Spinnen gegenüber verschiedenen Tieren gemessen und verglichen werden kann.

In der Regel legt man diejenige Giftmenge zugrunde, die ausreicht, 50 % der damit injizierten Tiere zu töten, und bezeichnet den Wert als Letaldosis 50 (LD 50). Um die unterschiedliche Größe der Versuchstiere zu berücksichtigen, dividiert man diesen Wert durch das Körpergewicht. Die Letaldosis wird also in Milligramm Gift pro Kilogramm Körpergewicht angegeben. Nur einige Spinnen, die auch Menschen gefährlich werden können, sind genauer untersucht worden. So fand man beim Gift der amerikanischen Schwarzen Witwe, einer Kugelspinne, eine Letaldosis von 0,9 mg/kg Maus; das sind etwa 0,003 mg Gift, die ausreichen, um eine Maus zu töten. Für einen Frosch benötigt man dagegen 2,18 mg. Noch auffälliger werden die Unterschiede beim Vergleich mit den normalen Beutetieren der Schwarzen Witwe. Die Letaldosis für eine Fliege ist etwa 242mal geringer als die für einen Frosch. Das heißt, die Giftmenge, die für einen Frosch tödlich wirkt, reicht aus, um 167 692 Beutetiere, nämlich Fliegen, zu töten.

Damit ist klar, daß die Giftigkeit der Spinnen gegenüber ihren Beutetieren außerordentlich groß sein kann, während die Wirkung auf warmblütige Tiere und Menschen eine viel geringere ist. Hinzu kommt, daß viele Spinnen nicht bei jedem Biß Gift injizieren und auch nicht den gesamten – ohnehin oft nur sehr geringen – Giftvorrat bei einem Biß verbrauchen. Die Giftigkeit der Spinnen für den Menschen wird also eher übertrieben als real eingeschätzt, doch sollte man sich vor einigen Arten in acht nehmen.

Für den Menschen wirklich gefährlich sind die in warmen Gegenden der ganzen Welt verbreiteten *Latrodectus*-Arten, die Schwarzen Witwen. Des weiteren die australische Vogelspinne *Atrax robustus* und die Wanderspinnen Südamerikas.

Alle diese Arten besitzen Gifte, die auf das Nervensystem wirken und schwere Störungen des Allgemeinbefindens hervorrufen, so etwa starke Schmerzen, Schüttelfrost, Herzklopfen und Krämpfe. Bei Menschen mit Kreislauferkrankungen sowie bei gleichzeitig starker Erregung oder Erschöpfung kann die Wirkung solcher Gifte zum Tode führen.

Sehr unangenehm, aber fast nie tödlich wirkt der Biß der brasilianischen Wolfsspinne *Lycosa erythrognatha* und der mit den Speispinnen verwandten *Loxosceles*-Arten Mittelamerikas. Zunächst ist die Wirkung nicht schlimmer als nach einem Bienenstich. Mit der Zeit stirbt aber das Hautgewebe um die Bißstelle herum ab. Es kann zu großflächigen Nekrosen kommen, die sich zusätzlich noch entzünden und schwer heilen.

Abgesehen von diesen Beispielen, braucht man auch vor großen Spinnen nicht mehr Angst zu haben als vor Bienen oder Wespen. Zum einen sind gerade die größten Vogelspinnen recht harmlos für Menschen und schlagen selbst in ärgster Bedrängnis mit den Beinen, bevor sie Gebrauch von ihren Giftklauen machen. Andererseits sind die meisten Spinnenarten so klein, daß ihre Chelicerenklauen unsere Haut gar nicht durchdringen können. Und sollte man im mitteleuropäischen Freiland doch einmal von der sehr seltenen Dornfingerspinne *Chiracanthium punctiorum,* der Wasserspinne *Argyroneta aquatica,* einer großen Kugelspinne der Gattung *Steatoda,* einer sechsäugigen *Dysdera* oder einer großen Kreuzspinne gebissen worden sein; so ist eine Kühlung der Bißstelle die beste Medizin, und nach etwa drei Tagen sind eventuell auftretender Juckreiz oder Herzklopfen meist wieder abgeklungen.

Bekommen Sie einmal Tiere aus anderen Ländern bzw. kennen nicht genau ihre Herkunft, so ist allerdings immer Vorsicht geboten. Kinder in wärmeren Ländern spielen zwar mit Taranteln, aber der Unkundige kann diese Tiere leicht mit einer Wanderspinne verwechseln – und diese sind zum Teil sehr schnell und bissig. Außerdem reicht das Gift, das die Wanderspinne *Phoneutria fera* bei einem Biß injiziert, theoretisch aus, um 1380 Mäuse zu töten. Und den kleinen Schwarzen Witwen sieht man ihre Giftigkeit nicht an.

Was sie fressen, wie sie es fangen

Spinnen leben ausschließlich von animalischer Kost, fressen also nur Tiere und auch diese nur ganz frisch getötet. Sie sind

Kreuzspinne der Gattung *Eriophora* beim Überwältigen einer Heuschrecke.

demzufolge ausgesprochene Raubtiere, aber nichts ist zu sehen von einem riesigen Maul mit gewaltigen Zähnen. Auch schlingen Spinnen ihre Nahrung nicht brockenweise hinunter, sondern verdauen einen großen Teil vor dem Mund und saugen dann den Nahrungsbrei ein.

Vorher aber muß das Opfer erst einmal gefangen werden. Dabei werfen sich viele Laufspinnen ein Beutetier mit blitzschnellen Raffbewegungen der Beine direkt vor die weit geöffneten Cheliceren. Augenblicklich packen diese zu und bohren ihre Klauen tief in den Insektenkörper. Gleich-

Eriophora hat Beute und Gespinst vor dem Mund verdaut und fast vollständig aufgesogen.

zeitig wird dabei das lähmende Gift injiziert.

Es ist interessant, daß viele dieser Spinnen ihre Beute nur Bruchteile einer Sekunde mit den Beinen berühren. Sobald die Giftklauen eingestoßen sind, wird das Insekt nur noch mit den Cheliceren gehalten und die Giftwirkung abgewartet. Die Spinne steht dabei oft hochbeinig und spreizt alle Gliedmaßen vom Körper ab. Offenbar dient diese Verhaltensweise dazu, dem Beutetier den Boden unter den Füßen zu nehmen und gleichzeitig den eigenen Körper vor den Waffen des Opfers zu schützen.

Den eigentlichen Freßakt beginnen die meisten Laufspinnen mit einem Zerquetschen des Beutetieres. Viele Vogelspinnen und wohl auch die Gliederspinnen tun dies gleich nach dem Fang, während andere damit warten, bis das Gift gewirkt hat. Wieder und wieder beißen die Cheliceren-klauen zu und pressen das Opfer gegen die Zähnchen und Stacheln des Grundgliedes, durchlöchern und zermalmen dadurch den Chitinpanzer des Insekts zu einem unkenntlichen Klumpen.

Sperrige Körperteile wie abstehende Heuschreckenbeine oder Flügel werden mit Fäden zusammengehalten. Die Spinne heftet dazu ein Seidenband an der Unterlage fest, dreht sich ein Stück auf der Stelle, wobei das gezogene Band am Insektenkörper hängenbleibt. Jetzt wird wieder angeheftet und wieder gedreht. Nach ein bis zwei vollen Drehungen auf der Stelle zerrt die Spinne an dem geschnürten Bündel und reißt es damit vom Boden los.

Das Einspinnen der Beutetiere bewerkstelligen Vertreter verschiedener Spinnengruppen auf unterschiedliche Art und Weise. Die nur selten und dann mit wenigen Fäden arbeitenden Laufspinnen stehen mit allen acht Beinen fest auf dem Untergrund und krallen sich dabei oft noch an flach liegenden Fäden fest. Anders die Netzspinnen. Sie hängen an wenigen Fäden, oft genug an einem einzelnen schwankenden Faden und überwältigen aus dieser Lage heraus ihre Beute durch intensives Einwickeln mit Spinnenseide.

Von Kugelspinnen ist uns bekannt, daß sie mit Klebstoff durchsetztes Seidenmaterial aus sicherer Entfernung gegen Beutetiere werfen. Die meisten anderen Netzspinnen – zum Beispiel Kreuzspinnen – benutzen beim Einspinnen der Beute trockene Fäden. Es wurde herausgefunden, daß das Schema Festhalten der Beute mit Fangfäden – Einwickeln – Beißen – Verzehren nur selten so abläuft. Abweichungen sind ganz offensichtlich bedingt durch die Größe und Wehrhaftigkeit der Beute. Aber auch artspezifische und individuelle Veränderungen sind zu beobachten.

Kleine Tiere werden in aller Regel gepackt, zur Nabe des Netzes getragen und dort gefressen. Bei stark zappelnder Beute beißt die Kreuzspinne meist sofort zu und injiziert Gift. Um eine entsprechende Wirkung zu erreichen, muß genügend Gift übertragen werden. Der Biß dauert deshalb lange und setzt die Spinne selbst mancherlei Gefahren aus, muß sie doch in direktem Kontakt zum Beutetier bleiben und kann leicht durch dessen Beine und Beißwerkzeuge verletzt werden.

Als vorteilhaft erweist es sich deshalb, das Opfer gleich einzuspinnen. Viele Spinnen beißen zu, wickeln dann ihre Beute ein, beißen noch einmal, wickeln weiter, bis sie ein wehrloses Freßpaket zu ihrem Sitzplatz tragen können. Wohl aus dieser Handlungsweise heraus hat sich bei vielen Kreuzspinnen ein Verhalten entwickelt, bei dem sie erst einmal alles einspinnen, was sich bewegt. Fast scheint es, daß manche Tiere dieses Verhalten auch erlernen können und derart offensiv einsetzen, daß die Hand oder die Pinzette ihres Pflegers eingesponnen wird, während die gereichte Fliege immer noch summt.

Die Spinne hängt dabei mehr oder weniger unter dem Beutetier und legt mit schnellen Bewegungen der Hinterbeine breite Fadenbänder um ihr Opfer. In den meisten Fällen wird das ganze Paket in schnelle Rotation versetzt und gleicht am Ende eher einer sauber gebundenen Mumie als einem Insekt mit eventuell langen Sprungbeinen und Flügeln.

Es gibt deutliche Anzeichen dafür, daß die Spinne an einem solchen Freßpaket gar keinen Giftbiß mehr anbringt. Mit Gewiß-heit ohne Gift kommen die Kräuselradnetzspinnen, Uloboridae, aus, die keine Giftdrüsen besitzen, dafür ihre Beute aber außerordentlich lange und sehr sorgfältig einspinnen.

Im Gegensatz dazu haben zum Beispiel viele Krabbenspinnen und die Spinnenfresser der Gattung *Ero* ein sehr wirksames Gift, verzichten auf jegliches Einspinnen der Beute und saugen diese durch die winzige Einstichöffnung der Cheliceren-klauen aus.

Ob nun der formlose Nahrungsklumpen vieler Laufspinnen oder die saubere Mumie der Kreuzspinnen, irgendwie muß die Nahrung durch den winzig kleinen Mund in den Spinnenkörper gelangen. Das geschieht auf sehr eigenartige und interessante Weise.

Bei den Spinnen vollzieht sich ein Teil des Verdauungsvorganges außerhalb des Körpers. Dazu wird Verdauungssaft erbrochen, in das Beutetier hineingepreßt oder durch Kneten mit den Cheliceren dem Körpergewebe des Insekts beigemengt. Die Eiweißsubstanz des Insektenkörpers wird weitgehend verflüssigt und von der Spinne aufgesogen. Dies verläuft in mehreren Etappen, wobei Zugabe von Verdauungssaft und Einsaugen der Nahrung sich stets abwechseln. Es ist einleuchtend, daß eine kauende Wanderspinne dazu etwa eine halbe Stunde benötigt, während andere Spinnen mitunter länger als einen Tag brauchen, um eine Mücke auszusaugen, der sie nur ein winziges Loch in ein Bein gebissen haben.

Stets saugen Spinnen nur den reinen Nahrungssaft ein. Größere Chitinteile werden durch die Borsten im Mundvorraum zurückgehalten, und feinere Partikelchen von nur 1 µm Größe bleiben in einem faszinierenden Filterapparat hängen. Gleich hinter dem Mund ist nämlich der vordere Teil der Speiseröhre stark verbreitert, so daß der Nahrungsbrei durch einen breiten, aber extrem flachen Spalt fließen muß. In diesen Spalt hinein ragen Tausende von kleinen Zähnchen, die in Querreihen angeordnet und mit ihren Spitzen gegen den Flüssigkeitsstrom gerichtet sind.

Die Reinigung dieses Filters geschieht durch den entgegengesetzt fließenden Strom des Verdauungssaftes, aber auch aktiv durch die Spinne. Nach der Nahrungsaufnahme oder dem Putzen, wenn zahlreiche Schmutzpartikel im Filter hängen, zeigt das Tier kauende Bewegungen durch Gegeneinanderreiben von Ober- und Unterlippe.

Es ist denkbar, daß dabei an den Filterzähnchen die Schmutzpartikel nach dem bekannten Kornährenprinzip nur in einer Richtung rutschen, nämlich nach außen. In der Mundöffnung erscheint dann ein kleines Klümpchen, das die Spinne mit den Tastern aufnimmt und wegschleudert.

Alle Flüssigkeitsbewegungen, besonders aber das Einsaugen des Nahrungsbreies, geschehen mit Hilfe des Saugmagens, einer starken Pumpe im Vorderkörper der Spinne. Der teilweise zusammengefaltete Magen kann durch seitlich und oben ansetzende Muskeln stark gedehnt werden. Schmale Ringmuskeln bewirken dagegen sein Zusammenziehen. Durch genau aufeinander abgestimmte Kontraktionen beider Muskelarten entstehen wellenförmige Bewegungen des Magens, die sich nach hinten fortsetzen. Somit ist ein fast kontinuierlicher Saugvorgang gewährleistet. Außerdem verhindert ein Klappenventil zwischen Magen und Mitteldarm das Zurückfließen des Nahrungsbreies.

Während der Nahrungsaufnahme kann der Hinterleib einer Spinne beträchtlich anschwellen, und danach vermögen viele Arten wochenlang zu hungern. Man erklärte diese Fähigkeit früher als Funktion des stark verzweigten Darmes, der Blindsäcke sogar bis in die Kopfregion und in die Laufbeinhüften entsendet. In diesem Darmlabyrinth steht ein beachtlicher Hohlraum zur Verfügung, der die Nahrung speichert und an die wichtigsten Orte des Verbrauchs weiterleitet.

Allerdings ist es einigermaßen verwunderlich, daß auch ausgehungerte Spinnen sich nicht einfach vollpumpen, sondern größere Pausen einlegen und dann erst weiterfressen. Aber wie groß muß erst das Erstaunen gewesen sein, als man den Spinnendarm immer leer vorfand, auch nach vorheriger Nahrungsaufnahme?

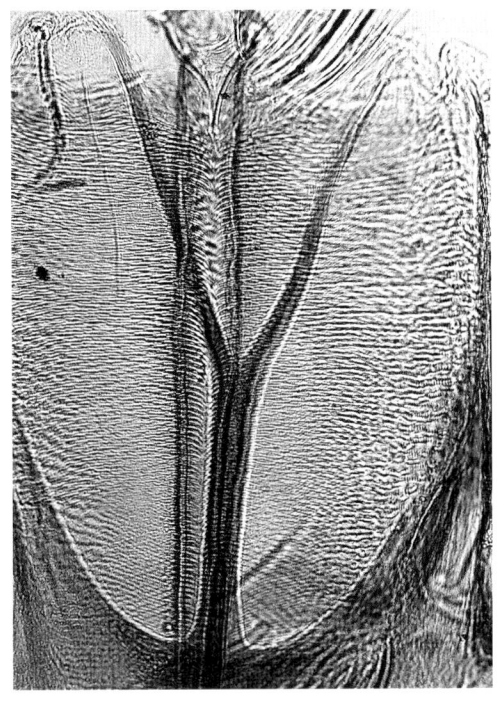

Filterapparat im Mundbereich
einer Kugelspinne (Mikropräparat).

Verantwortlich hierfür sind die großen Darmzellen, die mit dem Nahrungsbrei direkt in Kontakt kommen. Da sind einmal Sekretionszellen, die oft schon während der Nahrungsaufnahme reichlich Verdauungsenzyme abgeben, zum anderen Resorptionszellen, die die Nahrungsbestandteile aufnehmen, noch weiter aufschließen und dann, getrennt nach Nahrungsstoffen und nicht verwertbaren Komponenten, an die umliegenden Gewebe weiterleiten.

Nach kurzer Zeit ist damit der Darm leer, das umgebende Zwischengewebe aber angereichert mit Nahrungs-, Reserve- und Abfallstoffen. Letztere werden durch chemische Vorgänge in ungiftige Kristalle umgewandelt und in bestimmten Zellen gespeichert. Diese regelmäßig angeordneten „Guanozyten" mit ihrem weißen Kristallinhalt können durch die Körperwand hindurchschimmern und bilden zum Beispiel das charakteristische Rückenmuster mancher Kreuzspinnen.

Spezielle Exkretionsorgane entziehen dem Blut die bei der Nahrungsverwertung anfallenden Abbauprodukte. Zu diesen Spinnennieren gehören zwei sehr lange, dünne Schläuche, die man Malpighische Gefäße nennt. Auch hier geht es darum, giftige Stoffe so zu verändern, daß sie dem Körper nicht mehr schaden und ausgeschieden werden können.

Durch die eigenartige Außenverdauung der Spinnen bleibt der Verdauungstrakt frei von Ballaststoffen und Darmparasiten, denn diese werden erst gar nicht in den Körper aufgenommen.

Blaues Blut, Herz und „Buchlunge"

Nur Nahrungsbrei aufzusaugen genügt auch einer Spinne nicht zum Leben. Vielmehr müssen die aufgeschlossenen Nahrungsstoffe im Körper verteilt werden, ein hochentwickeltes Gehirn benötigt viel Sauerstoff, und in dem recht komplizierten Kreislaufsystem muß ein Blutdruck ähnlich dem unseren aufrechterhalten werden.

Das Blut der Spinnen dient in erster Linie dem Transport von Nährstoffen, Abbauprodukten und Hormonen. Auch ein Teil des lebensnotwendigen Sauerstoffs wird durch das Blut befördert. Obwohl die Funktionen die gleichen sind, kann man Spinnenblut nicht ohne weiteres dem Blut der Säuger gleichsetzen. Zudem sieht es nicht rot aus, sondern ist ein bläulich schimmernder, milchiger Saft, die Hämolymphe.

Am Körpergewicht einer Spinne ist die Hämolymphe mit etwa 20 % beteiligt, ein recht hoher Wert, der in engen Grenzen konstant gehalten werden muß. Ein Teil des Bewegungsapparates der Spinnen funktioniert nämlich hydraulisch. So erfolgt eine plötzliche Streckung der Beine, etwa beim Sprung, dadurch, daß der Blutdruck im Vorderkörper stark erhöht wird und die Hämolymphe dann über Ventilmechanismen augenblicklich in die Beinglieder schießt, diese aufpumpt und damit streckt. Das männliche Begattungsorgan funktioniert nach ähnlichem Prinzip.

Nimmt die Blutmenge im Spinnenkörper ab, etwa durch Verletzung oder durch längere Trockenheit, ist das Tier bestrebt, diesen Verlust durch Trinken schnellstens auszugleichen. Letzteres ist besonders vor einer Häutung zu beobachten, und auch während des Kokonbaues und der Eiablage trinken Spinnen viel. In beiden Fällen wird mit Hilfe des aufgenommenen Wassers die Blutmenge und damit der Druck erhöht, um entweder die alte Haut zu sprengen oder die Eier auspressen zu können.

Wegen der Kleinheit vieler Spinnen ist die Hämolymphe nur wenig untersucht worden, zum Beispiel bei einer Wanderspinne und einigen Vogelspinnenarten. Die Blutflüssigkeit reagiert neutral bis schwach basisch und enthält sehr reichlich Natriumionen, die für den Stofftransport und die Nerventätigkeit von großer Bedeutung sind. Neben zahlreichen anderen Stoffen enthält die Lymphe größere Mengen fettähnlicher Substanzen sowie den Blutzucker Glukose. Sie ist also eine zirkulierende Nährstoffreserve.

Weitere Bestandteile der Blutflüssigkeit sind Proteine (Eiweißstoffe), zu denen Hämocyanin, das Atmungspigment der Spinnen, gehört. Dieser Farbstoff ist es auch, der das Blut blau färbt, solange Sauerstoff vorhanden ist. Bestimmte Teile der Hämocyaninmoleküle erinnern an das rote Hämoglobin des Säugerblutes und sind in ihrem chemischen Aufbau sehr ähnlich dem Pyrrolidin der Spinnenseide. Wesentliche Unterschiede bestehen aber nicht nur in der Farbe der Stoffe. So ist das Hämocyanin nicht an Zellen gebunden, das Hämoglobin aber an rote Blutkörperchen. Außerdem wird der Sauerstoff im Hämocyanin durch zwei Kupferatome festgehalten und nicht wie beim Hämoglobin durch Eisen.

Ein Forscherteam aus München beschäftigte sich sehr intensiv mit dem Hämocyanin im Blut von Vogelspinnen der Gattung *Eurypelma* und konnte 1984 neue Erkenntnisse über Molekülaufbau und Funktion dieses Stoffes veröffentlichen.

Um die vergleichsweise riesigen Ausmaße eines Hämocyaninmoleküls zu verstehen, müssen wir wieder einmal die universelle Maßeinheit der Molekülmasse heranzie-

Wasserspinne in ihrem mit Luft gefüllten Wohngespinst.

hen. Beträgt diese beim Wassermolekül 18, beim Traubenzucker 180, so hat das Riesenmolekül des Hämocyanins der *Eurypelma*-Arten eine Masse von 1704000! Derart große Moleküle lassen sich ohne weiteres in modernen Elektronenmikroskopen betrachten.

Mit komplizierten Methoden wurde das Hämocyanin genauer untersucht und festgestellt, daß solch ein Molekül aus 24 Untereinheiten besteht, von denen jede zwei Atome Sauerstoff binden, transportieren und im richtigen Moment wieder abgeben kann. Aus der Sicht des Bioche-

mikers ist das ein ungeheurer Aufwand, denn ein Hämoglobinmolekülkomplex aus dem Blut der Säuger kann vier Atome Sauerstoff binden bei einer Molekülmasse, die noch etwas unter der Masse einer einzigen Hämocyanineinheit liegt.

Der scheinbare Luxus, den die Natur sich hier leistet, ist schwer zu verstehen und auch nur zum Teil erklärbar. Das relativ einfache Hämoglobin der Säuger gibt den Sauerstoff recht leicht an die Verbraucher im Organismus ab. Die individuelle Sauerstoffversorgung der einzelnen Organe wird dadurch gewährleistet, daß solche mit

25

hohem Sauerstoffverbrauch mit einer größeren Menge Blut und entsprechend mehr Hämoglobin beliefert werden als jene, die weniger Sauerstoff benötigen. Die Regulierung wird dabei von dem geschlossenen Herz-Kreislauf-System übernommen.

Spinnen dagegen haben einen offenen Blutkreislauf. Das Blut strömt aus den Adern frei in die Hohlräume des Körpers aus und versorgt alle Organe gleichmäßig, also auch mit der gleichen Menge sauerstoffbeladener Farbstoffmoleküle. Der zeitweise inaktive Darm bekommt dabei genauso viel Sauerstoff angeboten – er braucht ihn gar nicht – wie das auf Hochtouren arbeitende Gehirn.

Und hier erweist sich das riesige Hämocyaninmolekül als außerordentlich flexibel: Die 24 Untereinheiten des Riesenmoleküls haben zwar alle die Eigenschaft, Sauerstoff zu binden, sind aber in ihrem sonstigen chemischen Verhalten verschieden genug, den Sauerstoff nur unter ganz bestimmten Bedingungen zu transportieren und wieder abzugeben. So nimmt man an, daß zum Beispiel das Spinnengehirn chemische Substanzen produziert, die fast allen Hämocyanin-Untereinheiten den Sauerstoff abnehmen, während andere Organe Sauerstoff nur von jenen bekommen, an die er besonders locker gebunden ist.

Ganz einfach ausgedrückt: Jede Hämocyanineinheit versteht nur eine „chemische Sprache". Das Gehirn kann die Bitte „Gib mir Sauerstoff" in 24 verschiedenen „Sprachen" ausdrücken, und die 24 Untereinheiten des Hämocyanins erfüllen sie. Ein zur Zeit ruhendes Organ „versteht" vielleicht nur zwei der „Sprachen", bekommt also den Sauerstoff nur von zwei Untereinheiten, nämlich von denen, die es „verstehen" können.

Noch weitere Vorteile bietet dieses komplexe und flexible Riesenmolekül. Jedes seiner Teile hat ein Temperaturoptimum, unter dem es den Sauerstofftransport am effektivsten zu bewerkstelligen vermag.

Außerdem beeinflussen sich die Untereinheiten gegenseitig derart, daß sie sich mitunter um den Sauerstoff „geradezu reißen", ihn aber nur an bestimmte Organe wieder abgeben.

Der Nutzen für die Spinne liegt darin, daß ihr Sauerstofftransportsystem optimal arbeitet, und das unabhängig von der Bluttemperatur, die bei diesen wechselwarmen Tieren in kurzer Zeit um 30° und mehr schwanken kann. Auch drosselt die ruhende Spinne ihre Atmung, um die Wasserverluste gering zu halten. Dank des Hämocyanins werden trotz des geringeren Sauerstoffangebotes alle Organe mit der für sie notwendigen Menge des lebenswichtigen Stoffes versorgt.

Insgesamt ist also das Hämocyanin nicht nur ein Sauerstoffüberträger, sondern gleichzeitig eine Reserve, die bei erhöhtem Bedarf den einzelnen Organen sofort und direkt zur Verfügung steht.

Damit das Blut alle seine Funktionen erfüllen kann, bedarf es eines Kreislaufsystems und einer Pumpe, des Herzens, das bei Spinnen ganz und gar nicht herzförmig aussieht und im Hinterleib liegt. Wir können es bei vielen größeren Tieren durch die Rückenhaut hindurch deutlich schlagen sehen.

Das Herz, eine muskulöse Röhre, ist in einem Herzbeutel, dem Perikardialsinus, aufgehängt. Seitlich an diesem Rohr befinden sich meist drei Paar Öffnungen, die Ostien; sie lassen aufgrund ihres Ventilmechanismus das Blut nur in einer Richtung, nämlich in das Herz hinein, strömen. Nach vorn und hinten verlaufen Blutgefäße, die ebenfalls mit Ventilklappen versehen sind.

Die elastischen Bänder, an denen das Herz aufgehängt ist, ziehen das Rohr auseinander und erweitern damit seinen Innenraum. Durch die Ostien strömt jetzt die Hämolymphe aus dem Herzbeutel in das Herzlumen. Beim Herzschlag ziehen sich die Herzmuskeln zusammen, der entstehende Druck schließt die Ventile der Ostien, und die Hämolymphe wird in die Arterien gedrückt. Mit Nachlassen der Muskelspannung wirkt wieder der Zug der Bänder, die Arterienventile schließen sich, und durch die Ostien strömt neues Blut ins Herz.

Die normale Schlagfrequenz ist von Art zu Art unterschiedlich und beträgt zwischen 30 und 90 Schlägen pro Minute, wobei die

Herzen kleiner Spinnen bedeutend schneller schlagen als die von großen Tieren.

Das Spinnenherz hat wie das der meisten anderen Tiere auch ein eigenes Nervenzentrum, das unabhängig vom Gehirn als Schrittmacher fungiert. Trotzdem steht dieser Schrittmacher mit dem Zentralnervensystem in Verbindung, was daraus ersichtlich wird, daß sich bei Erregung die Herzschlagfrequenz verdoppeln kann.

An der Herzinnenwand werden verschiedene Blutzellen gebildet, über deren Bedeutung kaum etwas bekannt ist. Man nimmt an, daß sie ähnliche Funktionen erfüllen wie unsere weißen Blutkörperchen. Vermutlich werden durch die Blutzellen Abwehrreaktionen hervorgerufen, Blutgerinnung und Wundverschluß gefördert. Ferner könnten bestimmte Blutzellen bei der Häutung von Bedeutung sein.

Vom Herzen ausgehend, wollen wir nun den Weg der Hämolymphe im Spinnenkörper verfolgen. Es schließt sich ein weitverzweigtes Blutgefäßsystem an, obwohl die Spinnen wie die meisten wirbellosen Tiere einen offenen Kreislauf besitzen. Die Hämolymphe fließt aus den offenen Enden der Arterien zwischen die einzelnen Organe und wird durch Gewebespalten hindurch, dem Druckgefälle entsprechend, zum Herzbeutel und damit zum Herzen zurückgeführt.

Während nur wenige kleine Arterien die Organe des Hinterleibes versorgen, wird die größte Blutmenge durch eine dicke Aorta in die Vorderkörper gepumpt. Hier verzweigt sie sich in zahlreiche Arterien, die bis weit in die Beine hinein verfolgt werden können. Neben der Beinmuskulatur wird vor allem das Gehirn mit arterieller Hämolymphe versorgt.

Durch die genannten Spalten im Gewebe, die Blutlakunen, fließt die Hämolymphe zurück in den Hinterleib. Ein großer Teil passiert dabei die Lungen der Spinne, sammelt sich danach im Herzbeutel und wird über die Ostien dem Herzen wieder zugeführt. Beim Vergleich mit dem geschlossenen Kreislaufsystem der Wirbeltiere entspricht also die Verbindung zwischen Atmungsorganen und Herzbeutel der Lungenvene.

Die Wasserspinne *Argyroneta aquatica* ist die einzige Spinne, die sich – von seltenen Ausnahmen abgesehen – zeitlebens im nassen Element aufhält. Eine Lufthülle um ihren Körper, gehalten durch spezielle Haare, sowie die kunstvoll anmutenden Luftglocken ermöglichen ihr erst das Überleben unter der Wasseroberfläche. Mit dieser Lebensweise ist die Wasserspinne ein echter Außenseiter unter den Araneae. Diese einzigartige Ausnahme macht uns aber bewußt, daß auch Spinnen atmen müssen.

Ebenso wie viele andere lebenswichtige Organe hat das Atmungssystem der Spinnen seinen Ursprung im Hinterleib. Man unterscheidet recht unterschiedliche Organe. Einmal die sogenannten Buchlungen, die auf den ersten Blick einer von der Körperoberfläche verdeckten Kieme gleichen, andererseits finden sich verschiedene Arten von Röhrensystemen, die den Tracheen der Insekten ähneln. Solche Ähnlichkeiten mit den Atmungsorganen anderer Tiere beschäftigen die Forscher schon seit vielen Jahrzehnten, aber bis heute ist man sich noch nicht einig geworden über Ursprung und Evolution der eigenartigen Lungen und Tracheen der Spinnen.

Betrachten wir zunächst die Buchlungen, die durch diesen Namen treffend gekennzeichnet werden. Die Organe sind luftgefüllt und heben sich daher gut vom übrigen Körper ab. Zudem trägt die Haut der Lungendeckel nur selten Haare und ist dadurch als relativ helle Platte gut zu erkennen. Bei unseren Kreuzspinnen finden wir je einen Lungendeckel seitlich der Genitalöffnung im vorderen Bereich des Hinterleibes. Bei den Vogelspinnen und einigen anderen Spinnen sind vier Lungen ausgebildet, je ein Paar vor und hinter der Genitalfurche.

An der Hinterkante des Lungendeckels ist ein schmaler Schlitz zu sehen, der durch Muskelzug geöffnet und geschlossen werden kann. Im Körperinneren schließt sich ein Atemvorhof an, von dem aus nach vorn zahlreiche sehr feine Spalten abzweigen. Diese Spalten oder Atemtaschen ragen in den blutgefüllten Lungensinus, ein großes Blutgefäß im vorderen Teil des

Atmungsorgane einer Vogelspinne: Die hellen Bereiche seitlich am Bauch sind die Lungendeckel.

Hinterleibs, hinein. Die blattartigen, dichtgepackten Atemtaschen sehen aus wie die Seiten eines Buches. Daher der Name Fächertracheen oder Buchlungen.

Die Funktion ist recht einfach und leicht zu verstehen. Während zwischen den Blättern der Buchlunge die Hämolymphe strömt, bewegt sich in den Atemtaschen Luft. Der Gasaustausch erfolgt wie bei Lungen und Kiemen durch eine hauchdünne Membran hindurch. Die mit Sauerstoff angereicherte Hämolymphe wird dann zum Herzbeutel gesaugt und die verbrauchte Luft durch Bewegungen des Atemvorhofes nach außen befördert.

Etwas anders sind die Verhältnisse bei den Tracheen. Es handelt sich um sehr feine Röhrchen, die weit in den Körper hineinreichen, sich dort vielfach verzweigen und am anderen Ende über eine kleine Öffnung mit der Außenwelt in Verbindung stehen.

Bei den Kreuzspinnen und vielen anderen Spinnen befindet sich eine unpaare Öffnung, ein Tracheenstigma, kurz vor den Spinnwarzen auf der Bauchseite des Hinterleibes. Innen schließt sich ein Vorhof an, von dem die feinen Tracheen in den Körper hinein verlaufen.

Anders als bei den Insekten sind die Spinnentracheen auch an ihrem im Körper liegenden Ende offen. Die Versorgung der Zellen mit Sauerstoff erfolgt also nicht direkt, sondern immer über die Hämolymphe, die die offenen Tracheenenden umspült.

Lange schon wird die Frage diskutiert, welches der beiden Systeme das ältere oder jüngere, das bessere oder schlechtere sei. Gibt es doch Spinnen, die nur Buchlungen haben, viele besitzen beide Arten von Atmungsorganen, manche nur Tracheen und einige wenige keines von beiden. Wahrscheinlich sind die Tracheen effektiver, denn sie transportieren den Sauerstoff ziemlich nahe an die Organe heran, während im Falle der Buchlungen das Transportmittel Hämolymphe erst den Weg über das Herz nehmen muß, bevor der Sauerstoff dem Gehirn oder den Beinen zur Verfügung steht.

Viele ursprüngliche Spinnen haben zwei Paar Buchlungen, aber keine Tracheen. Auch ist bekannt, daß das Leben unter extremen Bedingungen von jenen Spinnen besonders gut gemeistert wird, die ein wohlentwickeltes Tracheensystem besitzen. So spielen die Buchlungen bei der Wasserspinne eine recht untergeordnete Rolle, während die reich verzweigten Tracheen als zusätzliche Luftreserve dienen. In aller Regel sind die Tracheen auch bei solchen Tieren besonders gut entwickelt, die schnell laufen und springen können.

Haare an den Beinen

Wer ist noch nicht vor einer großen Spinne im Waschbecken erschrocken? Mit einem kräftigen Schwall Wasser wird das Tier weggespült, doch nach einigen Minuten ist die Spinne wieder da. Ihr Körper ist gar nicht benetzt. Dadurch wurde sie – in einer Luftblase eingeschlossen – in das Überlaufrohr gedrückt, das sie nach Abfluß des Wassers wieder heil verlassen konnte.

Aus dem Rohr, nicht aber aus dem Waschbecken kommt sie wieder heraus, die große Winkelspinne, um die es sich in fast allen derartigen Fällen handelt. Warum kann gerade die Winkelspinne Badewannen und Waschbecken nicht wieder

verlassen, nachdem sie hineingerutscht ist? Eine Sackspinne, eine Plattbauchspinne oder eine Springspinne würden mit Leichtigkeit an den glatten Wänden auf und ab laufen.

Zwischen den Krallen finden wir die Lösung. Schauen wir die Füße einer Winkelspinne mit der Lupe an, so sind drei Krallen zu entdecken, zwei sehr große und eine kleinere Kralle. Bei einer Sackspinne dagegen scheint die Unterseite der Füße wie mit Samt überzogen.

Diese weichen Haarpolster finden sich bei vielen Läufern unter den Spinnen in sehr unterschiedlicher Ausbildung. Manchmal sind sie nur kleinflächig zwischen den großen, paarigen Krallen, oft überziehen sie aber die ganze Unterseite der Füße. Auch finden wir bei diesen Spinnen keine dritte unpaare Kralle.

Betrachtet man diese als Scopula bezeichneten Haarpolster bei starker Vergrößerung, zeigen sich noch weitere Aufgliederungen. Jedes einzelne Haar ist für sich noch einmal in Hunderte und Tausende feiner Fortsätze gespalten. Form und Anordnung dieser Härchen sind bei den verschiedenen Spinnenfamilien recht unterschiedlich. Mit etwas Phantasie erkennt man filigrane Sträuße, Ähren oder Bäumchen – und Tausende dieser „Bäume"

Füße einer Vogelspinne
mit Scopula-Polstern an der Unterseite.

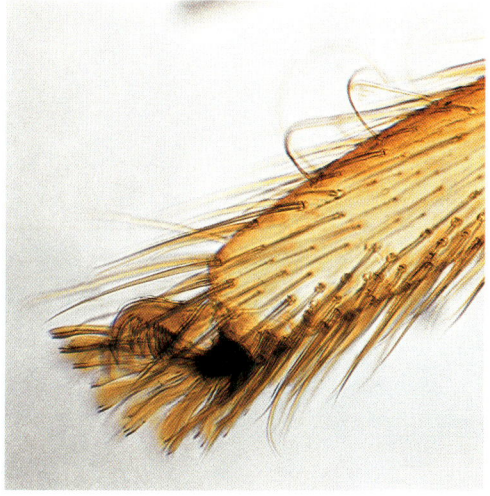

Scopula und Krallen
am Fuß einer Springspinne (Mikropräparat).

sehen wir mit bloßem Auge als Samtpolster am Spinnenfuß.

Um die Wirkungsweise der Scopulahaare verstehen zu können, betrachten wir eine Krabbenspinne, die auffallend kleine Scopulae an den Füßen hat. An jedem Bein befinden sich nur ungefähr 30 Scopulahaare, von denen jedes einzelne noch einmal in 500 bis 1 000 Härchen aufgespalten ist. Das sind an allen acht Beinen zusammen an die 200 000 Chitinhärchen.

An einer Glasscheibe sitzend, verfügt die Spinne damit über 200 000 Kontaktpunkte zur Unterlage. Da nun jedes einzelne Härchen aufgrund seiner Feinheit und des sehr dünnen Wasserfilms auf allen Oberflächen erstaunliche Adhäsionskräfte entwickelt, wird eine verblüffende Wirkung erzielt: Die 200 000 Haftpünktchen gemeinsam bedingen eine Kraft, die ausreicht, mehr als das Zwanzigfache des Körpergewichtes der Spinne zu halten, und das selbst an überhängenden Glasscheiben!

Die Adhäsionskräfte beruhen auf der außerordentlichen Feinheit der Härchen. Würden diese auch nur wenig größer sein, wäre die Haftwirkung fast Null. Größere Kräfte werden also nicht durch Vergrößerung der Haare erzielt, sondern durch ihre Vervielfachung. Damit lassen sich wenigstens teilweise die ausgedehnten Scopulae der großen Vogelspinnen erklären. Das sind seidenweiche Haarpolster von etwa 1,5 cm Länge an jedem Fuß, die ein beachtliches Gewicht zu tragen vermögen.

Interessant sind auch die Versuche zur Erklärung des Phänomens. Die Saugnapftheorie wurde bald ad absurdum geführt, denn auch bei den größten Spinnen erkannte man nur Haare, die sich der Unterlage anschmiegten, aber keine Saugbewegungen.

Später wurden die Haarfortsätze als feine Häkchen gedeutet, die sich an Rauhheiten der Unterlage festhalten. Man experimentierte mit besonderen Gläsern, schliff und polierte sie sehr sorgfältig, prüfte mit dem Mikroskop noch einmal nach … Und die Spinne lief daran hoch und runter, als ob es simples Fensterglas sei.

Es wäre auch möglich, daß die Haare einen Klebstoff absonderten. Denn manchmal findet sich eine Art Fingerabdruck dort, wo die Spinne ihren Fuß hingesetzt hat. Könnten die Scopulae überlistet werden, indem der Klebstoff auf chemischem Wege wirkungslos gemacht wird?

Der Göttinger Lehrer HEINRICH HOMANN, der mit raffinierten und verblüffend einfachen Methoden die Augen der Spinnen erforscht und diesen Tieren so manches Geheimnis entlockt hat, experimentierte auch mit den Scopula-Haaren. Dabei wurde sogar an elektrostatische Aufladung gedacht – Erfolg aber brachte die Chemie.

Beim Versuch, den vermeintlichen Klebstoff aufzulösen, merkte HOMANN, daß die Spinnenfüße für einen kurzen Moment rutschten, dann aber wieder hielten – ohne Klebstoff. Mit den Chemikalien, die dem Kleber zu Leibe rücken sollten, konnte man auch Wasser entfernen – und an dieser Stelle setzte der scharfsinnige Denker an.

Die Spinnenbeine rutschten nur so lange, wie die Chemikalien wirkten, und hielten fest in dem Moment, da der allgegenwärtige Wasserfilm wieder auf dem Glas lag. Als es gelang, die Luftfeuchtigkeit über längere Zeit vom Glas fernzuhalten, rutschten selbst die besten Scheibenkletterer mit den größten Scopulapolstern ab.

Während die Scopula am Spinnenbein das Klettern an sehr glatten Flächen ermöglicht, dienen die zwei großen Krallen dem Festhaken an kleinen Vorsprüngen und an Spinnenfäden. Dabei werden mit den kammartigen Zähnchen an der Krallenunterseite einzelne Fäden festgeklemmt.

Schwieriger wird es, den Faden wieder frei zu bekommen, wenn er erst einmal richtig festsitzt. Die Spinnen helfen sich mit einem kurzen Ruck bei gleichzeitigem Hochklappen der Krallen. Wer aber Netzspinnen beim Klettern in ihrem Gespinst beobachtet, wird nichts von umständlichem Festklemmen und Losreißen bemerken. Mit ziemlichem Tempo, mit Leichtigkeit und Eleganz klettert zum Beispiel eine Kreuzspinne an ihren hauchdünnen Fäden in alle Richtungen des Raumes.

Dazu benutzen die Tiere eine unpaare

dritte Kralle, die sich zwischen den zwei großen Krallen befindet, genau dort, wo viele Laufspinnen eine Scopula haben. Seitlich dieser Mittelkralle sind einige Borsten besonders dick und an der Unterseite mit feinen Zähnchen versehen. Die Erfahrung lehrt uns, daß solche Borsten fast immer zum „Hantieren" mit Fäden benutzt werden: Kugelspinnen tragen besonders viele davon an den Hinterbeinen und werfen damit Leimfäden. Cribellate Spinnen besitzen ganz ähnlich ausgebildete Borsten in Form eines Kräuselkammes.

Auch im Zusammenspiel mit dem Krallenapparat dienen gezähnte Borsten dem Erfassen einzelner Fäden. Dabei greift die Mittelkralle wie ein Haken den Faden und drückt ihn gegen die Borsten. Auf der einen Seite wird der Faden durch die Kralle gehalten, und auf der anderen hängt er an den Zähnchen der biegsamen Borsten fest. Wie in einer feinen Öse kann der Faden gleiten, die Spinne rutscht an ihm entlang. Sie vermag aber auch urplötzlich anzuhalten, indem sie die Kralle noch weiter umklappt und dadurch den Faden gegen die Borsten festklemmt.

Das Prinzip ist ähnlich wie bei den großen Krallen mit ihrem Kamm, nur daß nicht die Kraft des gesamten Beines den Faden zwischen die Zähnchen drückt, sondern lediglich die frei bewegliche Kralle einen Druck gegen besagte Borsten ausübt. In beiden Fällen bewirkt die Reibung, daß der Faden festgehalten wird. Aber die Beweglichkeit der einzelnen Kralle gestattet neben der lockeren Gleitverbindung zwischen Spinne und Faden, diesen auch sofort wieder loszulassen. Dazu wird die Kralle zurückgezogen, die Borsten federn in ihre Ausgangslage und werfen den Faden heraus.

So ist es Kreuzspinnen und anderen Netzbewohnern möglich, sehr geschickt in ihren Netzen zu klettern, Fäden zu fassen und augenblicklich wieder loszulassen. Aber an glatten Wänden von Badewannen und Waschbecken können sie sich nicht halten. Dagegen laufen zweikrallige Spinnen mit Scopula an Glasscheiben entlang, haben aber einige Schwierigkeiten im Umgang mit einzelnen Fäden.

Viele Menschen fürchten sich vor Spinnen – vielleicht wegen der schnellen, ruckartigen Bewegungen mancher Arten – oder finden sie häßlich wegen der zahlreichen Stacheln und Haare an den Beinen. Doch gerade die aus dem normalen Pelz herausragenden Haare sollen uns im folgenden beschäftigen. Diese feinen Gebilde verdienen unsere besondere Aufmerksamkeit, denn mit den meisten Haaren können Spinnen hören, riechen, schmecken und fühlen.

Entsprechend ihrer Funktion sind die Haare sehr unterschiedlich aufgebaut. Man findet sie als einfache Anhängsel der Kutikula, die starr und mehr oder weniger fest mit dem Chitinpanzer verbunden sind. Hierzu gehören der oft dichte Pelz vieler Spinnen, die Brennhaare einiger Vogelspinnen, die schillernden Schuppenhaare der Springspinnen und solch feine Gebilde wie die Scopulahaare. Auch die Stacheln an den Cheliceren der Spinnenfresser zählen zu dieser Kategorie von Haaren.

Sehr viele Haare sind aber durch eine Gelenkmembran beweglich mit dem Außenskelett verbunden. Wenn bei der Bewegung eines solchen Haares Nervenendigungen gereizt werden, so handelt es sich schon um ein einfaches Tastsinnesorgan. Derartige Tastborsten sind im gesamten Tierreich weit verbreitet und haben bei den Spinnen vielfältige Spezialisierungen erfahren.

Erst kürzlich wurde herausgefunden, daß alle bekannten Tasthaare von Spinnen durch drei Dendriten (bäumchenartigen Fortsätzen) versorgt werden. Es sind dies die Fortsätze von drei verschiedenen Sinneszellen, die bei Bewegung des Haares gereizt werden können. Sind zwei davon Ersatzdendriten, die beim Ausfallen einer Sinneszelle in Funktion treten?

Mit modernsten Mitteln wurden auch die Sinneshaare erforscht. Man betrachte ein einzelnes Tasthaar einer Spinne, denke daran, daß es von drei Sinneszellen versorgt wird, und mache sich nun eine Vorstellung davon, welche technische Leistung notwendig ist, jede dieser Sinneszellen einzeln zu untersuchen – natürlich am lebenden Tier!

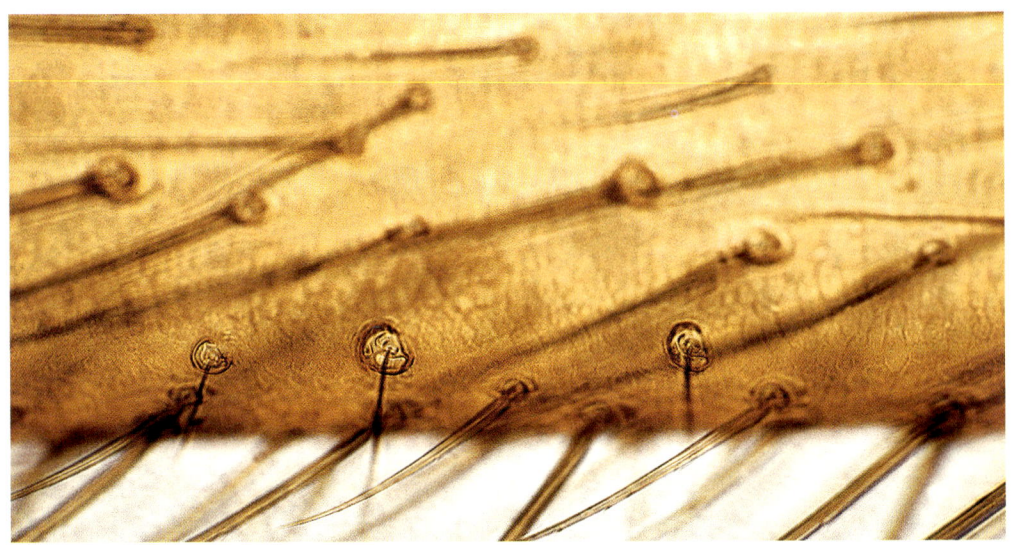

Drei Becherhaare zwischen den Borsten eines Kugelspinnenbeines (Mikropräparat).

Es stellte sich heraus, daß bei der Beugung des Tasthaares ein Nervenimpuls zum Gehirn geleitet wird, aber die Rückkehr des Haares in die Ausgangsstellung keinen Reizimpuls auslöst. Dieser Befund ist erstaunlich und reizphysiologisch höchst interessant. Gewöhnlich wird nämlich eine Fluchtreaktion ausgelöst. Ein zweiter Impuls beim Rückfedern des Haares würde die gleiche Reaktion bewirken, die natürlich sinnlos und unter Umständen sogar gefährlich wäre.

Bei den großen Beinstacheln entstehen die Nervenimpulse nur beim Aufrichten. Dieses Abspreizen der Stacheln erfolgt durch erhöhten Blutdruck, wie er bei Erregung, bei schnellen Bewegungen und bei der Häutung auftritt. Aus all dem kann man schließen, daß die Stacheln einmal den Hämolymphdruck messen und zum anderen besonders dann reizbar sind, wenn sie zum Beutefang, zur Abwehr oder während einer Häutung benötigt werden.

Möglicherweise kommt dieses differenzierte Verhalten von Tasthaaren und -stacheln nur durch ein kompliziertes Zusammenwirken der drei Sinneszellen zustande. Erwiesen ist bereits, daß bei seitlicher Auslenkung oder Drehung der Haare die Sinneszellen unterschiedlich reagieren. Der Vergleich der drei Nerven-

impulse im Gehirn der Spinne gibt ihr also sehr genau Auskunft über die Richtung, aus der der auslösende Reiz kommt.

Tasthaare lösen nur dann eine Reaktion bei der Spinne aus, wenn sie berührt werden. Bei der Beobachtung von Spinnen können wir aber feststellen, daß sie anfliegende Insekten schon aus einigen Zentimetern Entfernung bemerken. Wanderspinnen zum Beispiel laufen der Fliege entgegen und holen sie im Sprung aus der Luft.

Dies setzt voraus, daß bestimmte Sinnesorgane nicht nur auf relativ grobe Erschütterungen reagieren, sondern bereits auf höherfrequente Luftschwingungen. Entsprechend fein müssen auch die Rezeptoren, in diesem Falle die Haare, sein.

Die feinsten Sinneshaare, die wir bei Spinnen kennen, sind die Trichobothrien oder Becherhaare. Sie finden sich meist an der Oberseite der Beine, sind oft in charakteristischer Reihenfolge angeordnet und fallen durch ihre zum Teil beachtliche Länge und ihre extreme Feinheit auf. Der leiseste Luftzug bringt diese Haare in Bewegung.

Darauf beruht auch ihre Funktion: Bereits leichte Luftströmung und -vibrationen, die wir als Töne hören können, vermögen die

Trichobothrien in Schwingung zu versetzen und dadurch die angeschlossenen Nervenendigungen zu reizen. Dies ist möglich, weil die außerordentlich dünnen Haare in einer sehr feinen, nur 0,5 μm dicken Gelenkmembran eingehängt sind. Zum Schutz des empfindlichen Apparates ist dieser in das Außenskelett eingesenkt und von einem Kutikulawall, dem Becher, umgeben.

Die Trichobothrien werden von vier untereinander isolierten Nervenendigungen versorgt, von denen drei nur auf Auslenkung des Haares in ganz bestimmte Richtungen ansprechen. Mit dem Becherhaar kann also auch festgestellt werden, aus welcher Richtung entsprechende Reize einfallen. Der vierte Dendrit dient wahrscheinlich der Koordinierung des gesamten Systems.

Mit Hilfe der Trichobothrien ist es den Spinnen möglich, fliegende Insekten schon aus größerer Entfernung wahrzunehmen und zu lokalisieren. Kreuzspinnen unterscheiden nach dem Fluggeräusch auch Fliegen von Wespen und flüchten sogar vor manchen Schwebfliegen, die außer der schwarz-gelben Zeichnung auch noch das Summen der Wespen nachahmen.

Vor gar nicht so langer Zeit fanden Wissenschaftler bei einigen Vogelspinnen und den Gliederspinnen der Gattung *Liphistius* Sinnesorgane, die prinzipiell wie Trichobothrien aufgebaut sind. Doch statt des feinen, langen Haares ist in dem Becher ein kurzes, nach dem Ende zu stark verdicktes „Keulchen" aufgehängt. Einige Fachleute sehen in ihnen winzige Seismometer.

Die genannten Spinnen sind ursprüngliche Laufspinnen, die sehr empfindlich auf Bodenerschütterungen reagieren. Man kann sich leicht vorstellen, daß die relativ große Masse des Keulchens – durch einen kurzen Stiel mit der Membran verbunden – die Schwingungen des Untergrundes sehr gut annimmt und über Stielchen und Membran an die Nervenendigungen weiterleitet.

Orientierung im Raum

Spinnen verfügen über einen sehr guten Orientierungssinn. Wir nehmen als selbstverständlich hin, daß eine Kreuzspinne immer wieder zum Zentrum ihres Netzes findet, von dort aus die Spannung der einzelnen Fäden überprüft und somit ganz gezielt Beutetiere in ihrem Netz lokalisiert.

Noch auffälliger ist das Phänomen bei Wolfsspinnen. Um im Experiment ganz sicher zu gehen, wurde der Gesichtssinn

Spaltensinnesorgane (Bildmitte) am Bein einer Kugelspinne (Mikropräparat).

der Tiere dadurch ausgeschaltet, daß man ihre Augen mit undurchsichtigem Lack überzog. Hat eine solche Spinne Beute gemacht – durch die Becherhaare ist ihr das ja auch ohne Sichtkontakt möglich – und wird danach von ihrem Beutetier weggejagt, so läuft die Spinne nach kurzer Beruhigung immer ganz zielgerichtet zu dem Platz zurück, an dem die Fliege liegengeblieben ist.

Auch wurde festgestellt, daß die Spinne nicht geradlinig zur Beute zurückläuft, denn das wäre nur möglich, wenn sie die tote Fliege sehen könnte. Vielmehr bewegen sich Wolfsspinnen genau den Weg zurück, auf dem sie geflüchtet sind, selbst wenn sie dabei mehrere Kurven laufen müssen.

Derart kompliziertes Verhalten ist nur denkbar, wenn die Spinne über ein System verfügt, das sämtliche Bewegungen der Beine registriert, speichert und beim Rückweg „den ganzen Film" noch einmal rückwärts ablaufen läßt.

So ein System gibt es tatsächlich bei Spinnen, bestehend aus dem Gehirn als Speicher und Koordinator und speziellen Sinnesorganen, den Propriorezeptoren, die über den ganzen Körper verteilt sind und Ruhestellung sowie Verbiegungen des Außenskeletts registrieren. Entsprechend ihrer Funktion hat zum Beispiel die Wanderspinne Cupiennius salei allein 2 580 der insgesamt 3 000 festgestellten Rezeptoren an den Laufbeinen.

Im mikroskopischen Bild sehen wir diese Sinnesorgane als feine Spalten von 1 bis 2 µm Breite und 8 bis 200 µm Länge.

Die Spalten sind gewissermaßen dünne Stellen im Außenskelett, die von einer sehr feinen Membran, umgeben von zwei Chitinwülsten, gebildet werden. Auch innen wird der Spalt durch eine Membran abgeschlossen. An der empfindlichsten Stelle jeder dieser zwei Membranen setzt ein Dendrit an, eine reizempfindliche (bäumchenartige) Nervenendigung.

Schon bei geringsten Spannungen, sei es durch Dehnen oder Stauchen des Außenskeletts, werden die Membranen deformiert und reizen dadurch die Dendriten. Interessanterweise werden nur Reize wei-tergeleitet, die auf eine Verengung der Spalte zurückgehen.

In der Nähe der Beingelenke finden sich die Sinnesspalten, dicht gepackt, zu lyraförmigen Organen vereinigt. Die Einzelspalten sind dabei längs zur Beinachse ausgerichtet, am Fußgelenk zwischen Metatarsus und Tarsus jedoch quer.

Dadurch ist das letztgenannte lyraförmige Organ besonders geeignet, feinste Vibrationen des Untergrundes oder von Fäden wahrzunehmen.

Experimente zeigten, daß schon „Verbiegungen" in der Größenordnung von wenigen Atomdurchmessern! genügen, um die metatarsalen Spaltensinnesorgane bei Kugel- und Kreuzspinnen zu reizen. Da die Einzelspalten sehr unterschiedlich empfindlich sind, können die Spinnen mit den eben genannten Organen Spannung und Schwingungen im Netz hinsichtlich ihrer Kraft und Frequenz genau unterscheiden.

So gelingt es nur dann, eine Kreuzspinne mit einer angeschlagenen Stimmgabel zu überlisten, wenn die Frequenz der Gabel ungefähr mit der Flügelschlagfrequenz von Fliegen übereinstimmt. Die Stimmgabel muß schon wie eine Fliege klingen – summt sie wie eine Wespe, flieht die Spinne.

Auch das Vermögen der Wolfsspinnen, verlorene Beutetiere wiederzufinden, hängt mit den lyraförmigen Organen zusammen.

Diese Sinnesorgane registrieren die Veränderungen des Außenskeletts beim Laufen, während die im Gehirn verarbeiteten Impulse der Koordination von Muskelgruppen beim Rückweg dienen. Verklebt man nämlich die lyraförmigen Organe, kann sich die Spinne nur noch schwer orientieren.

Auch im Inneren des Spinnenkörpers findet man Propriorezeptoren in der Nähe der Beingelenke. Hier sind zwischen die Hautzellen Nervenendigungen eingesenkt, die deren mechanische Belastung registrieren. Somit werden sowohl Beginn, Richtung und Geschwindigkeit einer Bewegung sowie die Ruhestellung des Gelenkes gemessen.

Wie sie riechen, wie sie schmecken

All die genannten Sinnesorgane sind lediglich in der Lage, auf mechanische Reize zu reagieren. Spinnen können aber auch riechen und schmecken, wenn wir die uns geläufigen Bezeichnungen für chemische Wahrnehmungen benutzen. Der Unterschied zwischen Geruch und Geschmack liegt eigentlich nur darin, daß einmal gasförmige Duftstoffe wahrgenommen werden, während andererseits die chemischen Eigenschaften eines Stoffes durch direkte Berührung „geschmeckt" werden.

Es läßt sich sehr leicht nachweisen, daß Spinnen die Dämpfe von ätherischen Ölen riechen können. Dieses Vermögen spielt sicher eine große Rolle beim Erkennen von Beute und Feind, denn einige übelriechende Wanzen und Blattkäfer werden als Beute verschmäht.

Anders ist es mit dem „Duft" erwachsener Spinnenweibchen, der die Männchen mitunter scharenweise herbeilockt. Die umherstreifenden Männchen werden bereits dann erregt, wenn sie den Faden eines reifen Weibchens ihrer Art nur mit den Fußspitzen berühren; den Sexuallockstoff also schmecken!

Schmecken mit den Füßen ist bei Spinnen nicht verwunderlich, denn an der Unterseite der Fußglieder von Beinen und Tastern sitzen sehr viele Kontaktchemorezeptoren oder Geschmackshaare. Einige dieser Haare stehen senkrecht zur Körperoberfläche aus dem übrigen Haarkleid hervor, beispielsweise auch aus den Scopula-Polstern vieler Vogelspinnen. Grundsätzlich sind sie den Tasthaaren vergleichbar, doch ist die Gelenkmembran weniger beweglich und sprechen nur zwei Sinneszellen auf mechanische Reize an. Ansonsten ist ein Geschmackshaar in ganzer Länge von zwei Kanälen durchzogen, von denen ein Kanal an der Spitze offen ist und etwa 20 Dendriten enthält; sie alle reagieren auf chemische Reize.

Die Haare sind so empfindlich, daß es einer Spinne schon nach kurzer Berührung möglich ist, eine bereits in Verwesung übergegangene Fliege von einer frischtoten zu unterscheiden. Nur letztere nimmt

sie als Nahrung an. (Auf die Bedeutung der Geschmackshaare beim Auffinden geschlechtsreifer Weibchen wird im entsprechenden Kapitel noch näher eingegangen.)

Mit dem Geruchssinn bringt man neuerdings die eigenartigen Tarsalorgane in Verbindung. Sie sind winzig kleine Hohlkugeln, die in die Chitinhaut der Fußglieder, der Tarsen (Name!), eingesenkt sind. Das Kugelinnere ist durch eine kleine Pore mit der Außenwelt verbunden. Im Tarsalorgan finden sich zahlreiche freie Nervenendigungen, die auf verschiedene Duftstoffe ansprechen.

Gleichwohl, unser Wissen um die chemischen Sinne der Spinnen bleibt lückenhaft. Ständig werden aber neue Organe entdeckt, die Chemorezeptoren sein könnten, über deren Funktion man jedoch nichts weiß.

Da finden sich an der Basis von Tasthaaren Tarsalorgane, deren Dendriten freiliegen und nicht in die sonst übliche Kugel eingeschlossen sind. An den Vorderbeinen der Männchen einer vorwiegend australischen Spinnengattung wurden kürzlich winzige Bürsten entdeckt, deren Haare am Ende verbreitert und mit einer Längsrinne versehen sind. Sind das auch Geschmackshaare? Die Chemosensillen an den Tastern einiger Wolfsspinnen sind fein gefiedert – warum? Weshalb haben manche Geschmackshaare auf ihrer ganzen Länge Löcher, trotz der Pore an ihrem Ende? Auf viele Fragen wissen wir heute noch keine Antwort.

Mit Haupt- und Nebenaugen sehen

Bei allen Tieren sind Sinnesorgane an den Körperstellen ausgebildet, an denen sie gebraucht werden und dabei möglichst nahe der Schaltzentrale Gehirn liegen.

Spinnen – und übrigens auch Insekten – schmecken vorwiegend mit den Beinen. Geschmacksorgane am Mund der Spinnen würden ja nur mit bereits vorverdauter Nahrung in Berührung kommen. Daß Spinnen auch mit den Beinen hören, läßt sich nicht mit dem Fehlen „richtiger

Ohren" erklären, sondern ist wohl dadurch bedingt, daß die Hörhaare nichts anderes als überempfindliche Tastorgane sind.

Die einzigen Sinnesorgane, die auch bei Spinnen an der „üblichen" Stelle sitzen, sind die Augen. Auch sind dies die einzigen Sinnesorgane, die sich in ihrem Grundaufbau bei fast allen Tieren ähneln. Aus Linse, Glaskörper, Seh- und Pigmentzellen sind auch Spinnenaugen aufgebaut und entsprechen in ihrem Feinbau dem Ocellentyp der Gliederfüßer (den einfachen Punktaugen im Gegensatz zu den zusammengesetzten Netzaugen).

Die ursprüngliche Anordnung: zwei Hauptaugen und jederseits eine Dreiergruppe von Nebenaugen, findet sich bei frühen Jugendstadien einiger Vogelspinnen, den Gliederspinnen und besonders deutlich bei den Zitterspinnen. Eine wesentliche Erweiterung des Gesichtsfeldes ergibt sich nach Auseinanderrücken der Nebenaugen. Entsprechend sind die Augen vieler Spinnen in zwei Reihen angeordnet: Vorn stehen die Hauptaugen als vordere Mittelaugen, seitlich davon die vorderen Seitenaugen, dahinter die hinteren Seitenaugen und zwischen diesen die hinteren Mittelaugen.

Bei einigen Spinnenfamilien wurden die Hauptaugen reduziert. In Mitteleuropa trifft dies für die Sechsaugenspinnen sowie für die Zwergsechsaugen (Oonopidae) und die Speispinnen zu. In den Tropen leben einige Vertreter mit noch weniger Augen, so die winzige *Anapistula secreta* (Symphytognathidae) aus Mittelamerika mit nur vier Nebenaugen, und die Tetrablemmidae, bei denen oft nur zwei oder gar keine Augen ausgebildet sind.

An Spinnen, die ständig in Höhlen oder in dicken Laubschichten leben, beobachten wir die Reduktion der Augen in all ihren Stadien. Baldachinspinnen der Gattung *Porrhomma* zum Beispiel haben mitunter verkümmerte Augen mit kleinen Linsen, reduzierter Netzhaut bzw. fehlender Pigmentschicht.

Einen interessanten Sonderfall stellen die seltenen tropischen Caponiidae dar. Die

Kopfbereich einer Vogelspinne mit deutlich sichtbarem Augenhügel.

Augen einer Wolfsspinne.

mir bekannten mittelamerikanischen Vertreter der Gattungen *Nops* und *Caponina* sind außerordentlich schnelle Läufer, und der flüchtige Eindruck, den man von ihnen gewinnt, erinnert an eine einheimische Sechsaugenspinne. Unter der Lupe erweisen sie sich als echte Außenseiter mit nur zwei Augen, den großen, schwarzen Hauptaugen oben auf dem Vorderkörper. Wie und wann dieser eigenartige Zustand entstanden ist, weiß niemand zu sagen.

Was sind eigentlich Haupt-, was Nebenaugen? Warum erscheinen diese schwarz und jene oft hell schimmernd? Dazu müssen wir die Retina, die Netzhaut der Augen, untersuchen. Sie besteht aus den Sehzellen mit ihren lichtempfindlichen Stäbchen, den Rhabdomen. Die Rhabdome der Hauptaugen liegen vor den Zellen; sie sind dem Licht zugewandt. Die Sehschärfe dieser Augen wird durch zahlreiche Zellen mit schwarzen Pigmentkörnern erhöht, die zwischen den Stäbchen angeordnet sind.

Schaut man von vorn in solch ein Auge, ist der dunkle Augenhintergrund mit seinen Pigmentzellen zu sehen. Das Auge erscheint schwarz.

Bei den Nebenaugen liegen die Zellkörper der Sehzellen vorn, und dahinter, auf der lichtabgewandten Seite, befinden sich die Rhabdome.

Auch hier sind Pigmente eingelagert, aber nur die Nebenaugen weniger Spinnen – zum Beispiel der Springspinnen – erscheinen schwarz; die der meisten anderen glänzen und können bei günstigem Lichteinfall geradezu aufleuchten.

Die Nebenaugen zeigen häufig eine glänzende Schicht, das Tapetum. Es besteht aus Kristalleinlagerungen in der Netzhaut, die im ursprünglichen Zustand über den ganzen Augenhintergrund verteilt sind.

Das Tapetum vieler Netzspinnen ist in zwei in spitzem Winkel zueinanderstehende Platten geteilt, zwischen denen die Rhabdome liegen. Die Sehzellenkörper befinden sich an der Außenseite dieser Platten. Ein anderer häufiger Typ des Tapetums sieht aus wie ein Ofenrost, durch dessen Schlitze die Nervenenden der Sehzellen hindurchtreten. Die Rhabdome mit den davor befindlichen Sehzellen liegen auf dem Rost zwischen Tapetum und Glaskörper.

Früher wurde angenommen, daß das Tapetum als Reflektor das Licht bündelt, wodurch die Nebenaugen besonders zum Sehen bei sehr schwachem Licht geeignet sind; deshalb werden sie auch „Nachtaugen" genannt. Experimentell konnte diese Hypothese bis heute nicht bestätigt werden.

Sowohl Haupt- als auch Nebenaugen sind mit starren Linsen versehen, die durch farblose Kutikulaabschnitte gebildet werden. Eine Akkomodation, das heißt eine Nah- und Ferneinstellung der Augen, ist mit diesen Linsen nicht möglich und wäre bei der extrem kurzen Brennweite auch wenig effektiv.

Allerdings kann das Sehfeld der Hauptaugen von Krabben- und Springspinnen dadurch verändert werden, daß Muskeln den Augenhintergrund bewegen. Dies wurde besonders bei den Springspinnen gut erforscht und wird im Abschnitt über diese Spinnenfamilie genauer erläutert.

Die Sehschärfe der Spinnen ist sehr unterschiedlich, hängt sie doch von der Anzahl der Sehzellen, der Dicke des Glaskörpers und der Wölbung der Linse ab. Sie dürfte bei den meisten Netzspinnen äußerst gering sein, während Wolfsspinnen einfache Formen unterscheiden können. Dagegen muß man die Leistung der Hauptaugen von Springspinnen noch weit höher einschätzen. Aus Experimenten wird gefolgert, daß ihr Sehvermögen dem des Menschen vergleichbar ist.

Über die Farbempfindlichkeit der Spinnenaugen wissen wir sehr wenig. Es gilt aber als sicher, daß zumindest Springspinnen mehrere Farben unterscheiden können. Außerdem sind zum Beispiel Trichternetz- und Wolfsspinnen aufgrund der Anordnung ihrer Rhabdome in der Lage, die Polarisation des Lichtes zu erkennen.

Offenbar dient die Wahrnehmung des polarisierten Himmelslichtes der Orientierung.

Vom Sinneseindruck zur Zentrale

Eine ungeheure Flut von Reizen wird ständig von den vielfältigen Sinnesorganen aufgenommen. Für die Verwertung einer derartigen Informationsmenge benötigen auch Spinnen ein sehr leistungsfähiges Nervensystem.

So wie alle Gliederfüßer sind Spinnen Bauchmarktiere, das heißt, der Hauptnervenstrang liegt unter dem Darm auf der Bauchseite des Körpers. Man spricht auch von einem Strickleiternervensystem, denn die zwei parallel verlaufenden Nervenstränge sind untereinander durch Kommissuren, Querverbindungen gleich den Sprossen einer Leiter, verbunden.

In der Kopfregion führt die Speiseröhre – den Magen mit der bauchseitigen Mundöffnung verbindend – zwischen zwei dieser Sprossen hindurch. Bei den Spinnen ist dies die einzige Stelle, die rein äußerlich noch an die Strickleiter erinnert. Die Speiseröhre verläuft also mitten durch das „Gehirn" der Spinnen – eine kompakte Nervenmasse, die durch Verlagerung aller Kommissuren und ihre weitgehende Verschmelzung im Vorderkörper entsteht.

Unterscheiden läßt sich ein Oberschlundganglion, das Nervenzentrum über der Speiseröhre, und ein Unterschlundganglion, das bauchseitig einen großen Raum im Vorderkörper einnimmt. Bei erwachsenen Spinnen werden 5 bis 10 % des Vorderkörpervolumens vom Gehirn eingenommen, und nur ein sich stark verzweigender Nervenstrang führt in den Hinterleib.

Bei näherer Untersuchung des Spinnengehirns stellen wir ein im ganzen Tierreich weit verbreitetes Phänomen fest, die „Überkreuzung" der Nervenfasern. Genauer: Die Fasern der linken Seite treten mit denen der rechten in engen Kontakt. Das geht so weit, daß das Sehzentrum für die rechts liegenden Augen sich in der linken Hirnhälfte befindet und umgekehrt. Dies ist von größter Bedeutung für die realistische Wahrnehmung der Umwelt und das daraus resultierende Verhalten, denn nach optischen Gesetzen entsteht auf der Netzhaut ein winzig kleines, seitenverkehrtes und auf dem Kopf stehendes Bild der Umgebung. Dazu kommt der etwas verschiedene Blickwinkel der Augen.

Im Gehirn werden die entstehenden Sinneseindrücke an der Kreuzung der Sehnerven teilweise ausgetauscht. Hinzu kommt ein Vergleich mit den Wahrnehmungen anderer Sinnesorgane, und erst der daraus resultierende „Eindruck" wird weiter verarbeitet. Es entstehen viele sehr komplizierte Signale, die, wenn sie entsprechend modifiziert und zu Beinmuskeln oder anderen Organen geleitet sind, das erstaunliche Verhalten der Spinnen bewirken.

Ein Spinnengehirn mit seinen 30 000 Nervenzellen und ungezählten Nervenverbindungen ist zu beachtlichen Leistungen fähig. Beim Beutefang zum Beispiel gehen Informationen von den Augen und den vielen Sinnesorganen der Beine ein. Alle diese Reizimpulse müssen unabhängig voneinander verarbeitet und miteinander kombiniert werden. Daraus ergibt sich eine riesige Anzahl von Nervenimpulsen, die zehn Gliedmaßen – acht Beine und zwei Taster – in genau aufeinander abgestimmte, blitzschnelle Bewegungen versetzen müssen. Hinzu kommen die Cheliceren, die Giftdrüsen, die komplizierten Spinnwarzen. Und von all diesen Organen gehen fast im selben Moment die ersten Erfolgsmeldungen ein!

Aber noch weitere Sinnesleistungen der Spinnen sollten Erwähnung finden. Kreuzspinnen zum Beispiel gelten als Wetterpropheten. Sie bauen nur dann ihre Netze neu, wenn am folgenden Tag schönes Hochdruckwetter mit leichtem Wind herrscht. Daß sie das Wetter „vorhersagen", geht schon daraus hervor, daß das Netz in der Nacht oder in den frühen Morgenstunden gebaut wird. Spezielle, auf den Luftdruck ansprechende Sinnesorgane hat man aber bisher an keiner Spinne finden können.

Noch etwas: Seit Jahrzehnten sucht man ein Schweresinnesorgan bei Kreuzspinnen. Sicher ist nur, daß sie das Radnetz hinsichtlich Speichenzahl und -winkel nach der Schwerkraft ausrichten. Spinnen, die mit einem amerikanischen Raumschiff unterwegs waren, stellten das eindeutig unter Beweis.

Trichternetzspinnen verfügen über einen Spannungssinn, der es ihnen erlaubt, sich in ihrem Netz nach der Fadenspannung zu orientieren. Aber das tun die Kreuz-, Kugel- und Baldachinspinnen auch.

Es ist ziemlich gewiß, daß solche besonderen Sinnesleistungen nur – oder eben erst – durch das koordinierte Zusammenwirken der vielfältigen Sinnesorgane an den Spinnenbeinen möglich sind. Feuchtigkeitsmessungen wahrscheinlich mit den Tarsalorganen und die Messung des Hämolymphdruckes – der mit dem Luftdruck schwanken kann – mit Hilfe der Beinstacheln machen die Spinnen zu instinktiven Wetterpropheten. Die verschiedenen Propriorezeptoren vermitteln Informationen über die Fäden des Netzes und die Stellung des Körpers.

Nun mögen die Spinnen – zumindest sinnesphysiologisch – als echte Wundertiere gelten. Die genannten Sinnesleistungen versetzen uns aber vor allem deshalb in Erstaunen, weil wir es gewohnt sind, mit den Ohren zu hören und nicht mit Haaren; daß Chemosensoren in Nase und Mund sich befinden und nicht an den Füßen. Auch all die anderen Sinnesorgane sind bei uns vorwiegend im Körper verborgen und stehen über die relativ weiche Haut mit der Umwelt in Verbindung. Bei Spinnen müssen sie jedoch als Haare oder Spalten ausgebildet sein, denn der feste Chitinpanzer schluckt sehr viele Informationen, die einen Reiz auslösen könnten.

Sauberkeit ist oberstes Gebot

Wer sich einmal die Mühe macht, Spinnen aus nächster Nähe zu beobachten oder über längere Zeit im Terrarium zu pflegen, der wird Verhaltensweisen entdecken, die der Uneingeweihte gar nicht für möglich hält. Nicht nur der Beutefang ist – zum Beispiel bei Wolfsspinnen – leicht zu beobachten, sondern auch das anschließende Putzen.

Ganz obligatorisch nach dem Fressen, auch nach Beunruhigung putzen sich Spinnen, und wenn sie nicht gestört werden, oft eine halbe Stunde lang. Dabei werden der gesamte Körper und besonders sorgfältig die Beine gereinigt. Dieses Verhalten ist für Spinnen lebensnotwendig, könnten doch sonst die feinen Scopula-Haare verkleben und unwirksam werden. Die Becherhaare würden durch Schmutzpartikel ihre Eigenschaften verändern, Poren der Geschmackshaare könnten verstopfen, und gefährlich wären auch Pilze und Bakterien. In dem dichten Haarkleid finden sie ideale Lebensbedingungen, zumal die meisten Spinnen in recht feuchter Umgebung leben.

Gegen trockene Schmutzteilchen genügt einfaches Abbürsten. Aber Spinnen nutzen wie viele andere Tiere auch die Wirkung ihres Speichels mit seinen Verdauungsenzymen. Sehr gründlich wird der gesamte Körper unter Einsatz der Beine und Taster mit Speichel eingerieben. Einmal hat die geringe Flüssigkeitsmenge schmutzlösende Funktion, zum anderen dürften nur wenige Bakterien und Pilze den aggressiven Verdauungssäften gewachsen sein.

Während des Einspeichelns oder kurz danach werden alle Gliedmaßen einzeln zwischen Cheliceren und Kauladen durchgezogen. Feine Zähnchen und Borsten an den Mundwerkzeugen dienen dabei als Bürste. Die vom Mund nicht erreichbaren Körperstellen reinigen viele Spinnen mit besonderen Putzkämmen und Stacheln der Beine und Taster.

Feine Schmutzteilchen, die beim Putzen an den Mundwerkzeugen hängenbleiben, werden von den Tastern aufgenommen und weggeschleudert.

Es ist für jeden Naturfreund sehr interessant, den Spinnen zuzusehen, mit welcher Sorgfalt und mit wieviel Geschick sie bei ihrer Selbstpflege zu Werke gehen. Mit Sicherheit ist anzunehmen, daß keines der ...zigtausend Haare vergessen wird. Erst beim Putzverhalten lernt man auch die erstaunliche Gelenkigkeit des Spinnenkörpers kennen.

Außerdem dient das Putzen der Hautpflege, ist doch die Haut der Spinnen nicht nur einfach ein dicker Chitinpanzer, sondern ein kompliziertes Gebilde, das die Schutzfunktion für den Körper übernimmt und gleichzeitig als Außenskelett dient.

Der eigentlichen Körperhaut, der Epidermis, liegt außen die mehr oder weniger dicke Kutikula auf. Wie die Haare besteht sie hauptsächlich aus Chitinfasern, die in eine sehr feste Proteinmasse eingebettet sind. Daraus ergibt sich unter anderem die hohe Elastizität und Festigkeit, handelt es sich doch bei der Kutikula um eine Art Verbundstoff, wie er in der Technik in Form von glasfaserverstärkten Plastikteilen oder Stahlbetonplatten bekannt ist.

Die Kutikula der Spinnen baut sich aus mehreren Schichten auf, die nach Menge und Anordnung der Chitinfasern unterschieden werden. Von innen nach außen unterscheidet man Endo-, Meso-, Exo- und Epikutikula. Die einzelnen Schichten haben unterschiedliche Eigenschaften, die für die Beweglichkeit des Körpers von großer Bedeutung sind. So findet man an den Gelenken und am Hinterleib keine Exokutikula: Diese Körperteile sind entsprechend weich und beweglich. Andererseits erreichen Exo- und Mesokutikula am Vorderkörper etwa die gleiche Dicke, während Krallen und Haare fast vollständig aus sehr fester Exokutikula bestehen.

Durch alle Kutikulaschichten hindurch verlaufen feine Porenkanäle, die mit Drüsen der Epidermis verbunden sind. Auf diesem Wege werden wichtige Stoffe transportiert, die die stark beanspruchte Epikutikula teilweise erneuern. Ferner werden fettähnliche Substanzen zur Imprägnierung der Kutikulaoberfläche abgeschieden. Beim Putzen verteilt die Spinne diese Drüsensekrete über die gesamte Körperoberfläche.

Während die Kutikula nach außen hauptsächlich Schutzfunktion hat, dient sie nach innen als Skelett und Muskelansatz. An vielen Stellen des Körpers findet man deshalb an der Innenseite der Kutikula Fortsätze, sogenannte Apodeme. Bei den meisten Spinnen ist das tergale Apodem des Vorderkörpers derart groß, daß es schon von außen an einer Eindellung, der Rückengrube in der Mitte des Brustabschnittes, erkennbar ist. Hier setzen die kräftigen Muskeln des Saugmagens an.

Im Körperinneren entspringen verschiedene Muskeln an den sogenannten Endosterniten. Bei diesen handelt es sich um bindegewebige Platten von hoher Festigkeit. Trotzdem spricht man nicht von einem Innenskelett, da sich die Endosternite bereits in der Embryonalphase deutlich von „echten" Skeletteilen unterscheiden; auch später werden keine zusätzlichen Festigungsstoffe wie Chitin oder Kalk eingelagert.

Ab und zu fahren sie aus der Haut

Die Kutikula umhüllt den Spinnenkörper vollständig. Auch die nach außen offenen Organe sind mit einer dünnen Chitinschicht ausgekleidet, so das Atmungssystem in seinem gesamten Umfang. Die Speiseröhre und große Teile des Saugma-

Abgestreifte Haut (Exuvie) einer Listspinne.

gens werden ebenso wie Teile des Enddarmes und der Geschlechtsorgane von der Kutikula überzogen.

Damit wird unter anderem ein wirksamer Schutz gegen Feuchtigkeitsverluste erreicht. Der Nachteil besteht allerdings darin, daß dieses Außenskelett nicht mitwächst. Besonders auffällig zeigt sich das bei Jungspinnen. In bestimmten Zeitabständen zeichnen sie sich durch einen übergroßen, dehnbaren Hinterleib aus, während das unverhältnismäßig kleine Vorderteil zurückzubleiben scheint. Jetzt wird es Zeit, die zu klein gewordene Hülle durch eine etwas größere zu ersetzen.

Etwa siebenmal im Leben der Spinnen besteht die Notwendigkeit einer Häutung. Danach sind die Tiere erwachsen und häuten sich in der Regel nicht mehr. Die Körperfunktionen dienen nun kaum noch dem Wachstum, sondern viel mehr der Reifung von Geschlechtszellen, der Paarung und Eiablage. Nur die relativ alt werdenden Vogelspinnenweibchen und die Weibchen einiger weniger anderer Arten häuten sich auch als geschlechtsreife Tiere etwa einmal im Jahr. Dabei erfolgt aber kein Körperwachstum, sondern lediglich eine Erneuerung der abgenutzten Kutikula mit all ihren Haaren und Sinnesorganen.

Schon einige Zeit vor einer Häutung erscheinen die Spinnen an den Beinen dunkler. Die Kutikula hat sich nämlich von der Epidermis gelöst, indem die Endokutikula von innen her abgebaut wurde. Die dabei wirkenden Enzyme greifen aber weder die Exokutikula noch die Nervenverbindungen zu den Sinnesorganen an. Dies ist besonders wichtig, da ja die Spinne in den verbleibenden Tagen bis zur Häutung diese Organe noch benötigt.

In dem flüssigkeitsgefüllten Spaltraum zwischen eigentlicher Haut und Chitinpanzer bilden die Epidermiszellen eine neue Kutikula aus. Diese ist stark gefaltet, denn sie muß flächenmäßig größer sein als die alte, aber vorläufig noch in ihr Platz finden. Gleichzeitig bilden sich um die freiliegenden Nervenendigungen neue Haare und andere Sinnesorgane, ohne daß die Verbindung zu den noch funktionsfähigen alten Organen abreißt.

Alle diese Vorgänge werden durch Hormone aus Drüsen nahe dem Gehirn gesteuert. Hormonell beeinflußt ist wahrscheinlich auch das Verhalten der Spinne kurz vor der Häutung. Vogelspinnen legen sich auf den Rücken und bleiben oft länger als einen Tag in dieser Haltung. ohne auf Berührung zu reagieren. Nur am Herzschlag und an der Haltung der Beine erkennt man, daß das Tier noch lebt. Die meisten anderen Spinnen hängen sich an einem Faden mit dem Kopf nach unten auf, die Beine lang ausgestreckt.

Minutenlang ist kaum etwas zu bemerken, nur die Augen werden trüb, wenn sich die alten Linsen ablösen. Aber dann schrumpft das Abdomen langsam zusammen, bis es nur noch etwa 70 % des ursprünglichen Volumens hat. Das ist eine Phase höchster Anstrengung für die Spinne; das Herz rast auf Hochtouren und pumpt fast alles Blut in den Vorderkörper.

Der Blutdruck verdoppelt sich auf nahezu 40 kPa (Kilopascal). Im Normalfall macht das der Kutikula nichts aus, denn sie verträgt Innendrücke bis zu 100 kPa. Aber die alte, zum Teil abgebaute Haut ist zum Zerreißen gespannt.

Auf diesen Moment wartet die Spinne und macht dann leichte Bewegungen mit den Cheliceren. Plötzlich reißt die Haut am vorderen Kopfrand. Der Riß verlängert sich sehr schnell um den gesamten Vorderkörper bis zum Hinterleibsstiel. Der Carapax, die Rückenplatte des Vorderkörpers, kann jetzt wie ein Deckel abgeklappt werden.

Nun wird das Blut in den Hinterleib gepumpt, bis auch dessen Hüllen reißen und – da sie dünn und elastisch sind – zusammenschrumpfen. Liegt dann der Hinterleib frei, heften die Spinnwarzen einen Faden an die alte Haut zur Sicherung der Spinne.

Das Umpumpen der Hämolymphe vom Vorderkörper in den Hinterleib führte zu einer Lockerung der Beine in ihrer alten Hülle. Durch äußerlich sichtbare Pumpbewegungen befreit die Spinne Cheliceren, Taster und Beine. Nervenverbindungen und Sehnen reißen jetzt ab, wodurch der Kontakt zur alten Haut endgültig verlorengeht. Die Stacheln und Borsten der Gliedmaßen stemmen sich gegen die alte Haut und verhindern damit ein Zurückrutschen.

Entsprechend der Form der Beine rutschen diese immer leichter, nachdem ein gewisser Punkt überschritten ist. Die Muskeln helfen jetzt mit, und das Tier strampelt sich gleichsam frei.

Wenn der gesamte Körper von der alten Haut befreit ist, hängt die Spinne nur noch an einem Seidenfaden mit weit von sich gestreckten Beinen. Nach der Häutung ist sie besonders gefährdet, denn sie kann sich kaum bewegen, vermögen doch die Muskeln an der weichen Kutikula keine Kraft zu erzeugen.

Nach einer kurzen Ruhepause scheint ein Krampf den ganzen Spinnenkörper zu schütteln. Ruckartig werden alle Gliedmaßen gleichzeitig extrem gebeugt.

Diese Beugung setzt sich in einer Art Gymnastik fort. Dadurch bleiben die Gelenke beweglich, obwohl in den dazwischenliegenden Kutikulaabschnitten eine schnelle Härtung der Haut einsetzt.

Später bekommt das Tier Farbe und wird lebhafter, wirft die alte Haut weg oder läuft einfach davon. So mancher unerfahrene Pfleger wähnte am folgenden Morgen seine Vogelspinne tot, bis er dahinterkam, daß dies ja nur die fast vollständig erhaltene Haut seines Pfleglings war.

Insgesamt stellt die abgelegte Haut einen Verlust von reichlich 2 % des Körpergewichts dar. Davon abgesehen, bringt die Häutung einen nicht geringen Nutzen für das Tier. Erst durch die Größenzunahme ist eine weitere Entwicklung möglich.

Außerdem wird das Haarkleid erneuert, verletzte Sinnesorgane werden ersetzt, neue kommen hinzu, und verlorengegangene Gliedmaßen regenerieren sich.

Es ist wohlbekannt, daß Spinnen ihre Beine leicht verlieren können. Dabei kommt es nur selten vor, daß die Extremität herausgerissen wird. Vielmehr initiiert die Spinne diesen als Autotomie bekannten Vorgang selbst, wenn zum Beispiel ein Bein verletzt oder festgehalten wird.

Nahe dem Körper befindet sich eine präformierte Stelle, an der die Kutikula reißt, das Bein also abbricht.

Das alles ist gewissermaßen eingeplant, denn Chitinspangen und Gelenkhäute sind darauf eingerichtet, die Körperwunde sofort zu verschließen. Auch sind an dieser Stelle nur zwei Muskeln und zwei Nerven vorhanden, die augenblicklich durchtrennt werden können.

In der verbleibenden Hüfte bildet sich unter bestimmten Voraussetzungen ein neues, zunächst eng zusammengefaltetes Bein. Nach der folgenden Häutung ist eine vollständige Extremität regeneriert, die aber nur etwa die halbe Größe der anderen hat. Spätestens nach zwei weiteren Häutungen sieht man der Spinne ihr Mißgeschick nicht mehr an.

Wie inzwischen bekannt ist, wird die Autotomie von der Spinne willkürlich ausgelöst; betäubte Spinnen können ihre Beine nicht abwerfen, auch nicht, um unter Umständen dadurch ihr Leben zu retten.

Aber nicht nur, um Feinden zu entkommen, autotomieren Spinnen einzelne Beine. Bleibt bei der Häutung etwa ein Bein hängen, so wird es vom Körper getrennt und mit der alten Haut zurückgelassen.

Verletzte oder von anderen Spinnen gebissene Gliedmaßen werden sofort autotomiert, um Verbluten oder eine Vergiftung zu verhindern.

Ein frisch abgeworfenes Spinnenbein, am Schenkelglied erfaßt, setzt uns in Erstaunen. Nicht, daß es noch minutenlang zuckt, aber es bewegt sich doch, wenn es gedrückt wird.

Damit haben wir den Spinnen ein weiteres ihrer vielen Geheimnisse abgelauscht. Ihre Beine – und nicht nur sie – haben ein Hydrauliksystem. Während Beugung und Drehung der Beinglieder ausschließlich durch Muskeln bewerkstelligt werden, erfolgt die Streckung fast immer durch erhöhten Hämolymphdruck.

Auf diese Weise gelangen manche Spinnen – allen voran die Springspinnen – zu enorm hohen Anfangsgeschwindigkeiten beim Laufen und Springen.

So spinnen sie

Wie Spinnenseide entsteht

Die Vorfahren der Spinnentiere besaßen auch am Hinterleib Gliedmaßen, die im Verlaufe der Stammesgeschichte umgebildet wurden bzw. ganz verschwanden.

Bei den Spinnen blieben zwei Paar solcher Gliedmaßen erhalten, die sich jeweils an der Spitze in zwei kleine Beinchen aufgespalten hatten. Aus diesen insgesamt acht Beinstummeln entwickelten sich die Spinnwarzen – das ist gar nicht so absurd, wie es zunächst klingen mag. Überall im Reich der Gliederfüßer finden sich an den Gliedmaßen Ausführöffnungen bestimmter Drüsen, bei einigen Insekten – den Larven von Köcherfliegen und Schmetterlingen zum Beispiel – sogar solche von Spinndrüsen. Auch an den Extremitäten des Spinnenhinterleibes traten Spinndrüsenöffnungen auf. In Jahrmillionen während Evolution spezialisierten sich diese zu den Spinnwarzen, rückten fast ganz an das Hinterende des Spinnenkörpers und wurden so zu einem Organ, das es im ganzen Tierreich nicht noch einmal gibt.

Die ursprüngliche Zahl von acht Spinnwarzen hat sich bei den meisten Spinnen auf sechs reduziert. Von den vorn liegenden Paaren sind jeweils die äußeren Teile als vordere Spinnwarzen erhalten geblieben. Dahinter wurden die inneren Teile zu den mittleren, die äußeren zu den hinteren Spinnwarzen. In der Spinnenfamilie der Zodariidae, bei manchen Vogelspinnen und anderen kann die Reduktion so weit führen, daß nur noch die hinteren Spinnwarzen voll funktionsfähig sind. Bei manchen anderen Spinnen finden wir vor den sechs Spinnwarzen noch ein besonderes Spinnorgan, das Cribellum, das vermutlich aus dem ursprünglichen vierten Spinnwarzenpaar hervorgegangen ist. Über seinen Bau und die Funktion wird noch ausführlich in diesem Buch berichtet.

Nach diesen Ausführungen dürfte es leicht sein, die Spinnwarzen, ganz hinten an der

Hinterteil einer Vogelspinne mit „Glatze" und den langen Spinnwarzen.

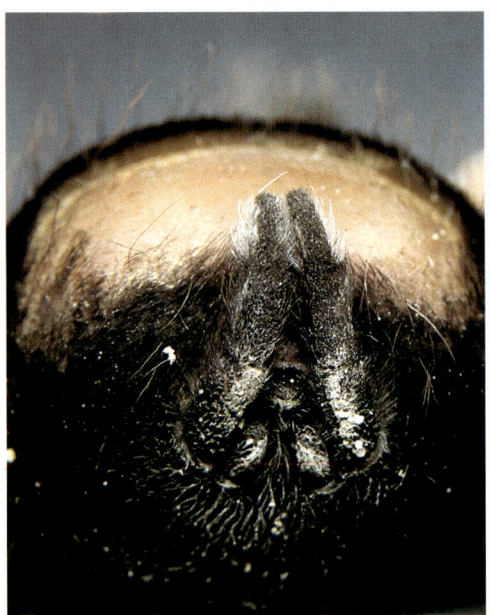

Hinterleib einer Kreuzspinne mit den kegelförmig zusammengelegten Spinnwarzen.

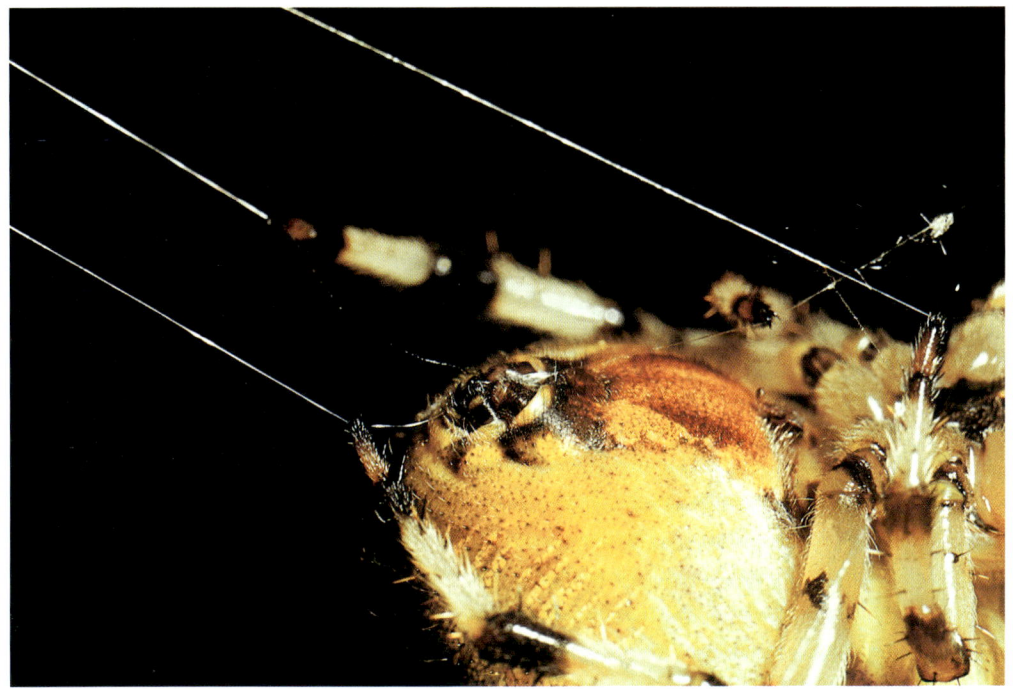

Kreuzspinne beim Spinnen: Die Hinterbeine halten die eben gesponnenen Fäden.

Bauchseite des Abdomens, des Hinterleibes, zu finden. Bei einer *Agelena* aus der Familie der Trichternetzspinnen (Agelenidae) kann man die phylogenetische Herkunft sogar noch ahnen. Die hinteren Spinnwarzen sind nämlich lang und mehrgliedrig, ähnlich einem zu kurz geratenem Spinnenbein. Anders bei einer ruhenden Kreuzspinne (Araneidae), die ihr Spinnorgan zu einem flachen Kegel zusammengelegt hat. Macht das Tier jedoch Gebrauch von seinem Spinnvermögen, werden die Warzen gespreizt. Gleichzeitig treten Dutzende, vielleicht Hunderte von Fäden aus.

Bei starker Vergrößerung einer Spinnwarze offenbaren sich unserem Auge zahlreiche „haarfeine" Röhrchen. Dicht an dicht stehen sie und bedecken fast vollständig das distale, dem Körper abgewandte Ende der Warze. Jedes dieser als Spinnspulen bezeichneten Röhrchen steht mit einer Spinndrüse in Verbindung. Schon die unterschiedliche Größe und Ausformung der Spulen lassen auf verschiedene Fadensorten schließen. Bedenkt man dazu, daß Kreuzspinnen über 7 bis 8 verschiedene

Typen von Spinndrüsen verfügen, so ergibt sich eine erstaunlich große Anzahl von Fadensorten, deren vielfältige Verwendungsmöglichkeiten wir noch kennenlernen werden.

Um die Eigenschaften der Spinnenseide verstehen zu können, müssen wir uns erst einmal mit den Organen, in denen sie gebildet wird, vertraut machen, mit den Spinndrüsen nämlich, die fast ein Drittel des Hinterleibes einer Kreuzspinne ausfüllen können.

Nachdem die Spinnenseide als ein Gemisch verschiedener Proteine bekannt war, mußte man versuchen, die Veränderungen der Proteinbausteine im Spinnenkörper zu verfolgen.

Dazu haben Wissenschaftler bestimmte Aminosäuren, aus denen diese Proteine synthetisiert werden, radioaktiv markiert und an die Spinne verfüttert. An jedem Punkt des Spinnenkörpers und in den gewonnenen Fäden verraten sich die markierten Moleküle durch ihre Strahlung.

Es zeigte sich, daß die Seidenproduktion

hauptsächlich im schlauchförmigen End-stück der Drüse stattfindet. In den einzel-nen Drüsenzellen werden innerhalb weni-ger Minuten zahlreiche Bläschen gebildet, die aufplatzen und ihren Inhalt in den Hohlraum der Drüse abgeben. Auf noch ungeklärte Weise entsteht dann die fertige Spinnenseide im sackförmigen Reservoir, hauptsächlich aber in dem langen Ausführ-gang der Drüse.

Am Ende des Ausführganges sitzt ein Ventil, dessen Durchmesser durch Mus-keln verändert werden kann. Somit ist die Spinne in der Lage, die Fadendicke zu variieren. Innerhalb der sich nach außen anschließenden Spinnspulen liegt der an-fangs flüssige Spinnstoff bereits als fester Faden vor, zumindest bei den Drüsen, die die besonders stabilen Wegfäden produ-zieren.

Bei oberflächlicher Betrachtung nur einer Spinndrüse erscheint die Herstellung des Fadens einfach und durchaus plausibel. Aber gerade diese für die Spinnen so typische Lebensäußerung gibt der Wissen-schaft immer noch Rätsel auf.

Durch welche Mechanismen wird der Faden aus den Spinnspulen befördert? Beobachten wir zum Beispiel eine Kreuz-spinne beim Einbau der Fangfäden in ihr halbfertiges Netz, so ist deutlich zu sehen, daß sie den Faden mit den Hinterbeinen erfaßt und herauszieht.

Mitunter kann man beobachten, daß Fäden aus den Spinnspulen geradezu herausschießen, etwa beim Altweibersom-mer oder wenn eine Kreuzspinne den ersten Rahmenfaden für ihr zukünftiges Netz in die Luft entläßt. Interessant ist dieses Phänomen auch deshalb, weil es im Spinnenkörper keine Muskeln gibt, die die Spinndrüsen ausdrücken könnten.

Möglicherweise erhöht die Spinne den Blutdruck im Hinterleib bei gleichzeitig weitgeöffneten Ventilen, um den Spinn-stoff herauspressen zu können. In einigen Fällen helfen die Beine, den fertigen Faden herauszuziehen. Ob es tatsächlich so abläuft, weiß bis heute niemand zu sagen.

Ebensowenig bekannt sind die Vorgänge, die sich bei der Verfestigung des Seidenfa-dens abspielen. Man vermutete zunächst, daß der Spinnstoff an der Luft eintrocknet und damit fest wird. Dies müßte aber unglaublich schnell geschehen, wenn sich eine Spinne am Sicherheitsfaden fallen läßt. Auch muß beachtet werden, daß der Faden in den Spulen der Ampullendrüsen bereits fest und trocken vorliegt.

Eine andere Erklärung, die sich auf Beobachtungen an den Raupen des Sei-denspinners stützt, hatten die Biochemiker parat. Indem der Faden herausgezogen wird, richten sich die Moleküle des Spinnstoffes aus. Die sehr großen Protein-moleküle lagern dann eng aneinander und gehen Verbindungen zu noch größeren Einheiten ein. Solche Vorgänge können einen flüssigen Stoff in einen ganz ähnli-chen festen verwandeln. Unter der Vor-aussetzung, daß der Faden unter Zugspan-nung steht, ist das durchaus einleuchtend.

Aber auch die herausgepreßten Fäden sind fest und trocken. Dagegen sind die Fäden aus kleinen birnenförmigen Drüsen klebrig und trocknen erst langsam an der Luft. Und der Stoff aus wieder anderen Spinndrüsen ist und bleibt ein feuchter, zäher Leim. Und noch weitere interessante Eigenschaften machen die Spinnenfäden zu einem universellen Baumaterial für Fangnetze und andere Gespinste – davon im folgenden Abschnitt.

Eigenschaften der Spinnenfäden

Ein mit Tautropfen behangenes Spinnen-netz – wer kann daran vorbeigehen, ohne nicht wenigstens einen Blick auf dieses schöne Naturgebilde geworfen zu haben?

Für viele Menschen ist das Interesse an Spinnen bereits erschöpft, wenn die Tau-tropfen, die eben noch ein glänzendes Diadem bildeten, verdunstet sind. An Stelle der glitzernden Wassertropfen sind jetzt Fäden von bemerkenswerter Feinheit zu erkennen. Schnell wird man herausfin-den, daß ein einzelner Spinnenfaden zwar im Sonnenlicht auffallend silbriggolden glänzt, im Schatten aber fast immer unsichtbar bleibt. Liegt hier eine optische Täuschung vor?

Prüfen wir zunächst unsere Augen. Die Sehschärfe ist beim Menschen und auch bei einigen Vögeln außerordentlich gut. Aus 10 cm Entfernung können wir im günstigsten Falle Objekte erkennen, die nur etwa 25 μm groß sind, eine beachtliche Leistung. Aber die Fäden im Netz einer Kreuzspinne sind im Durchschnitt 0,15 μm dick. Demnach dürften wir einen Spinnenfaden erst bei mehr als 150facher Vergrößerung sehen. Der Schatten, das Abbild eines Fadens, ist für das bloße Auge tatsächlich unsichtbar. Das Licht wird vom Seidenfaden reflektiert, wodurch er glänzt und uns wesentlich breiter erscheint, als er eigentlich ist.

Dieser auffällige Glanz der Spinnenseide beschäftigt die Wissenschaft schon lange. Zunächst stellte man fest, daß ein Spinnenfaden fast die gesamte einfallende Lichtmenge reflektiert. Erstaunlicherweise sind aber die meisten Spinnennetze deutlich heller als ihre Umgebung, das heißt, die Spinnenseide gibt eine größere Menge sichtbaren Lichtes ab, als durch einfache Reflexion möglich wäre.

Eine teilweise Erklärung des Phänomens findet sich bei der Untersuchung im ultravioletten Licht, in einem Strahlungsbereich, der der Wissenschaft schon so manche Überraschung brachte. Die für uns unsichtbaren UV-Strahlen werden von den Spinnenfäden absorbiert und als sichtbares Licht – als Glanz – wieder abgegeben, ein Vorgang, der den Physikern als UV-Fluoreszenz gut bekannt ist. Interessanterweise fluoresziert nicht der Faden selbst, denn im UV-Bereich ist frisch gesponnene Spinnenseide unsichtbar. Erst am alternden Faden finden sich stark UV-aktive Fasern, deren Herkunft bisher nicht geklärt werden konnte. Sicher ist nur, daß es sich nicht um „kleinste Sonnenstäubchen" handelt; diese will Quatremère-Disjonval um 1798 an Fäden beobachtet haben, die „vollkommen glatt aus den Händen der Spinne" kamen.

Um die Eigenschaften der glänzenden Fäden besser zu verstehen, sollten wir sie mit Stoffen ähnlicher Zusammensetzung vergleichen, mit Stoffen, die wir täglich nutzen..

So gehaltvolle Nahrungsmittel wie Fisch, Fleisch und Käse bestehen zu einem hohen Prozentsatz aus Eiweiß, den Prote-inen. Jeder weiß, wie leicht diese Sachen verderben und damit ungenießbar werden. Nur bei Käse ist die schnell einsetzende Verpilzung erwünscht, doch nach einer gewissen Zeit setzt auch hier bakterielle Zersetzung ein, der Käse „läuft davon". So sind alle Proteine anfällig gegen Schimmel und Fäulnis.

Und Spinnenseide besteht zu fast 100 % aus Protein! Aber stellen Sie sich einmal einen Strauch im Garten vor, behangen mit einigen hundert Metern verschimmelter Spinnenfäden … Eine Vogelspinne, die einen Seidenteppich gegen die Feuchtigkeit des Erdbodens webt, stünde in faulendem Schlamm.

Irgend etwas muß mit den Spinnenseidenproteinen geschehen, etwas, das wir bei Nahrungsmitteln durch Kochen, Räuchern, Einsalzen oder Ansäuern erreichen. Von besonderem Interesse sind dabei drei Stoffe, die in bestimmter Konzentration in allen Spinnstoffsorten vorkommen dürften: Pyrrolidin, Kaliumhydrogenphosphat und Kaliumnitrat.

Pyrrolidin, ein „Allerweltsstoff" der lebenden Materie, der in mannigfacher Abwandlung unter anderem in Pflanzengiften und vielen Farbstoffen vorkommt, ist stark hygroskopisch. Aufgrund dieser wasseranziehenden Eigenschaft nehmen die Biochemiker an, daß das Pyrrolidin ein Eintrocknen des Fadens verhindert. Entsprechend tritt der Stoff in besonders hoher Konzentration im Leim mancher Fangfäden auf, wo durch den Wassergehalt der Proteine eine erstaunliche Klebkraft erreicht wird.

Aber auch in den trockenen Fäden ist ein bestimmter, über längere Zeit konstanter Wassergehalt notwendig, denn nur in gelöstem Zustand können die in der Seide enthaltenen Salze chemisch aktiv werden.

Das Hydrogenphosphat setzt in wäßrigem Milieu zahlreiche Protonen frei, die eine saure Reaktion der Spinnenseide bewirken. Die entstehende Säure mit einem pH-Wert um 4 verhindert die Vermehrung allgegenwärtiger Fäulnisbakterien und vieler Schimmelpilze.

Einen Nachteil hat allerdings das saure Milieu: Die Proteine flocken aus, eine

Das frische Netz einer Trichternetzspinne verdeutlicht die Feinheit der Fäden.

Eigenschaft, die wir von der Milch kennen. Für Spinnen bedeutet das, daß der Faden brüchig würde bzw. die Klebwirkung des Leimes verlorenginge. Man kann annehmen, daß die dritte Substanz, das Nitrat, ein Ausfällen verhindert; die Proteine sind „eingesalzen".

Demnach gibt es uns heute geläufige Methoden zum Haltbarmachen von proteinhaltigen Lebensmitteln in der Natur seit Millionen von Jahren – zum Beispiel, um Spinnenseidenproteine zu konservieren.

Neben chemischen Analysen gibt es physikalische Untersuchungen, mit deren Hilfe man die Eigenschaften der Spinnenseide in Zahlen auszudrücken vermag. Wie schwer, wie fest, wie dehnbar ist dieses Material?

Das Gewicht eines mittelgroßen Kreuzspinnennetzes beträgt 0,1 bis 0,5 mg. Anders ausgedrückt: 3 g dieser Seide würden theoretisch genügen, um Dresden und Leipzig mit einem Spinnenfaden zu verbinden! Unfaßbar, allein schon wegen der Dimensionen und der darin begründeten Ungenauigkeit.

Wissenschaftler helfen sich bei derartigen Berechnungen mit dem Molekulargewicht, einer Zahl, die es erlaubt, in ihrem Aufbau bekannte Stoffe zu vergleichen, ohne sich mit Maßeinheiten herumschlagen zu müssen.

Da das Seidenprotein der Spinnen aus riesigen Molekülen besteht, ist das Molekulargewicht entsprechend hoch, nämlich 30 000 für den flüssigen Spinnstoff im Reservoir einer Spinndrüse. Beim fertigen, trockenen Faden beträgt es bis zu 300 000. Theoretisch dürften die Moleküle in der festen Phase etwa 10mal so groß sein wie in der flüssigen. Auf diesem Unterschied beruht übrigens auch die Vermutung, daß die Verfestigung der Seide durch Zusammenlagerung der Eiweißmoleküle zu noch größeren Verbänden erreicht werden könnte.

Der interessierte Leser kann nun weiterrechnen. Hier soll nur noch bemerkt werden, daß derartige Vergrößerung des Molekulargewichtes bei manchen Stoffen eine starke Erhöhung der Festigkeit zur Folge hat. Wie sieht es damit bei der Spinnenseide aus?

Als Vergleich wählen wir künstlich hergestellte Polyamide, etwa Nylon oder Dederon. Auch diese Stoffe bestehen aus riesigen Molekülen und lassen sich zu erstaunlich dünnen Fäden ausziehen, die zu feinen Geweben verarbeitet werden können. Die Festigkeit dieser Gewebe ist unter anderem für hauchdünne Damenstrümpfe von Belang und wird mit „20 den“ angegeben.

Unter Beachtung der Maschenform ergibt sich daraus eine Festigkeit des Einzelfadens von 5 bis 8 denier (1 denier = 1 g pro 9 000 m). Mit einem Wert von 7,8 denier kann sich der Wegfaden einer Kreuzspinne durchaus sehen lassen.

Um dies anschaulicher darzustellen: Jeder Faden, jedes Seil wird bei einer bestimmten Länge so schwer, daß es durch das eigene Gewicht zum Riß kommt. Der obenerwähnte Spinnenfaden hat eine Zerreißlänge von über 70 km!

Ähnliche Festigkeiten, wie sie für einen Spinnenfaden sowie für Nylon errechnet wurden, kann man auch bei Glas erreichen, während Stahl mit einem denier-Wert von 3,5 nur halb so fest ist. Natürlich muß dabei immer die gleiche Materialmenge bzw. Fadendicke vorausgesetzt werden.

Nun können Fäden aber auch reißen, wenn sie stark gedehnt werden. Stahl läßt sich um etwa 8 % seiner Länge ziehen, Nylon um etwa 20 %. Die Fäden in einem Kreuzspinnennetz zerreißen erst bei einer Überdehnung von 30 bis 40 %! Unterhalb dieser Werte zeigen Spinnenfäden zudem noch eine bemerkenswerte Elastizität.

Ein geradezu phantastisches Material, die Spinnenseide. Es müßte nur noch ein Weg gefunden werden, sie mit ökonomisch vertretbaren Mitteln künstlich herzustellen.

Seit Jahrtausenden – und zum Teil heute noch – machen sich Menschen die bemerkenswerten Eigenschaften der Spinnenseide zu Nutze. So werden saubere, dichtgewebte Spinnennetze als Verschluß für Wunden verwendet. Von Bergbauern in den Südkarpaten können wir erfahren, daß dort die Fangschläuche der Tapezierspinnen (Atypidae) aufgeschnitten und mit der schneeweißen Innenseite auf die Wunde gelegt werden. Das Gespinst verwächst mit

Detail eines Kreuzspinnennetzes: ein Tautropfen im Vergleich zu Radius und Klebfäden.

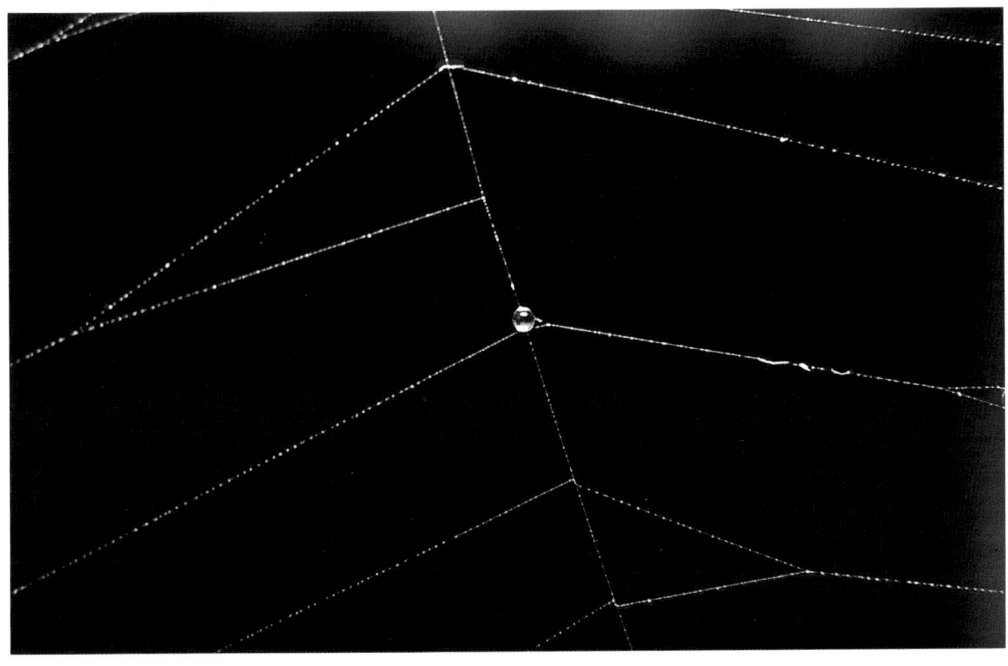

der sich neu bildenden Haut und führt so zu Wundverschluß und schneller Heilung.

Noch auf andere Art und Weise wird versucht, Spinnenseide dem Menschen nutzbar zu machen. Echte Erfolge haben dabei allerdings nur die an den indopazifischen Küsten heimischen Angler. Vorsichtig nehmen sie große Spinnennetze (hauptsächlich die von Seidenspinnen der Kreuzspinnengattung *Nephila*) von Bäumen und Sträuchern ab und falten sie zu einem winzigen Knäuel zusammen. Dieses wird ins Meer geworfen, breitet sich dort wieder vollständig aus und dient so dem Fang von kleinen Fischen.

Versuche, aus Spinnenseide Stoffe, ja Kleidungsstücke herzustellen, hat es genügend gegeben. Man benutzte wiederum Seidenspinnen wegen ihrer Größe und der enormen Seidenproduktion. Die Tiere wurden in eigens dafür gebaute Vorrichtungen eingeklemmt oder einfach festgehalten und der austretende Faden aufgehaspelt. War die Spinne erschöpft, wurde sie in den Wald zurückgebracht und eine neue geholt, um einen weiteren „Hauch" von Seide aufzuwickeln.

Man bedenke nur die Feinheit der Fäden! Ich erspare mir deshalb eine Rechnung darüber, wieviel Zeit benötigt würde, um aus Spinnenseide ein Stück herzustellen, das man auch anfassen kann. Und doch wurde es immer wieder versucht, wegen des Glanzes, der Geschmeidigkeit und der Festigkeit des edlen Materials.

Vom Faden zum Spinnennetz

Nachdem wir verschiedene Eigenschaften der Spinnenfäden kennen, sollten wir fragen, wofür Spinnen solche Fäden verwenden. Mit der Spinnenseide, so wie sie aus den Spulen austritt, kann eine Spinne lediglich fliegen – so komisch das klingen mag. Dieses eigenartige Verhalten ist natürlich von vielerlei Bedingungen abhängig, vor allem vom Wetter.

Gutes Flugwetter für Spinnen herrscht an sonnigen, fast windstillen Tagen eigentlich zu jeder Jahreszeit. Auf freien Flächen, ganz besonders an Sanddünen und Wegrändern erwärmt sich bei Sonneneinstrah-

lung die bodennahe Luftschicht sehr schnell und steigt nach oben. Am Ufer großer Gewässer kommt dann eine kaum merkliche Brise vom Wasser her. Diese schwache Luftströmung, die mehr oder weniger steil nach oben gerichtet ist, erzeugt den Auftrieb für den Spinnenflug.

Hunderte von kleinen Spinnen sind bei solchem Wetter bestrebt, ein erhöhtes Plätzchen zu erreichen. So klettern sie in Scharen an Grashalmen, Zäunen und anderen Gegenständen empor. Oben angekommen, strecken sie sich, so daß man meinen könnte, sie stünden auf Zehenspitzen. Den höchsten Punkt des Körpers bildet der Hinterleib mit den in Windrichtung zeigenden Spinnwarzen. Beim nächsten leisen Windhauch schießt ein ganzes Bündel feiner Fäden aus den Spinnwarzen und wird vom Wind erfaßt; indem die Spinne weiter Spinnstoff austreten läßt, verlängert sie das Seidenband. Mit leichten Wellenbewegungen liegt es, schräg nach oben gerichtet, in der Luft. Mit ruckartigen Bewegungen des Hinterleibes prüft die Spinne die Tragfähigkeit des Bündels. Ist der Auftrieb stark genug, löst sich das Tier von der Unterlage und fliegt davon.

Dieses eigenartige Luftschiff mit seinem einzigen Passagier ist ein Spielzeug des Windes. Oft genug dauert der Flug nur Sekunden, bis der nächste Baum im Wege steht oder eine kühle Luftströmung den Faden zu Boden drückt.

Manchmal sind aber die Aufwinde so günstig, daß einige der unzähligen gestarteten Spinnen mehrere tausend Meter emporgetragen werden. Bei entsprechendem Wind und langsamem Sinken können auf diese Art große Strecken zurückgelegt werden. Viele Seefahrer berichten, daß an manchen Tagen selbst auf hoher See viele kleine Spinnen in der Takelage ihres Schiffes gelandet waren. Sicher ist manche Insel auf diese Weise durch Spinnen besiedelt worden.

In unseren Breiten gibt es vor allem im Spätsommer und Herbst oft tagelang gutes Flugwetter mit sonnigen Tagen und kühlen Nächten. In dieser als Altweibersommer bezeichneten Zeit finden wir die Fäden der gelandeten Spinnen auf Wiesen, an Sträuchern und Bäumen.

Welche Bedeutung hat das Fliegen der Spinnen? Zweifellos werden dadurch neue Lebensräume erschlossen, sofern sie zusagende Lebensbedingungen bieten, und weitere Landstriche besiedelt. Wenn auf den Feldern nach der Ernte ein Großteil der Netzspinnen vernichtet, die Bodenspinnen unter den Pflug gekommen sind, stellen fliegende Spinnen die ersten Pioniere dieser im Naturhaushalt so wichtigen Tiergruppe dar. Für die meisten Kreuzspinnen scheint es auch fester Bestandteil des Lebenszyklus zu sein, denn erst nachdem die Jungspinnen eine gehörige Fadenmenge von sich gegeben haben, sind sie mit ihren Spinndrüsen in der Lage, die verschiedenen Fadensorten für ein Fangnetz zu produzieren.

Vom Fadenfloß, an dem die Jungspinnen fliegen, bis zum uns vertrauten Fangnetz einer Kreuzspinne ist es noch ein weiter Weg. Versuchen Sie doch einmal, ein Netz herzustellen. Nichts einfacher als das – vorausgesetzt, man kennt sich aus mit Flechtmustern und raffinierten Knoten.

Eine Spinne kennt weder das eine noch das andere, sie zieht einen Faden zu Ende und beginnt dann einen neuen. Selbst wenn sie dabei kreuz und quer laufen würde, entstünde kein Geflecht, bei dem die Fäden abwechselnd oben oder unten zu liegen kommen. Es ergibt sich hieraus auch, daß Knoten in Form von Fadenverschlingungen ziemlich unmöglich sind.

Außer dem Menschen sind nur wenige Tiere – etwa einige Webervögel – in der Lage, echte Schlingen und daraus Knoten zu fertigen. Spinnen aber verzichten auf Knoten, oder wissenschaftlich ausgedrückt: In der Evolution der Spinnen gibt es keinen Selektionsdruck, der einzig und allein durch Anwendung von Schlingenknoten kompensiert werden würde.

Vielmehr bedienen sich die Spinnen der verschiedenen Sorten Spinnenseide, die herzustellen sie in der Lage sind. Wie bereits bekannt, kann der Spinnstoff völlig trocken, als klebriger Faden oder gar als zähflüssiger Leim abgegeben werden.

Wenn etwa beim Spinnen eines Wegfadens die Spinnwarzen auf festen Untergrund oder auf einen anderen Faden stoßen, kann die Spinne für einen kurzen Moment Drüsen in Aktion setzen, die klebrigen Spinnstoff abgeben. Das außerordentlich zähe Sekret dieser Spinndrüsen erhärtet sofort an der Luft und verbindet dadurch Fäden untereinander oder mit anderen Gegenständen.

Derartige „Lötstellen", bei denen ein winziger Tropfen Klebsekret eine einfache Verbindung herstellt, finden sich in Spinnennetzen vor allem an Stellen mit geringer Zugbelastung, etwa an der Kreuzung zwischen Radius und Klebfaden im Fangnetz einer Kreuzspinne.

Dieses einfache Verbindungsverfahren wird auch angewendet, wenn es zum Beispiel darum geht, eine Wohnröhre mit einem Seidenteppich auszulegen. Eine Vogelspinne etwa tupft mit Dutzenden von Spinnspulen gleichzeitig auf den Boden, heftet somit jeden der austretenden Fäden einzeln an. Danach zieht sie ein breites Band zur nächsten Anheftungsstelle, tupft wieder und zieht, etwas seitlich versetzt, in entgegengesetzter Richtung zurück. So entstehen dicke Teppiche aus vielen Zickzacklagen von Fadenbändern.

Die Anheftung eines Netzrahmens oder eines Wegfadens muß jedoch viel fester sein. Oft halten Fäden und Anheftung das …zigfache des Eigengewichts der Spinne. Dies wird immer durch eine Vermehrung der einzelnen Anheftungspunkte erreicht. Physiker und Techniker könnten hier noch erklären, warum durch die Vielzahl von Haftpunkten eine wesentlich größere Festigkeit erreicht wird als durch die Ausdehnung der Haftfläche eines einzelnen Punktes.

In Aktion treten dabei zunächst die birnenförmigen Spinndrüsen, deren Sekret so zäh austritt, daß es durch schnelle Bewegungen der Spinnspulen zu Fäden ausgezogen werden kann.

Auf Zeitlupentempo gedehnt und stark vergrößert, böte sich unseren Augen ein faszinierendes Schauspiel: Die vorderen Spinnwarzen werden gespreizt und verteilen damit die Spulen vieler kleiner Spinndrüsen auf eine möglichst große Fläche. An allen gleichzeitig tritt jetzt Spinnstoff aus, der in winzigen Klecksen sofort an der Unterlage haftet. Der gesamte Spinnapparat bewegt sich hin und her. Einige hundert kurzer Fäden entstehen, berühren sich gegenseitig, verkleben miteinander, werden ein Stück länger gezogen, verkleben wieder ...

Und mitten in dieses Fadenbündel hinein produzieren die großen Spinndrüsen zwei oder vier ihrer besonders dicken und festen Fäden. Damit ist die Anheftungsstelle eines Wegfadens fertig. Die Spinnwarzen klappen wieder gegeneinander, wodurch sich die Haftfäden noch über ein kurzes Stück fest an den Wegfaden schmiegen und verkleben. Während dieses zuletzt geschilderten Vorganges zieht die Spinne kräftig, so als wolle sie die Festigkeit prüfen. Technisch gesehen stellt also der Wegfaden bzw. der Rahmenfaden eines Netzes ein Kabel aus zwei oder vier Einzelfäden dar, das an bis zu 500! Haftpunkten angeklebt wurde, denn so viele der birnenförmigen Spinndrüsen können bei der Anheftung beteiligt sein.

In ganz ähnlicher Weise verbindet eine Spinne mehrere Wegfäden untereinander, baut sie das Gerüst ihres Fangnetzes. So befestigte Fäden, die straff gespannt sind und von der Spinne ständig berührt werden, stellen für das Tier eine Art Alarmanlage dar. Sobald ein Faden durch ein Insekt erschüttert wird, braucht die Spinne nur hinzulaufen und es zu überwältigen, sofern sie nur schnell genug die potentielle Beute erreicht. Fäden, zu einem dichten Maschenwerk vereinigt, könnten Abhilfe schaffen. Ankommende Insekten stolpern, und für kurze Zeit sind sie am Entweichen gehindert. Die Spinne hat damit eine „Schrecksekunde" Zeit gewonnen, sich der Beute zu bemächtigen.

Fäden mit Leim und Watte

In solche Gespinste aus Signal- und Stolperfäden bauen viele Spinnen spezielle Fangfäden ein. Damit wird es möglich, auch sich schnell bewegende, ja sogar fliegenden Insekten festzuhalten. Grundsätzlich werden mit Leim bestrichene Klebfäden von mit feinster Watte bestückten Kräuselfangfäden unterschieden. In einem Kreuzspinnennetz sind klebende Fangfäden leicht zu finden. Diese wollen wir zunächst untersuchen.

Bei den Kugelspinnen (Theridiidae), vielen Baldachinspinnen (Linyphiidae), den Dickkieferspinnen (Tetragnathidae), den meisten Herbst- (Metidae) und Kreuzspinnen münden auf den hinteren Spinnwarzen die Ausführgänge von sechs riesigen Spinndrüsen aus. Zwei von diesen produzieren einen feinen, doppelfädigen Strang, der das Gerüst des Fangfadens bildet. In den vier anderen Drüsen entsteht ein zunächst ziemlich dünnflüssiger Leim, der auf den Gerüstfaden aufgetragen wird. Das fertige Produkt ist eine überaus klebrige Angelegenheit, worauf die Bezeichnung Klebfaden für diese Sorte von Fangfäden zurückzuführen ist.

Die Klebfäden werden gleich bei ihrer Herstellung in das Fangnetz eingebaut, und zwar mit den genannten einfachen „Lötstellen" als Verbindung zu anderen Fäden. In einem Radnetz sind die klebrigen Fangfäden alle in einer Fläche und sehr regelmäßig aufgehängt. Dagegen bauen viele Kugelspinnen und die Baldachinspinnen scheinbar wahllos einige Klebfäden in den Fangbereich ihrer Netze ein.

Wer über ein gutes Sehvermögen verfügt, kann diese Fäden in Spinnennetzen mit bloßem Auge sehen. Denn sie glänzen durch den Leim noch stärker als andere Fäden vergleichbaren Durchmessers. Außerdem ist der Fangleim in kleinen, perlschnurartig aneinandergereihten Tröpfchen angeordnet.

Viel ist bisher darüber gesprochen und geschrieben worden, wie diese Perlenschnur zustande kommt. Einmal wurde die Meinung geäußert, es handle sich um eine Art Klangfigur, wie sie Akustikern gut bekannt ist. Und zwar zupft eine Kreuzspinne an dem fertigen Fangfaden, versetzt ihn damit in Schwingung. An dem Faden entsteht eine Welle, die am anderen Ende reflektiert wird. Zweifelsohne kommt es zu komplizierten Interferenzerscheinungen. Aber niemand konnte bisher sagen, ob die Leimtröpfchen an den Bergen, den Tälern oder den Knoten der Welle entstehen und wie die Tröpfchen am frei hängenden Faden, wo die Wellenreflexion doch viel schwächer ist, zustande kommen.

Andererseits vermutet man, daß der zähe Leim, in einer gleichmäßigen Schicht aufgetragen, sich aufgrund der Viskosität zu Tröpfchen zusammenzieht. Warum entstehen dann aber große und kleine Tröpfchen von ganz regelmäßiger Größe und immer abwechselnd in ebenso regelmäßigen Abständen? Müßten an einem senkrechten Faden die unteren Tropfen nicht größer sein und dichter zusammenstehen als die oberen? Die Leimtröpfchen am Fangfaden sind also ein weiteres Rätsel, das uns die Spinnen immer noch aufgeben.

Die meisten Kugelspinnen verwenden das Klebfadenmaterial mit einem gehörigen Leimüberschuß noch in einer anderen für diese Gruppe charakteristischen Weise, nämlich zum Fesseln der gefangenen Beutetiere. Aus sicherer Entfernung greifen diese Spinnen auch gefährliche und für ihre Verhältnisse sehr große Insekten an. Sie drehen ihnen das Hinterteil zu und pressen aus den hinteren Spinnwarzen ein Gemisch aus Spinnenseide und sehr viel Leim, das mit den Hinterbeinen gegen das zappelnde Insekt geworfen wird. Die

Kräuselkamm (Calamistrum) am Hinterbein der Dreiecksspinne *Hyptiotes*.

Beute verfängt sich rettungslos in der zähen klebrigen Masse.

Während manche Spinnen feuchte Leimfäden zum Beutefang einsetzen, produzieren andere trockene Fangfäden von sehr komplizierter Struktur. Betrachten wir auch hier zunächst den Spinnapparat. Vor den sechs normalen Spinnwarzen inmitten eines Waldes sehr feiner Haare liegt ein spezielles Spinnorgan, das Cribellum oder Spinnsieb. Nach diesem bezeichnet man

Netz einer Finsterspinne *(Amaurobius)* mit im Zick-Zack gesponnenen Kräuselfäden.

die Spinnen mit Cribellum als cribellat im Gegensatz zu den ecribellaten.

Das Cribellum sieht selbst bei über 100facher Vergrößerung immer noch wie eine siebartige Platte aus, die meist in zwei Bezirke unterteilt ist. Aber auch einfache oder viergeteilte Spinnsiebe sind von manchen Spinnenarten bekannt. Durch kräftige Muskeln kann die ganze Platte bewegt werden und sogar in eine hinter ihr liegende Falte abklappen.

Was im Lichtmikroskop als Sieb erscheint, entpuppt sich bei stärkerer Vergrößerung im Rasterelektronenmikroskop als höchst eigenartiges Gebilde. Die vemeintlichen Poren des Siebes zeigen jetzt ihre wahre Gestalt: Es sind feine, teleskopartig gebaute Röhrchen. Wollte man sie zählen, käme man bei manchen Spinnen in die Zehntausende. Bei einer asiatischen *Stegodyphus*-Art (Eresidae) wird ihre Zahl auf 50 000 geschätzt! Und jedes dieser als Tubuli textorii bezeichneten Röhrchen ist eine Spinnspule mit einer eigenen Drüse. Entsprechend ihrer Feinheit produzieren diese Tubuli die feinste Seide, die wir überhaupt kennen: Fäden von nur 0,00002 mm Durchmesser!

Die feine Cribellumseide wird in Form winziger Wattebäusche auf die Fangfäden aufgebracht. So funktioniert eine cribellate Spinne vorher gezogene Fäden zu fängigen Kräuselfäden um. In eigenartiger Haltung läuft sie dabei an einem normalen Seidenfaden entlang. Ein Hinterbein wird nach hinten gestreckt, das andere stützt sich an diesem ab, indem die letzten beiden Glieder abgewinkelt werden. Somit liegt der Metatarsus, das vorletzte Glied, des einen Beines quer vor dem Spinnapparat. Der Metatarsus trägt bei cribellaten Spinnen einen für den Spinnvorgang sehr wichtigen Kamm aus regelmäßig angeordneten, fein strukturierten Borsten, das Calamistrum. Cribellum und Calamistrum, die in ihrer Größe genau aufeinander abgestimmt sind, stehen sich jetzt direkt gegenüber.

Während aus den Tubuli des Cribellums Tausende von feinsten Fäden austreten, wird das Calamistrum sehr schnell im Fadenstrom auf und ab bewegt. Die wegen ihrer Feinheit schon gekräuselten Cribellumfäden werden so zu dicken Wattepolstern aufgebauscht.

Nach zahlreichen Bewegungen des Calamistrums eines Hinterbeines benutzt die Spinne nun das andere und setzt einen weiteren Wattebausch auf den künftigen Fangfaden. Während des Aufkämmens der Fangwolle baut sie unregelmäßig gewundene Fäden – sogenannte Kräuselrandfäden – zwischen dem Achsenfaden und der Watte ein. Damit entsteht ein kompliziertes und hochwirksames Fanginstrument: Zwei dünne Achsenfäden sind von dickeren Kräuselrandfäden umgeben, wobei letztere in engen Schleifen liegen. Alles ist in feine Cribellumwolle eingehüllt, die von den Kräuselrandfäden zu richtigen Wattebergen aufgetürmt wurde.

So komplex wie der Bau dieser Fanggespinste ist auch ihre Wirkung. Die riesige Anzahl einzelner feinster Fäden in der Fangwatte, sowie deren unvorstellbare Feinheit bewirken beachtlich Adhäsionskräfte. Kommt ein Gegenstand, und sei es nur die Borste eines Insekts, mit der Watte in Berührung, so schmiegt sich diese eng an. Man kann dadurch den Eindruck gewinnen, daß die Cribellumwatte klebt, obwohl sie vollkommen trocken ist.

Für laufende Insekten ist ein flach ausgebreitetes, mit einigen Kräuselfangfäden bestücktes Gespinst ein sehr wirksames Hindernis. Die Watte haftet bei der kleinsten Berührung und ist außerdem fest mit den anderen Elementen des Fangfadens verbunden. Das Insekt verfängt sich bei Befreiungsversuchen immer mehr in dem tückischen Gespinst. Nun hilft auch kein Zerren und Ziehen mehr – und noch ein anderes Phänomen der cribellaten Fangfäden wird offenbar.

Versucht nämlich ein festgehaltenes Insekt sich zu befreien, kommt die bemerkenswerte Dehnbarkeit der Fangfäden zur Wirkung. Einmal lassen sich die Wattebäusche sehr stark auseinanderziehen, ohne daß sie ihre Adhäsionswirkung verlieren. Ist der Fangfaden durch ein zerrendes Insekt um etwas mehr als das Doppelte seiner Länge gedehnt, zerreißen die dünnen Achsenfäden. Diese geringe Einbuße an Festigkeit wird sofort durch die Kräuselrandfäden kompensiert. Selbst relativ große Zugbelastung bewirkt zunächst eine Streckung der Schlingen dieser Fäden, dann erst werden höhere Ansprüche an ihr eigenes materialbedingtes Dehnungsvermögen gestellt. Aber immer noch ist der Fangfaden ein geschlossenes Ganzes mit der vollen Wirksamkeit der aufgelegten Cribellumwatte.

Auf das Zehnfache seiner Ausgangslänge gedehnt, zerreißt schließlich der gesamte Fangfaden und wird damit größtenteils wirkungslos. Theoretisch heißt das, ein 10 cm langer, cribellater Fangfaden kann auch dann noch Beutetiere festhalten, wenn er auf fast 1 m Länge gezogen wurde!

Ein frei aufgehängtes Netz, ausgestattet mit derartigen Fangfäden, wird zur sicheren Falle für fliegende Beutetiere. Selbst mit großer Geschwindigkeit anfliegende Insekten bleiben an der Watte „kleben", dehnen das Netz stark aus, wobei die gesamte Aufprallenergie verbraucht wird. Beim nachfolgenden Zusammenziehen der Fäden auf annähernd ihre ursprüngliche Länge verwickelt sich das Insekt noch fester in die Wattefäden und wird zur leichten Beute der durch die Erschütterung alarmierten Spinne.

Ob nun klebende oder cribellate Fangfäden besser sind, wurde und wird viel diskutiert. Zwar hat der mit Watte belegte Fangfaden den Vorteil, auch bei großer Trockenheit fängig zu sein, während Leim langsam austrocknet. Dagegen bleiben feine Klebfäden für viele Tiere unsichtbar, und cribellate Fangfäden wirken wegen ihrer bläulichweiß schimmernden Watte erheblich dicker. Klebfäden reißen leicht ab, die Fangfäden cribellater Spinnen aber sind in auffälliger Weise dehnbar. Für die Herstellung eines Kräuselfadens sind wahrscheinlich zwei Arbeitsgänge notwendig, wobei das Aufbringen der Cribellumwolle viel Zeit beansprucht. Dagegen hängt der fertige Klebfaden in einem Zug und ist dazu noch ein Musterbeispiel für sparsamen Materialverbrauch.

Man kann diese Diskussion bis zum Ende des Buches fortsetzen unter Einbeziehung all dessen, was im Folgenden noch zu besprechen sein wird. Und auch dann könnte kein Faden, kein Netz und keine

andere Fangmethode als besser oder schlechter bezeichnet werden. Eine Erklärung dafür ist ebenso verblüffend wie einfach: Die Evolution hat alle für Spinnen möglichen Methoden des Beuteerwerbs realisiert. Wäre auch nur eine dieser Methoden schlechter als die anderen, müßte die davon abhängige Spinne verhungern, und die Art wäre längst ausgestorben.

Ein Fangnetz entsteht

Wahrscheinlich schon seit 400 Millionen Jahren benutzen alle Spinnen natürliche Spalten, um sich darin zu verkriechen. Das Versteck wird innen mit einem Gespinst gegen die Feuchtigkeit des Bodens versehen, wobei meist eine Öffnung bleibt als Fluchtweg bzw. zum schnellen Ergreifen vorbeilaufender Beutetiere. Noch heute bauen alle Spinnen dieses Versteck ihrer Vorfahren. Das Schlafnest einer hochspezialisierten Springspinne, die Häutungskammer einer Sackspinne, der Schlupfwinkel einer Vogelspinne wie der einer Kreuzspinne, ja selbst die Wohnungen mancher Wolfsspinnen sind nach demselben Schema gebaut.

Sogar der uralte Typ der an beiden Seiten offenen Wohnröhre hat sich bei einigen Spinnen bis heute erhalten. Allerdings finden wir das Röhrengespinst vielfach abgewandelt. Da werden vor einer Öffnung Stolperdrähte ausgespannt, oft ist die Mündung auch trichterförmig erweitert oder gar mit einer Fangnetzdecke versehen. Trichternetzspinnen (Agelenidae) zum Beispiel bedienen sich solcher Gespinste. Sie laufen schnell und geschickt auf der Netzdecke, um dort ihre Beute zu fangen. So verblüffend einfach und sicher das Gespinst einer Trichternetzspinne auch funktioniert, bei jeder Fangaktion muß die Spinne heraus aus ihrer Röhre und ist, auf der Netzdecke laufend, den Blicken ihrer Feinde preisgegeben.

Ich bin mir nicht sicher, ob das der Grund war, weshalb die Evolution noch andere Deckennetze hervorgebracht hat. Wird der Boden der Röhrenwohnung zum Fangnetz, läuft die Spinne auf ihm genauso ungeschützt wie am Erdboden. Anders, wenn das Dach der Röhre dem Beutefang dient. Die Spinne hangelt unter der Netzdecke entlang und ist gegen Angriffe von oben durch ein dichtes Maschenwerk geschützt.

Viele Baldachinspinnen zeigen uns entsprechende Beispiele. Für diese unter einer Netzdecke lebenden Arten bietet das Gespinst auch Schutz vor zu starker Sonnenstrahlung. So ist es zu verstehen, daß viele Baldachinspinnen sich vom schattigen Waldboden lösen konnten und ihr Netz oft frei zwischen Sträuchern aufhängen. Nur einige nahe dem Boden lebende Arten weben Ansätze einer Wohnröhre, die ein kurzes Stück in Spalten hineinführen kann.

Typische Netzbewohner sind die bekannten Baldachinspinnen der Gattung Linyphia, die sich auf dem Erdboden nur schwerfällig bewegen können. Blutdruck und Muskelkraft reichen nämlich nicht aus, den vergleichsweise massigen Körper für längere Zeit auf relativ dünnen und langen Beinen zu halten. Dagegen ist ihnen in den auffälligen Netzen im Gras oder auch mehrere Meter hoch in Sträuchern und Bäumen kaum ein Tier überlegen.

Eine Baldachinspinne hängt mit dem Rücken nach unten im Netz, und entsprechend zeigt ihr Körper eine „Verkehrtfärbung". Bei vielen Tieren, die auf dem Lande leben, ist nämlich der dem Boden zugewandte Bauch heller als der Rücken – bei den meisten Baldachinspinnen umgekehrt. Denn der Bauch zeigt nach oben und ist einfarbig schwarz oder dunkelbraun, während der nach unten weisende Rücken oft auffällig weiße Muster trägt.

Es gibt verschiedene Deutungen des Phänomens. Einmal kann es Sichtschutz bewirken, indem – von unten gesehen – der hellgefleckte Rücken mit der Helligkeit des Netzes und des Himmels optisch verschmilzt, von oben aber der Bauch als dunkler Fleck zwischen den vielen Schatten am Waldboden kaum auffällt.

Andererseits sucht man eine physiologische Erklärung, da ein dunkler, der Sonne zugewandter Körperteil sich sehr schnell erwärmt und damit der wechselwarmen Spinne größere Aktivität ermöglicht.

An die Konstruktion des Baldachinspinnennetzes werden sehr viel höhere Ansprüche gestellt als an die einfache Decke einer Trichternetzspinne, hängt das Gespinst doch frei im Raum, dem Wind ausgesetzt und dient neben dem Beutefang der Spinne gleichzeitig als Wohnung. Demgemäß ist der Aufbau komplizierter und die Herstellung zeitaufwendiger. Dabei geht eine Baldachinspinne folgendermaßen vor: Von einem erhöhten Platz aus seilt sie sich ab, manchmal fast 1 m, bis sie auf einen Zweig oder dergleichen stößt, heftet dort ihren Wegfaden an und klettert zurück nach oben. Und schon läßt sich die Spinne an einem neuen Faden herab. Durch den Wind oder eigene Bewegungen findet sie einen zweiten unteren Anheftungspunkt, klettert wieder nach oben, läßt sich wieder herab, und das viele Male hoch und runter. Zwischendurch werden die mehr oder weniger senkrechten Fäden untereinander verbunden. In ziemlich kurzer Zeit entsteht so ein recht dichtes Gespinst, ein Raumnetz, das oft kegelförmig oben zugespitzt ist.

Mit unglaublicher Genauigkeit findet eine Baldachinspinne durch Vergleich der Fadenspannungen jene Horizontale im Netz, wo die Fäden am dichtesten stehend den weitesten Raum ausfüllen und damit die Stabilität des Netzes am größten ist. Hier entsteht die Decke.

In einer horizontalen Ebene werden kreuz und quer weitere Fäden gezogen. Doch wäre es sicher falsch zu glauben, dies geschehe wahllos, denn die Spinne stellt ihr Bauwerk systematisch als Ganzheit her und vollendet nicht erst einmal diese Ecke, dann irgendeine andere.

In dem Maße, wie durch ständigen Fadeneinbau die Stabilität der Decke wächst, entfernt die Spinne darunterliegende Fäden des Raumnetzes. Diese Arbeit dauert Tage. Zwischendurch wird Beute gemacht, das Netz zum Teil zerrissen, wieder repariert. Und so ist ein großes Baldachinspinnennetz wohl nie ganz fertig, obwohl der typische Aufbau gut erkennbar ist: Über der Decke ein großes Raumnetz, darunter ein Freiraum mit nur wenigen Fäden, die – Zeltleinen gleich – die Decke gegen den unteren Netzteil verspannen.

Mit der Herstellung einer fadenfreien Zone unter der Netzdecke hat sich die Spinne Wohnraum und Bewegungsfreiheit geschaffen. Hier bewegt sie sich, blitzschnell hangelnd, zu Beutetieren, die aus den oberen Teilen des Raumnetzes herabstürzen. Ebenso schnell flüchtet die Bewohnerin bei Gefahr zur Netzperipherie und läßt sich dort am Sicherheitsfaden fallen.

Gibt man Kleinkindern Papier und Bleistift, so ziehen sie kreuz und quer Linien über Linien so lange, bis unter dem dichten Netz der Striche kaum noch die Papieroberfläche zu sehen ist. Vergleichen Sie diese Malerei einmal mit dem Fadenmuster einer Baldachinspinnennetzdecke!

Von größeren Kindern kann man verlangen, eine Spinne aus dem Gedächtnis zu malen. Neben vielbeinigen Ungeheuern, deren Rücken mit einem oder mehreren Kreuzen geschmückt ist, gehört zum fertigen Bild ein Netz. Das ist nicht mehr das aufwendige „Gekritzel" des Kleinkindes. Vielmehr wird versucht, die gesamte freie Fläche mit einem Maschenwerk aus möglichst wenigen regelmäßig angeordneten Strichen zu bedecken. Ein Karomuster als Spinnennetz.

In der Natur gibt es so etwas auch, entstanden unter dem Zwang – den die Biologen Selektionsdruck nennen –, eine Fläche gleichmäßig mit Gespinst zu bedecken und das mit geringstem Einsatz von Fadenmaterial.

Durch den Bau solcher Netze geradezu berühmt wurden die amerikanischen *Mecynogea*-Arten sowie die in fast allen wärmeren Ländern vorkommende Gattung *Cyrtophora*. Beide gehören zur Verwandtschaft der Kreuzspinnen, doch ihre sehr großen Netze erinnern auf den ersten Blick eher an die der Baldachinspinnen. Inmitten eines umfangreichen Raumnetzes hängt nämlich eine waagerechte Decke mit einer freien Zone darunter, in der sich die etwa 1 cm große Spinne aufhält.

Die Netzdecke jedoch weicht von der der Baldachinspinnen deutlich ab. Sie ist nahezu kreisrund, in der Mitte trichterartig nach oben gezogen, oft mit einem kleinen

Loch im Zentrum, wo sich normalerweise die Spinne aufhält. Noch mehr verblüfft der Feinbau: Die gesamte Decke besteht aus Hunderten, vielleicht Tausenden ganz regelmäßiger Maschen von etwa einem Quadratmillimeter Flächeninhalt, die in konzentrischen Kreisen um das Netzzentrum angeordnet sind.

Es fällt schwer, die Großartigkeit eines *Cyrtophora*-Netzes mit Worten zu beschreiben. Trotz riesiger Dimensionen wirkt das gesamte Gespinst leicht und elegant, wohl auch wegen der Feinheit des Materials und der Regelmäßigkeit seiner Verwendung.

Mehrere Nächte baut die Spinne an ihrem Netz, legt zuerst inmitten eines Raumnetzes das trichterförmige Zentrum der künftigen Decke an. Von hier zieht sie strahlenförmig nach der Netzperipherie verlaufende Fäden, die dort an den verfestigten Netzrahmen angeheftet werden und wieder zum Netzzentrum zurückführen.

Techniker, die ein *Cyrtophora*-Netz bestaunten, hielten es für unmöglich, daß die scheinbar punktförmige Anheftung der radial verlaufenden Fäden die Last des Netzes aushält. Mit einem Rasterelektronenmikroskop untersuchten sie Verbindungsstellen zwischen den Fäden – ein Geheimnis der Spinnennetze wurde gelüftet. Der Radiusfaden läuft in spitzem Winkel zum Rahmenfaden. Über ein kurzes Stück laufen beide Fäden parallel und sind fest verbunden, bevor dann der Radiusfaden zum Netzzentrum zurückverläuft. Genau dieselbe Konstruktion in Stahl vermag tonnenschwere Brücken zu tragen.

Wer weiß, wie viele Radien die *Cyrtophora* zum Rand und zurück zieht? Jedenfalls sind es so viele, daß ihr gegenseitiger Abstand nahe der Netzmitte etwa einen Millimeter beträgt. Nun läuft die Spinne zum Netzzentrum und verbindet die Radien mit weiteren Fäden. Jeder Umgang hat wieder 1 mm Abstand zum vorhergehenden. So entsteht die erstaunliche Gleichmäßigkeit von Maschenform und -größe, die *Cyrtophora* Stück für Stück mit den Hinterbeinen ausmißt.

Werden die Abstände zwischen den Radien allmählich zu groß, hält die Spinne an, heftet einen neuen Radiusfaden fest, zieht ihn zum Netzrand, kehrt dort um und kommt – einen weiteren Radiusfaden ziehend – im benachbarten Zwischenraum zurück. Sind nach langer Arbeit die Abstände zwischen den Radien wieder auf ungefähr einen Millimeter korrigiert, läuft *Cyrtophora* die nächsten Spiralen. Nach einigen Umgängen werden wieder Radien gebaut, dann wieder Spiralen, wieder Radien, bis nach mehreren Nächten die radiärsymmetrische Netzdecke fertiggestellt ist.

Es ist ein faszinierendes, aber auch ermüdendes Schauspiel, wie die *Cyrtophora* mit unerschütterlicher Emsigkeit ihr Netz baut, Masche um Masche, Quadratmillimeter um Quadratmillimeter. Im Morgengrauen nach der ersten Nacht – etwa ein Viertel des Netzes ist geschafft – hangelt die Spinne zum Netzzentrum und klettert in ihren trichterförmigen Schlupfwinkel. Vielleicht bringt sie noch einen seidenen Sonnenschutz an und begibt sich dann zur Ruhe. Sofern es nicht gestört wird, erwacht das Tier kurz vor Mitternacht zu erneuter Aktivität, baut und baut, und höchstens der Durst auf ein paar Tautropfen bringt es aus dem Rhythmus.

Beim Beutefang verhält sich die Spinne ähnlich wie eine Baldachinspinne. Ein beim Flug in den Raumnetzteil geratenes Insekt purzelt in Richtung Netzdecke. An deren Unterseite eilt *Cyrtophora* herbei und beschleunigt mit kräftigem Schütteln den Absturz der Beute. Durch die Netzdecke hindurch packt die Spinne zu, zerrt ihr Opfer zu sich heran und schleppt es zum Netzzentrum, um es dort zu verspeisen. In der folgenden Nacht wird das Loch im Netz fast genauso sauber repariert, wie das gesamte Gespinst angelegt ist.

Das Radnetz der Kreuzspinne

Vor einigen Jahren noch zählte ich die wissenschaftlichen Publikationen, die jährlich über Spinnen veröffentlicht wurden: 1983 waren es 318, und etwa die Hälfte davon befaßte sich in irgendeiner Form

mit der Evolution der Spinnen. Generationen von Arachnologen interessierten sich für die Frage nach der Entstehung der unüberschaubaren Vielzahl von Spinnenarten, ihren Lebensformen und Netzen.

Die *Cyrtophora*-Arten nehmen dabei eine Schlüsselstellung ein. Rein morphologisch sind sie Kreuzspinnen, die fast durchweg Radnetze bauen. Die Decke im Netz der Cyrtophora ist zwar radiärsymmetrisch wie ein solches Netz, enthält aber keine klebrigen Fangfäden, wie sie für andere Kreuzspinnen typisch sind. Andererseits sind Aufbau des Netzes und Fangverhalten der Spinnen ganz nach Baldachinspinnenart.

Entwicklungsgeschichtlich stellt der Typ des *Cyrtophora*-Netzes eine Art Zwischenstufe zwischen dem Baldachinnetz und dem Radnetz der Kreuzspinnen dar. Aber konnten die *Cyrtophora*-Vorfahren noch keine Radnetze bauen, oder bauten sie keine mehr? Gibt es das Radnetz, oder haben sich vielleicht die verschiedenen Radnetzformen unabhängig voneinander in verschiedenen Entwicklungsrichtungen herausgebildet?

In diesen Fragen gehen die Ansichten der Fachleute weit auseinander, und in besonderen Fällen hat jeder Arachnologe seine eigene, ganz spezielle Meinung. Ich vertrete die Auffassung, daß der Typ des Baldachinspinnennetzes der ursprünglichere ist und sich daraus über Zwischenformen ähnlich dem *Cyrtophora*-Netz das Radnetz der Kreuzspinnen entwickelt hat.

Einen weiteren Schritt in der angenommenen Entwicklungsreihe zeigen die sehr großen Seidenspinnen der Gattung *Nephila*, die in den Tropen der ganzen Welt zu Hause sind. Junge Seidenspinnen bauen ein Netz, das dem der *Cyrtophora* ähnelt. Mit zunehmendem Alter reduziert die Spinne den Raumnetzanteil, und die Netzdecke steht dann fast senkrecht. Sie stellt ein sehr exzentrisches Radnetz dar, dessen Nabe fast bis an den oberen Rand verschoben ist. Die Spinne sitzt in den Resten des Raumnetzes. Noch eine Neuerung in dem obengenannten Sinne finden wir bei den Seidenspinnen: Das Radnetz enthält nämlich mit Klebstoff besetzte Fangfäden. Vereinfacht kann man sich das so vorstellen, daß die Spiralumgänge und auch die Radien weit auseinandergerückt sind, und in die größeren Maschen Klebfäden parallel zu den Spiralwindungen eingezogen werden.

Gedanklich sind es nur noch wenige kleine Schritte zum „richtigen" Radnetz einer Kreuzspinne. Der Raumnetzteil muß reduziert werden und ist bei den meisten Kreuzspinnenarten gänzlich verschwunden. Indem Stellung und Zahl der Radien aufeinander abgestimmt werden, vermindert sich die Zugbelastung an den Spiralfäden drastisch. Viele Kreuzspinnen bauen nur noch eine Hilfsspirale, die das halbfertige Netz stabilisiert und beim Einbau der Klebfäden wieder herausgebissen wird.

Das Ergebnis ist ein superleichtes, außerordentlich effektives Fangnetz. Der Materialverbrauch ist derart gering, daß die Spinne das Radnetz jeden Tag vollständig erneuern kann. Nachts frißt sie das alte Netz einfach auf, und nach etwas mehr als einer halben Stunde ist ein vollkommen neues in den stehengebliebenen Rahmen eingebaut.

Hierin liegen auch die wesentlichsten Argumente für die Meinung, das Radnetz verkörpere einen abgeleiteten Entwicklungsstand gegenüber dem Deckennetz. Mit geringstem Materialeinsatz in Form hochspezialisierter Fäden wird derselbe Effekt erreicht wie mit der vergleichsweise riesigen Fadenmenge in einem Raumnetz mit Decke.

Bei allem Instinkt, nach dem selbst ganz junge Kreuzspinnen vollständige Radnetze bauen, gehört ein sehr leistungsfähiges Zentralnervensystem dazu. Die senkrechte Lage des Netzes verlangt von der Spinne, oben und unten genau zu unterscheiden. Beim Einbau der Radien bestimmt und vergleicht sie ständig deren Spannung und die von ihnen eingeschlossenen Winkel. Nur so kann ein in sich stabiles Netz entstehen. Im Extremfall genügen einer Kreuzspinne drei Punkte zum Anheften des Rahmens. Und auch in dieses Dreieck hinein baut sie ein radförmiges Netz, das sowohl in seiner Form als auch in seinen Spannungsverhältnissen symmetrisch ist.

Für jeden Naturfreund ist es ein Erlebnis, einmal sehr früh aufzustehen und einer Kreuzspinne beim Bau ihres Netzes zuzusehen. Meist wird er die häufige Gartenkreuzspinne *Araneus diadematus* antreffen.

Die Grundfärbung des Hinterleibes bei dieser Art ist sehr variabel. Die Palette reicht von einem dem Weiß angenäherten Farbton über Hellgrün, Gelb, Hellbraun bis zum dunkelsten Rotbraun oder Dunkelgrau. Immer aber sind kleine, weiße Flecke zu einem charakteristischen Muster angeordnet, bei der Gartenkreuzspinne zu einem Kreuz.

Auf etwas feuchten Wiesen begegnen wir der Vierpunktkreuzspinne *Araneus quadratus,* die bei aller Buntheit ihres Körpers immer vier große weiße Punkte auf dem Rücken trägt. Im gleichen Lebensraum kommt die Schilfkreuzspinne *Larinioides cornutus* vor. Sie zeigt gelbe und braune Töne in einem schwer zu beschreibenden Muster, das man sich aber gut einprägen kann.

Während einer längeren Schönwetterperiode im Spätsommer geht es also gleich beim ersten Hahnenschrei hinaus. Sicher finden wir bald eine Gartenkreuzspinne, die die Reste ihres Netzes vom Vortag aufwickelt und verspeist. Danach putzt sie sich oft lange und trinkt Tautropfen. Sobald sich die Spinne aber am stehengebliebenen Rahmen des alten Netzes zu schaffen macht, fangen wir sie vorsichtig ein und setzen sie an einen Zweig, der gute Beobachtungsmöglichkeiten bietet. Denn nur so wird sie uns ihr ganzes Können zeigen.

HERMANN WIEHLE (1884–1966), einer der bedeutendsten deutschen Arachnologen, beobachtete den Netzbau, indem er seinen Spazierstock in den Grund eines flachen Gewässers rammte, so daß er allseits von Wasser umgeben war. Er setzte eine Kreuzspinne an den Stock, und während seiner unentbehrlichen Tabakspfeife kleine Wölkchen entstiegen, staunte der erfahrene Wissenschaftler immer wieder darüber, wie es die Spinne fertigbringt, ihr Netz zwischen dem Spazierstock und dem nächsten Grashalm am Ufer zu bauen, ohne dabei ins Wasser zu fallen.

Radnetz der Kreuzspinne *Nemoscolus* mit tütenförmigem Schlupfwinkel.

Hat sich nämlich eine Kreuzspinne davon überzeugt, daß sie auf einer Spitze sitzt – am Spazierstock wie am Zweig – zeigt sie ein interessantes Verhalten. Frei stehend oder an einem kurzen Faden hängend, läßt sie ein Bündel Seidenfäden vom Wind davontragen. Irgendwo verfängt sich das Bündel, die Spinne zieht straff und hat damit eine Fadenbrücke etwa zum nächsten Zweig geschaffen. Nun beginnt der Netzbau.

Eine Gartenkreuzspinne, die ich beobachten konnte, ging folgendermaßen vor: Während sie den Brückenfaden mit den Vorderbeinen aufwickelte, sich also an ihm vorwärts zog, trat aus den Spinnwarzen ein anderer Faden aus, der zuvor am Ausgangspunkt angeheftet worden war. Etwa auf halbem Wege hielt die Spinne an und verband beide Fäden. Durch reichlich zugegebenes Seidenmaterial hing die neue Brücke etwas durch, aber sie hielt. Ohne an den Fäden etwas zu verändern, hangelte das Tier weiter, überprüfte am anderen Ende angekommen, die Aufhängung des Fadens, heftete einen weiteren Faden an und hangelte zurück. Der nachgezogene Faden wurde straff gespannt und am Ausgangspunkt allen Geschehens befestigt.

Die Verbindung zwischen den beiden oberen Aufhängepunkten des künftigen Netzes besteht nun aus zwei Fäden, dem straff gespannten oberen Rahmenfaden und der durchhängenden Brücke, die zugleich zum ersten Radienpaar umfunktioniert wird. Dazu klettert die Kreuzspinne ungefähr bis zur Mitte und seilt sich von dort ab. Irgendwo erreicht sie einen anderen Zweig; angekommen, zieht sie den nachgezogenen Faden straff und heftet ihn an. Sie läuft nun etwas seitwärts, heftet auch dort einen Faden fest, den sie auf dem Rückweg locker hinter sich herzieht. Wieder in der Mitte angekommen, wird auch dieser Faden angeheftet. Vier Radien sind damit fertig: zwei sind hervorgegangen aus der ursprünglichen Brücke, und je ein Radius entstand beim Abseilen und Hochklettern.

Gegenüber dem zuletzt gezogenen Radius klettert die Spinne nun wieder zum Netzrand und zieht einen Faden locker nach, den sie dann straffzieht und anheftet; den fünften Radius. So geht es weiter, bis etwa 20 bis 30 Radien gespannt sind, die an der Peripherie zum Teil an zusätzlich gezogenen Rahmenfäden befestigt werden.

Die Reihenfolge, in der die Radien eingebaut werden, erscheint uns zunächst zufällig, läuft doch die Spinne einmal hierhin, einmal dorthin. Aber schon während des Bauens messen die Kreuzspinnen ihr Netz aus; ein neuer Radius wird immer in den derzeit größten Winkel und damit entgegengesetzt der stärksten Zugspannung gebaut.

Gleichzeitig werden die Radien im Netzzentrum durch kreisförmig verlaufende Fäden untereinander verbunden. Somit entsteht von Anfang an ein symmetrisches und kräftemäßig ausgewogenes Gespinst. Und immer wieder zupft und zieht die Spinne, webt sie einige Fäden, bis endlich jeder Faden die gleiche Spannung aufweist, jeder Winkel zwischen den Radien etwa 15° beträgt.

Radnetz einer Herbstspinne *(Meta)*.

Noch einmal wird das Netzzentrum überprüft und durch spiralig verlaufende
Fäden gefestigt, die sogenannte Befestigungszone entsteht. Von Speiche zu Speiche kletternd, zieht die Spinne diese
Hilfsspirale fast bis zur Peripherie. Das
Netz wird dadurch in seiner Form stabilisiert und erhält gleichzeitig ein Kletterge-
rüst, das der Spinne das Übersteigen der
Zwischenräume zwischen den einzelnen
Radien erleichtert.

Bevor nun der aufwendigste und langwie-
rigste Abschnitt des Netzbaues beginnt,
wird in aller Regel eine Pause eingelegt.
Dann baut die Spinne Klebfäden in ihr
Netz. Dies geschieht von außen nach
innen, wobei sie sich an der Hilfsspirale
orientiert und festhält. Sowie dieser Spiral-
faden nicht mehr notwendig ist, wird er
Stück für Stück abgebaut.

Nur sehr selten verläuft auch der Klebfaden in einer durchgängigen Spirale. Vielmehr kehrt die Spinne an manchen
Speichen um, etwa um eine größere Lücke
im Zickzackgang zu schließen. Nach etwa
20 Minuten ist sie fast im Zentrum
angekommen und beendet den Einbau
von Klebfäden. In der freibleibenden
Zone um die Nabe klettert die Spinne
zwischen den Speichen hindurch und setzt
sich auf die Unterseite der Nabe.

Seidenschals, Duftspinnen
und Wohntüten

Eine große Kreuzspinne in dem berühmten Marmeladenglas eines Hobbybiologen,
dazu noch eine Fliege, in bester Absicht
mit hineingegeben. Natürlich summt sie,
und, von panischer Angst getrieben, versucht die große, wehrhafte Spinne zu
fliehen ...

Auf diese Weise wurden schon viele
Kreuzspinnen totgepflegt, erlagen einem
Kollaps oder sind einfach verhungert.
Hätte die Spinne Platz gehabt, ein Netz zu
bauen, wäre die Fliege darin mit Sicherheit
gefangen worden; denn Netzspinnen, Spinnennetze und Beutetiere sind die in enger
Beziehung stehenden Teile eines äußerst
komplexen Systems.

So entwickelten sich auch bei Insekten
verschiedene Schutzmechanismen. Viele
Käfer und Wanzen haben auf ihren
Flügeln wachsähnliche Substanzen und
rutschen dadurch an den Leimtröpfchen
des Spinnennetzes ab. Bienen und Wespen
vermögen sich mit Hilfen von Stacheln
und Mundwerkzeugen zu verteidigen und
zu befreien. Skorpionsfliegen lösen mit
aggressivem Verdauungssaft die Spinnenfäden auf. Schwebfliegen können die
meisten Spinnennetze erkennen und weichen aus.

Und auch große Tagfalter werden nur
selten die Beute einer Kreuzspinne. Untersucht man allerdings ein älteres Netz unter
dem Mikroskop, sind Hunderte Flügelschuppen von Schmetterlingen zu finden.
Wenn nämlich ein Falter ins Netz gerät,
zappelt er, die festgeklebten Schuppen
brechen ab, und bevor die Spinne sich
orientiert hat, ist der Schmetterling schon
wieder frei.

Doch gibt es Spezialisten unter den
Kreuzspinnen die fast ausschließlich
Schmetterlinge fangen, die amerikanischen
Scoloderus-Arten zum Beispiel. Es sind
kleinwüchsige Spinnen, die ein entsprechend kleines Radnetz nahe dem Boden
bauen. Die oberen Radien sind jedoch
etwa einen halben Meter verlängert und
genauso exakt mit Klebfäden bestückt wie
die anderen Netzteile. Das ganze Gespinst
erinnert an einen sehr feinen Seidenschal.

Dieser Schal wird fast jedem Schmetterling zum Verhängnis. Fliegt einer dagegen,
bleibt er kurz kleben, kommt frei, purzelt
nach unten, bleibt wieder kleben ... Bei
jedem Versuch, abzufliegen, kommt der
Falter mit neuen Fangfäden in Berührung.
Mit verklebten Flügeln und Beinen gerät
er schließlich in den direkten Wirkungsbe-
reich der Spinne, die genügend Zeit hatte,
sich auf das endgültige Überwältigen der
Beute vorzubereiten.

Noch raffinierter geht *Pasilobus*, eine
Kreuzspinne aus Neuguinea, vor. Sie webt
nur Teile des Gerüstes eines Radnetzes,
und drei der wenigen Speichen sind stark
verlängert. Zwischen diesen baut *Pasilobus* durchhängende Klebfäden ein und
fängt damit Schmetterlinge. Das fliegende
Insekt bleibt nämlich an den sehr großen

Leimtropfen dieser Fäden kleben, reißt dabei den Klebfaden an einer Speiche ab und baumelt in der Luft. Die Spinne eilt herbei und holt die Fangleine samt Beute ein.

Schmetterlingsfang mit Leimtropfen – die Bolaspinnen treiben diese Methode gleichsam auf die Spitze. Recht gut erforscht sind Vertreter der amerikanischen Gattung *Mastophora*. Nach genauer Kenntnis des Körperbaues und des Verhaltens der Jungspinnen besteht kein Zweifel daran, daß *Mastophora* zu den Kreuzspinnen gehört, obwohl zumindest bei den erwachsenen Tieren kaum Anzeichen eines Radnetzes zu sehen sind.

Nachts baut die Spinne im Gras ein kleines Gespinst, an dem sie sich festhalten kann. Einen der freihängenden Fäden versieht sie am Ende mit einem dicken Seidenknäuel, das derart mit Leim getränkt ist, daß es einem einzigen Tropfen gleicht. Diese klebende Bola wird von *Mastophora* mit einem der vorderen Beine gehalten und mit unglaublicher Treffsicherheit gegen vorbeifliegende Nachtfalter geschleudert.

Schon früher war aufgefallen, daß *Mastophora* nur ganz wenige nahe verwandte Arten von Nachtfaltern fängt, und von diesen fast ausschließlich Männchen. Erst vor kurzem fand man den Grund dafür: Bolaspinnen duften! Sie verbreiten für uns nicht wahrnehmbare Mengen von Sexuallockstoffen bestimmter Schmetterlingsarten. Vom Duft angelockt, kommen die Nachtfalter in immer enger werdender Spirale angeflogen. Doch statt des Geschlechtspartners trifft sie die Leimkugel einer Bolaspinne.

Eine ständig unter der Nabe ihres Radnetzes sitzende Kreuzspinne ist nicht nur Sonne, Regen und Wind ausgesetzt, sondern auch den Blicken ihrer Feinde. So gibt es viele Radnetzweberinnen, die neben ihrem Fangnetz noch einen Schlupfwinkel haben, in dem sie sich aufhalten. Mit der Nabe des Radnetzes sind sie durch einen Faden verbunden, der gleichzeitig als Signalleine und Kletterseil dient.

Die Vierpunktkreuzspinne *Araneus quadratus* und die Schilfkreuzspinne *Larinioides cornutus* zum Beispiel weben in der Nähe ihres Netzes ein paar Grasrispen zusammen und halten sich in dieser nach unten offenen Tüte verborgen – bei der Schilfkreuzspinne oftmals Männchen und Weibchen zusammen in einer Wohnung. Die Spaltenkreuzspinne *Chinestela umbratica* baut ihr Netz hauptsächlich an alten Bäumen, Holzstapeln und Schuppen und verkriecht sich in nahegelegene Ritzen. In jedem Fall wird auch dieser Schlupfwinkel durch einen Signalfaden mit der Nabe des Radnetzes verbunden.

Noch interessanter ist das Gespinst von Sektorenspinnen der Gattung *Zygiella*, von der bei uns mehrere Arten leben. Die bekannteste, *Zygiella x-notata*, ist in manchen Gegenden überaus häufig an Dachrinnen, Fensterrahmen und dergleichen zu finden. In der oberen Hälfte ihres Radnetzes bleibt ein Sektor frei von Fangfäden, was der Spinnengattung zu ihrem Namen verhalf. Einziger Faden in diesem Bereich ist der Signalfaden, der das Netzzentrum mit dem röhrenförmigen Schlupfwinkel der Spinne verbindet.

Radnetze mit freiem Sektor gibt es noch mehr, und alle sind eine raffinierte Kombination von Wohnung und Fangnetz. Die Apfelsinenkreuzspinne *Araneus alsine* mit ihrem leuchtend orange gefärbten Hinterleib hängt in den von Fangfäden freien Sektor ein zusammengerolltes Blatt, in dessen Schutz sie sich tagsüber aufhält.

Noch ein interessanter Fall, den ich selbst ausführlich studieren konnte, soll erwähnt werden: Im Mittelmeerraum und in weiten Teilen Afrikas leben kleine Kreuzspinnen der Gattung *Nemoscolus*. Am natürlichen Standort sind die Tiere mit ihren etwa 10 cm großen Netzen am Boden zwischen Gras und Gestrüpp schwer zu finden.

In seinem eigenartigen Wohngespinst hat ein Tier die lange Reise gut überstanden und gleich in der ersten ruhigen Nacht im Terrarium ein kleines Gespinst gebaut, ein Radnetz mit freiem Sektor in der oberen Hälfte. Dort hängt ein tütenförmiger Schlupfwinkel, dessen Rand direkt in die Nabe des Netzes übergeht. Den Körper in der Tüte verborgen, legt die Spinne ihre Vorderbeine auf die Nabe.

In dem trockenwarmen Klima seiner Heimat ist diese Wohntüte für *Nemoscolus* sicher von Vorteil. Außen mit Sandkörnchen und Beuteresten bedeckt, reflektiert das Gespinst das Sonnenlicht und verhindert so eine Überhitzung. Nachts schützt es vor zu starker Auskühlung. Frühmorgens kommt die Spinne aus ihrer Wohnung heraus, baut ihr altes Netz vollständig ab. Dann trinkt sie ein paar Tropfen Tau, der sich außen an der Tüte niedergeschlagen hat, und beginnt mit dem Weben eines neuen Netzes, das bis Sonnenaufgang fertig ist.

Radnetze werden auch von Vertretern anderer Spinnenfamilien gebaut, so von den mit Kreuzspinnen nahe verwandten Herbstspinnen. Stets befindet sich im Netzzentrum der einheimischen *Meta*-Arten ein Loch, da die Spinne alle Fäden aus der Nabe entfernt, wenn das Netz fertig ist. Erkennen können wir unsere Herbstspinnen auch daran, daß sie schlanker und relativ langbeiniger sind als die Kreuzspinnen und bei Störungen zunächst im Netz sitzen bleiben, die Vorderbeine lang nach vorn gestreckt. Von dieser Spinnenfamilie findet man im Herbst massenhaft Vertreter zweier schwer zu unterscheidenden Arten in der Vegetation der Wiesen und Wälder. Zwei weitere, recht große Arten leben an Stellen mit sehr feuchter Luft, auch in Höhlen und Brunnen.

Zur nahen Verwandtschaft der Herbst- und Kreuzspinnen gehören die Dickkieferspinnen, die ebenfalls Radnetze mit offener Nabe herstellen. Erwachsene Tiere erkennt man leicht an den extrem kräftigen und vielfach übermäßig langen Mundwerkzeugen, die mit merkwürdigen Zähnen und anderen Auswüchsen versehen sind. Damit werden nicht etwa besonders große Beutetiere ergriffen, sondern der Partner bei der Paarung.

Die heimischen Dickkieferspinnen der Gattung *Pachygnatha* bauen nur in bestimmten Lebensabschnitten Radnetze, die flach über den Boden gespannt werden. Ansonsten laufen sie frei umher. Anders die Streckerspinnen der Gattung *Tetragnatha*. Sie sind meist große Tiere mit langgestrecktem Körper, die ihre Radnetze in der Vegetation oft in unmittelbarer Nähe von Gewässern aufhängen. Einige Streckerspinnenarten sitzen in extrem gestreckter Haltung an der Unterseite ihrer Netze, während sich andere tagsüber an Pflanzen in der Nähe des Fangnetzes verbergen.

An einem Grashalm sitzend, ist eine solche Spinne kaum zu sehen. Beide Vorderbeinpaare weit nach vorn gestreckt, das vierte Beinpaar nach hinten, den stabförmigen, farblich dem Untergrund ähnelnden Hinterleib eng angeschmiegt. Das sehr kurze dritte Beinpaar ist etwa im Schwerpunkt des Körpers seitwärts gerichtet und hält die Spinne an einem Grashalm genauso sicher wie an einem Faden.

Eine bisher selten gefundene *Eucta*-Art, die auch zu den Streckerspinnen zählt, hat dazu noch einen schwanzartig über die Spinnwarzen hinaus verlängerten Hinterleib. Selbst ein geübter Fachmann weiß wohl nicht zu sagen, wie oft er schon an dieser Spinne vorbeigeschaut hat, sehen die Tiere doch selbst im Präparateglas einer Sammlung von zerschlissenem Stroh zum Verwechseln ähnlich.

Manchmal leben in einem Erlenbruch ganz in der Nähe der Streckerspinnen noch andere sehr interessante Radnetzbauer. Um sie zu finden, darf sich der Naturfreund weder von Mücken und Bremsen noch durch nasse Füße und stinkenden Schlamm stören lassen. Halb verborgen zwischen Baumwurzeln, direkt über der Oberfläche einer kleinen schlammigen Pfütze hängt das Netz der Zwergradnetzspinne *Theridiosoma gemmosum* (Theridiosomatidae). Die winzig kleine Spinne mit silbrig glänzendem, kugelrundem Hinterleib ist der einzige einheimische Vertreter dieser in den Tropen weitverbreiteten Familie.

Das im Verhältnis zur Spinne sehr große, aber zarte Netz sieht einem Kreuzspinnennetz ähnlich. Die etwa 20 Radien ziehen aber nicht einzeln zur Mitte, sondern vereinigen sich kurz vor dem Netzzentrum zu einigen wenigen Fäden. Weder Befestigungszone noch eine eigentliche Nabe sind zu erkennen. Vom Netzzentrum aus ist fast im rechten Winkel zur Netzebene ein Faden seitwärts gespannt.

Die Spinne sitzt im Zentrum ihres Netzes. Mit den Hinterbeinen hält sie sich an den wenigen Radien fest, während die Vorderbeine den seitlich aus der Netzebene herausführenden Faden aufwickeln. Indem sich die Zwergradnetzspinne an dem seitlichen Faden vorwärtsarbeitet, zieht sie hinter sich das Netz nach, spannt es derart, daß es wie ein Trichter oder ein umgestülpter Regenschirm aussieht.

Kommt eine Mücke in der Nähe vorbeigeflogen, läßt die Zwergradnetzspinne das seitliche Spannseil augenblicklich locker. Das Radnetz schnappt in die Ebene zurück und mit seinen Klebfäden gegen das Insekt. Die Spinne geht dann ganz nach Kreuzspinnenart vor, wickelt die Mücke ein und saugt sie aus. Anschließend wird das leicht beschädigte Netz wieder in Spannung versetzt.

Eine in den Tropen Amerikas beheimatete *Wendilgarda*-Art, die mit unserer einheimischen Zwergradnetzspinne eng verwandt ist, verändert das an sich schon eigenartige Radnetz noch mehr. Sie webt mehr oder weniger parallel zur Wasseroberfläche ein Speichengerüst. Von den Radien aus läßt sie Klebfäden frei nach unten hängen bis zum Wasser. An dessen Oberfläche schwimmende Kleintiere bleiben kleben und werden von der Spinne am Klebfaden nach oben gezogen.

Ein Netz ähnlich dem der Kreuzspinnen bauen auch einige Vertreter der Familie Anapidae. Das winzig kleine Radnetz ist zwischen Laub und dergleichen parallel zum Waldboden ausgespannt, und jede Speiche wird extra gehalten von je einem oder mehreren nach oben führenden Fäden. Man weiß nicht viel über diese Tiere. Sie leben in tropischen Regenwäldern, werden kaum größer als 1 bis 2 mm und tragen einen dicken, dunkelbraunen Chitinpanzer am ganzen Körper.

Zwerge mit Leimruten und Fußangeln

Faszinierende Naturgebilde sind die Radnetze der Kreuzspinnen und ihrer Verwandtschaft. Besonders im Spätsommer werden sie von vielen Mitmenschen be-

Gespinstdecke einer Baldachinspinne.

wundert, und selbst dem ärgsten Spinnenfeind kommen Zweifel ob der Verachtung, die er einer Gruppe harmloser und hochinteressanter Tiere entgegenbrachte.

Gegen Ende des Sommers fällt in unseren Breiten besonders regelmäßig und reichlich Tau, der die Spinnennetze oft erst sichtbar werden läßt. Im Vergleich zu den unser ästhetisches Empfinden besonders ansprechenden Radnetzen erscheinen die anderen Spinnengewebe weit weniger schön und interessant. Aber außer den bereits besprochenen Decken- und Radnetzen gibt es noch zahlreiche andere Gespinste, deren Untersuchung lohnt.

Etwa die Hälfte aller mitteleuropäischen Spinnen gehört zur Familie der Baldachinspinnen, Linyphiidae. Aber nur wenige große Arten dieser Gruppe sind dem Nichtfachmann bekannt. Viele der eigentlichen Baldachinspinnen sind winzig klein und führen ein unseren Augen weitgehend verborgenes Leben. Mehr noch trifft dies für fast alle Zwergspinnen zu, die die zweite große Gruppe der Familie Linyphiidae verkörpern. Hierher gehören auch die „Glücksspinnen", die im Frühherbst in großer Menge durch die Luft fliegen und deren an Zäunen und Pflanzen hängenbleibende Fäden uns als Altweibersommer gut bekannt sind.

In der Regel weben diese kleinen Linyphiidae Netze, die nur aus einer einfachen Decke bestehen. Mit ihr werden Vertiefungen zwischen Baumwurzeln, in der Rinde oder unter Steinen überspannt. Aber auch Viehweiden bieten den Tieren genügend Lebensraum. Die Trittsiegel der Rinder sind oft kleine Fundgruben für den, der sich mit den Linyphiidae beschäftigen möchte. In den Hufabdrücken im feuchten Boden entdeckt man Netzdecken, unter denen besonders häufig *Meioneta*-Arten aus der Gruppe der eigentlichen Baldachinspinnen zu finden sind sowie Zwergspinnen der Gattungen *Erigone, Dicymbium* und anderer.

Außer diesen „normalen" Deckennetzwebern gibt es in der Familie Linyphiidae hinsichtlich des Beutefanges und der Lebensweise eine ganze Reihe von Spezialisten. Stellvertretend für viele, deren Lebensweise wir noch nicht kennen, sollen

uns hier *Tapinopa longidens* und *Drapetisca socialis* interessieren.

Tapinopa lebt im Moosrasen lichter Wälder, dort, wo es im Sommer recht trocken und warm werden kann. In kleinen Bodenvertiefungen oder zwischen Moospflänzchen webt sie sich in ein fast vollständig geschlossenes Gespinst ein. Ist es frisch, kann man das Gewebe von der Größe eines Fingernagels gut erkennen; aber im Laufe des Tages bleiben Bodenkrümel und Moosblättchen daran hängen und tarnen das Netz, so daß es sich unseren Blicken mehr und mehr entzieht.

Nachts verläßt die Spinne ihre Wohnung zum Beutefang. Am kommenden Morgen webt sie wahrscheinlich ein neues Gespinst. Die eigenartige und noch nicht vollständig erforschte Lebensweise macht es der sehr kleinen *Tapinopa* möglich, relativ trockene Lebensräume zu besiedeln. In den kühlen, feuchten Nachtstunden ist sie auf Jagd, den Tag verbringt sie im feuchten Mikroklima unter ihrem Netz. Das Deckennetz dient hier nicht mehr dem Beutefang, sondern dem Schutz der Spinne.

Anders bei *Drapetisca socialis*. Die Tiere leben hauptsächlich an Baumrinde, wo sich ihre Körperumrisse optisch auflösen. Die feingliedrigen Spinnen mit einer Körperlänge von 3 bis 4 mm sind graugelb gefärbt und mit feinen dunkelgrünen bis schwarzen Strichen und Punkten gezeichnet. Bei Störung drücken sie sich an die Unterlage oder fliehen sehr schnell auf die andere Seite des Baumstammes.

Im Aktionsbereich der Spinne sind sehr viele unregelmäßig gespannte Fäden zu finden. Es ist noch nicht klar, ob dies nur ein Gewirr von Lauffäden ist oder ein speziell zum Beutefang gewebtes, sehr feines Netz. Besonders nachts klettert *Drapetisca* eifrig an diesen Fäden entlang und macht dabei Beute.

Man kennt nämlich sehr viele winzig kleine Mücken- und Fliegenarten, die sich, an Spinnenfäden hängend, ausruhen und dabei von fast allen Spinnen unbehelligt gelassen werden. Nicht aber von *Drapetisca,* die nur auf einen solchen Gast zu warten scheint, außerordentlich schnell herbeieilt und das Insekt packt, kaum daß es den Faden berührt hat.

Sicher haben sehr viele Zwergspinnen, von denen bei uns etwa 400 Arten leben, eine ähnlich interessante Lebensweise. Nur wissen wir viel zuwenig über diese Tiere, die nur ausnahmsweise 3 mm groß sind und im Durchschnitt eine Körperlänge von 1,5 mm haben. Verschiedene Körpermerkmale und nicht eben einfach durchzuführende Verhaltensstudien weisen darauf hin, daß sehr viele Zwergspinnen reduzierte Deckennetze herstellen oder sich als frei laufende Jäger ohne Fangnetz ernähren.

Eine sehr artenreiche und vielgestaltige Gruppe von Netzspinnen finden wir in der Familie Kugelspinnen (Theridiidae). Übrigens haben nur einige Arten einen kugelförmigen Hinterleib. Genauso ungenau ist die im Englischen gebräuchliche Bezeichnung „comb-footed spiders", denn der namengebende Kamm an der Unterseite der Hinterfüße ist nicht bei allen Vertretern der Familie sicher zu erkennen. Der Name Haubennetzspinnen ist ebenfalls irreführend, weil haubenförmige Netze – die übrigens auch bei manchen Baldachinspinnen vorkommen – nur von relativ wenigen Theridiidae gebaut werden. Bleiben wir also bei der vielleicht ältesten deutschen Bezeichnung Kugelspinnen, zumal fast alle Arten der Nominatgattung *Theridion* – die der ganzen Familie den wissenschaftlichen Namen gab – Kugelspinnen im wahrsten Sinne des Wortes sind.

Die Gespinste vieler Kugelspinnen erscheinen auf den ersten Blick als Raumnetze mit eingebauter Netzdecke. Doch sie unterscheiden sich in vieler Hinsicht grundlegend von den Netzen der Baldachinspinnen, zum Beispiel im Gebrauch von Leim beim Beutefang. Die Baldachinspinnen versehen nur einige wenige Fäden ihres Netzes mit Leimtröpfchen, während viele Kugelspinnen ihre Klebfäden gezielt einsetzen.

Recht ursprüngliche Netztypen finden wir in der Gattung *Latrodectus*, zu der auch die Schwarze Witwe – eine der wenigen wirklich gefährlichen Giftspinnen – gehört.

Die kugelrunden Tiere, lackschwarz und oft mit roter Zeichnung, sitzen in einem röhrenförmigen Schlupfwinkel unter Steinen, in Mäuselöchern oder zwischen Grashalmen. Davor erstreckt sich ein umfangreiches Raumnetz nahe dem Erdboden, in das eine locker gewebte Decke eingebaut ist. Die Spinne erbeutet damit hauptsächlich Käfer, die an einzelne Fäden angestoßen sind und dadurch die Spinne alarmiert haben.

Unter der Decke hängend, bewirft die Schwarze Witwe ihr Opfer mit einem Gemisch aus Leim und Fäden, das mit den Hinterbeinen von den Spinnwarzen abgebürstet wird. Diese Art des Beutefangs ist typisch für netzbauende Kugelspinnen und gilt als wesentliches ethologisches Unterscheidungsmerkmal zu den zerrenden und beißenden Baldachinspinnen einerseits und den oft sorgfältig einspinnenden Kreuzspinnen andererseits.

Ausgehend von dem eben genannten Netztyp, haben sich in der Evolution zahlreiche spezielle Fangmethoden herausgebildet, so innerhalb der Gattung *Steatoda*. Bekanntester Vertreter ist die wohl in keinem Haus fehlende *Steatoda bipunctata*, eine Kugelspinne mit gelblicher Zeichnung auf dem sonst dunkelbraunen, fettig glänzenden Hinterleib.

In Mitteleuropa finden wir eine weitere Art, *Steatoda albomaculata*, an stark besonnten, steppenartigen Standorten, etwa in aufgelassenen Lehmgruben.

Ihr Schlupfwinkel ist genauso angelegt wie der der Schwarzen Witwe. Unter der Netzdecke verlaufen zahlreiche Einzelfäden nach unten, die knapp über dem Erdboden mit Leimtröpfchen versehen sind.

Steatoda erbeutet damit am Boden laufende Tiere, selbst wehrhafte Ameisen. Das Insekt braucht nur mit einem Fuß an solch einen Klebfaden zu kommen; sofort reißt der Faden ab und zieht dank seiner Elastizität das Bein nach oben. Jeder weitere berührte Faden schnellt gleich dem ersten nach oben und bleibt am Insektenkörper kleben. Die herbeigeeilte Spinne macht von ihrem Spinnvermögen Gebrauch, wirft aus sicherer Entfernung Leimfäden über die unter ihr baumelnde

Fangnetz einer Zwergspinne über Spalten im Erdboden.

Beute, die anschließend verkleistert und wehrlos nach oben gezogen wird.

Ganz ähnlich verfährt *Achaearanea saxatile.* Die sehr kleine, dunkle Spinne ist nicht leicht zu finden, obwohl sie vielerorts häufig vorkommt. An abgebrochenen Wegrändern zum Beispiel, unter überhängenden Pflanzenteilen, sollten Sie dicht über dem Boden nach etwa 1 cm großen, mit Sandkörnchen bedeckten Tüten suchen. Das ist der Schlupfwinkel, den sich diese Kugelspinne mitten in ihr kaum sichtbares Netz hängt. Die gefährlichen Leimruten führen vom Rand der Tüte direkt nach unten. Oft in unmittelbarer Nähe von Ameisenstraßen fängt diese interessante Spinne ausreichend Beute aus dem ständig ziehenden Heer der Hautflügler.

Den Beutefang mit Leimruten „in Perfektion" zeigen uns die zwei einheimischen *Episinus*-Arten. Der Laie wird sie kaum als Kugelspinnen erkennen. Ihr Hinterleib ist, vom Rücken gesehen, fast viereckig, der Vorderkörper ziemlich langgestreckt

mit relativ langen Beinen und Tastern, also von ganz anderer Form als ihren näheren Verwandten.

Das Fangnetz von *Episinus* – sofern man das Gespinst überhaupt noch als Netz bezeichnen kann – besteht aus zwei Fangfäden, die ungefähr in der Mitte mit einigen kurzen Fäden verbunden sind und so eine H-ähnliche Figur ergeben. In diesem maximal 2 cm großen Gespinst hängt *Episinus,* die Hinterbeine an den oberen Schenkeln des H. Das dritte Beinpaar hält die Spinne an der Querverbindung, während die unteren mit Leimtröpfchen versehenen Fäden von den Vorderbeinen gehalten werden.

Wohl niemand hat dieses Fangnetz bisher in der freien Natur beobachtet, denn bevor man die 3 bis 4 mm großen Spinnen überhaupt entdeckt – eine Art in Heidekraut und Blaubeeren, die andere in nassem Torfmoos –, sind die Fäden zerrissen. Bieten Sie diesen Spinnen aber im Terrarium einigermaßen günstige Bedingungen, bauen sie ihr Gespinst. Sobald

Kräuselspinne der Gattung *Filistata* schützt ihre Jungen mit Teilen des Fangnetzes.

Stegodyphus-Weibchen mit Eikokon in seinem durch Kräuselfäden geschützten Wohngespinst.

ein kleines Insekt an einen der Leimfäden stößt, zieht die Spinne ruckartig an, und das festgeklebte Beutetier schnellt an dem abgerissenen Faden nach oben.

Das Netz vieler Kugelspinnen, das Beutetiere nicht nur signalisiert, sondern gleichzeitig mit Klebfäden festhält, ist auch geeignet zum Fang fliegender Insekten. Viele Arten der Gattungen *Achaearanea* und *Theridion* bauen typische Wohn- und Fanggespinste in Felsspalten, aber auch in höheren Schichten der Vegetation.

Je nach den örtlichen Gegebenheiten sind *Theridion*-Netze in ihrem Umriß mehr oder weniger kegelförmig mit obenliegender Spitze. Besonders deutlich wird diese Form bei *Theridion melanurum* in quer verlaufenden Felsspalten und Mauerfugen, bei *Theridion varians* in den Ecken an der Unterseite von Geländern und Zäunen, bei *Theridion sisyphium* in Blütenständen verschiedener Pflanzen. Hier findet sich auch die große, oft auffallend bunte *Enoplognatha lineata,* die ähnlich wie *Theridion* lebt.

Die abgerundete Spitze des kegelförmigen Netzes ist sehr dicht gewebt und dient der Spinne als Wohnung, während der untere Teil als Fangnetz benutzt wird. Hier finden sich oft dicht mit Leimtröpfchen besetzte Fäden, die strahlenförmig nach allen Seiten verlaufen. Bei *Theridion sisyphium* wurden schon mehrfach dicht nebeneinanderverlaufende Fangfäden beobachtet, die untereinander verbunden sind und somit eine Netzfläche mit sehr gleichmäßigen sechseckigen Maschen bilden. Wie die Spinne dieses Gespinst herstellt, ist nicht genau bekannt.

Auch einige der neotropischen *Synotaxus*-Arten scheinen regelmäßig flächige Netze zu bauen, die aus trapezförmigen Maschen zusammengesetzt sind.

Weniger regelmäßig sind die Netze mancher *Achaearanea*-Arten. Zu nennen wäre die Gewächshausspinne *A. tepidariorum,* die überall in feuchten und ständig warmen Räumen vorkommt. Die gelbgrauen Tiere mit kugeligem Hinterleib weben umfangreiche Raumnetze. Ein echter Schlupfwinkel findet sich nur selten, dann meist außerhalb des Netzes. Fliegende Insekten, die sich im Netz verirrt haben, werden von der Gewächshausspinne aus größerer Entfernung mit Leimfäden beworfen und dann durch einen Giftbiß vollends überwältigt.

Nahe verwandt mit der Gewächshausspinne ist *Achaearanea lunata,* die Mondspinne, die in unseren Wäldern nicht selten vorkommt. Etwa in Augenhöhe in der Mitte zwischen zwei Stämmen baut sie ein dichtes Raumnetz, in dessen Zentrum einige Blattstücke oder Nadeln aufgehängt sind. Man muß schon sehr vorsichtig vorgehen und darf an keinen Faden stoßen, will man das farbenprächtige Tier, das sich bei der geringsten Störung abseilt, beobachten. Das ist leichter gesagt als getan, denn vom Netzzentrum ziehen viele sehr feine Fäden zu den benachbarten Bäumen und sind dort kurz vor Erreichen der Rinde dicht mit Klebstofftröpfchen besetzt. Auch an anderen Stellen des Netzes sind Leimfäden eingebaut und machen es so zu einer sicheren Falle für kleine Nachtfalter, selbst für deren manchmal flügellose Weibchen, die an den Baumstämmen emporklettern.

Mäander und Insektenkescher

Einmal erlebte ich, wie Architekten, Baufachleute und Historiker besorgt die sonnenbeschienene Wand eines wertvollen Bauwerkes untersuchten. Kleinste Unebenheiten der wuchtigen Steinquader waren mit grauen, fast kreisrunden Flecken von etwa 5 cm Durchmesser belegt. Es waren Spinnennetze, die sich an Rauheiten des Baumaterials und in den Ritzen zwischen den Steinen befanden, und an denen Straßenstaub haftete. In diesem Fall war die kleine Mauerspinne *Dictyna civica* (Dictynidae) die Verursacherin. Aber auch eine *Nigma*-Art aus derselben Familie sowie ganz junge Finsterspinnen können mit ihren Netzen derart auffallen – ohne das Mauerwerk in irgendeiner Weise zu beschädigen.

Alle sind sie Netzspinnen, die ihr Gespinst in ganz charakteristischer Weise mit Kräuselfangfäden bestücken. Vom Schlupfwinkel der Spinne führen Fäden strahlenförmig nach allen Seiten. An diesen werden cribellate Fangfäden befestigt, laufen ein kurzes Stück entlang des Strahlenfadens, ziehen dann zum nächsten hinüber und werden auch an diesem Strahl auf einer kürzeren Strecke angeheftet. Die im frisch gesponnenen Zustand bläulichweiß leuchtenden Fangfäden ergeben dadurch ein Muster, das stark an das altgriechische Mäanderornament erinnert.

Ebensowenig wie die geometrische Form eines Radnetzes hat das Mäandermuster etwas mit der vermeintlichen Kunstfertigkeit der Spinnen zu tun. Die Anordnung der Fäden erfolgt nach rein funktionalen Notwendigkeiten. Cribellate Fangfäden entstehen ja dadurch, daß die Watte einem Achsenfaden aufgebürstet wird. Was liegt also näher, als einen bereits vorhandenen Faden als Achse des Cribellumfadens zu verwenden? Um ein flächendeckendes Fangnetz zu erhalten und dieses in sich zu stabilisieren, müssen zusätzlich cribellate Querverbindungen hergestellt werden. Geschehen beide Vorgänge in stetem Wechsel, ist das Ergebnis ein mäanderartiges Fadenmuster, das unser ästhetisches Empfinden anspricht.

Diese interessante Fangfadenanordnung findet sich bei fast allen cribellaten Spinnen wieder. Allerdings sind die fertigen Netze oft so verschieden, daß die Mäanderstruktur nur noch an wenigen Stellen deutlich hervortritt. Am vollständigsten ausgeprägt ist sie bei *Dictyna*, selbst dann, wenn das ganze Netz aus nur wenigen strahlenförmig verlaufenden Fäden besteht.

Aber sind nicht die Radien eines Radnetzes ebenfalls Strahlen? Tatsächlich gibt es auch unter den cribellaten Spinnen Radnetzweber, doch unterscheiden sich deren Netze durch die Verwendung cribellater Fangfäden ziemlich auffällig von denen der Kreuzspinnen und ihrer nächsten Verwandten. Auch das an der Hauswand flach anliegende Gespinst der Mauerspinne *Dictyna civica* ist eigentlich ein Radnetz. Soll dieses auf der Unterlage liegende Radnetz im freien Raum hängen, muß es in einen Rahmen gespannt werden, der genügend Anheftungspunkte für die Speichen bietet. Ferner müssen Rahmen und Radien in einer Fläche ausgerichtet und

stabilisiert sein, was am sichersten durch eine von Radius zu Radius ziehende Fadenspirale erreicht werden kann.

Sybota, eine tropisch/subtropische Gattung der Familie Kräuselfaden-Radnetzspinnen (Uloboridae), zeigt sehr schön den Aufbau eines einfachen Radnetzes mit cribellaten Fangfäden. Die eigenartige kleine Spinne hat ihren Sitzplatz, der die Nabe des späteren Radnetzes kennzeichnet, etwa in der Mitte eines dünnen Zweiges. Von dessen Spitze aus zieht sie Fäden zu den benachbarten Zweigen, verbindet diese zum Teil untereinander und stellt so den recht einfachen Rahmen ihres Netzes her. Ausgehend vom Sitzplatz werden nun zahlreiche Radien zu den Rahmenfäden gezogen. Dann stellt sie im Zentrum des entstehenden Netzes eine Befestigungszone aus sehr kleinen Maschen her. Schließlich werden die Speichen mit einer Hilfsspirale verbunden. Eine Fangfadenspirale baut *Sybota* allerdings nicht. Vielmehr belegt sie andere Teile des Netzes mit Cribellumwolle.

Die Radnetze zahlreicher anderer *Uloboridae* sind unterschiedlich aufgebaut. So ähnelt das Netz vieler Uloborus-Arten stark dem Fangnetz der Kreuzspinnen. *Uloborus* – abgesehen von ganz jungen Tieren – baut eine Hilfsspirale und zieht dann die Fangfadenspirale mit Cribellumwolle, wobei die Hilfsspirale wieder abgebaut wird.

Am bemerkenswertesten ist wohl das Netz unserer Dreiecksspinne *Hyptiotes paradoxus*. Nicht die Spinne selbst ist dreieckig, sondern ihr eigenartiges, fast unsichtbares Gespinst. Etwa so groß wie ein Tennisschläger ist es beim erwachsenen Weibchen und an Fichtenzweigen aufgehangen. Zwischen den vier als Radien gedeuteten Fäden sind cribellate Fangfäden gespannt, wobei das Mäandermuster auch bei der Dreicksspinne deutlich zu erkennen ist. Das fertige Gebilde sieht aus wie drei Sektoren eines cribellaten Radnetzes. Von der Nabe aus verläuft ein Spannseil zum Sitzplatz der Spinne. Das unscheinbar braune Tier gleicht einer Fichtenknospe. Mit den Hinterbeinen hält es sich an einem kurzen, am Fichtenzweig befestigten Faden fest. Die Vorderbeine ziehen das Spannseil straff und halten somit das gesamte Netz.

Es ist keineswegs leicht, die Spinne und ihr Netz zu finden, selbst wenn man den Lebensraum genau kennt. Auch für Schwebfliegen, die den Netzdecken der Baldachinspinnen und den Radnetzen der Kreuzspinnen geschickt ausweichen, weil sie die Gespinste sehen können, dürfte das *Hyptiotes*-Netz nicht sichtbar sein und bedeutet damit eine große Gefahr.

Schon eine flüchtige Berührung der Cribellumfangfäden genügt, um die Fliege festzuhalten. Durch die Wirkung der Adhäsionskräfte „klebt" sie am Faden fest. Mehr noch, die Dreiecksspinne wird durch den Anprall alarmiert, und augenblicklich verlängert sie den Haltefaden zwischen sich und dem Fichtenzweig. Das Netz verliert dadurch an Spannung und fällt über der Fliege zusammen.

Die Dreiecksspinne, als lebende Brücke zwischen dem Spannseil und dem Haltefaden hängend, verlängert letzteren noch mehr, während sie das Spannseil aufwickelt. So arbeitet sich die Spinne zu dem zerstörten Netz und der in Cribellumwolle rettungslos verfangenen Fliege vor.

Immer noch frei hängend – die Vorderbeine der einen Körperseite am Spannseil, die der anderen am Haltefaden –, spinnt die Spinne ihre Beute sorgfältig ein, indem sie das Paket sehr schnell vor den Seidenbänder produzierenden Spinnwarzen dreht. Und ohne die „unbequeme" Stellung aufzugeben, verspeist die Spinne ihr Opfer – irgendwo zwischen zwei Fichtenzweigen.

Ganz ähnlich verfahren die hauptsächlich in tropischen Ländern beheimateten *Miagrammopes*-Arten, nur daß sie kein richtiges Netz bauen. Mit Einbruch der Dunkelheit ziehen die extrem langgestreckten Tiere einen bis zu einen Meter langen Faden, der über einen Großteil seiner Länge mit Cribellumwolle bestückt wird. Direkt an einer der Anheftungsstellen beißt *Miagrammopes* den Faden durch und hängt sich selbst in die entstandene Lücke.

Die Vorderbeine wickeln nun das längere Stück auf und ziehen so den Fangfaden straff. Der Beutefang geschieht genauso

wie bei der Dreiecksspinne *Hyptiotes*, allerdings nur mit diesem einzigen Faden.

Solche Netze, die wie Schlagfallen funktionieren, gibt es sehr zahlreich bei den cribellaten Spinnen, bietet sich doch diese Art des Fangnetzes geradezu an bei der enormen Dehnungsfähigkeit der cribellaten Fäden.

Diese Elastizität nutzen auch die Vertreter der höchst eigenartigen Familie Dinopidae für raffinierte und im ganzen Tierreich einmalige Netzkonstruktionen. Die wenigen bekannten Arten gehören zu den Gattungen *Menneus* und *Dinopis* und kommen in tropischen Gebieten Amerikas, Afrikas und Australiens vor. Große *Dinopis*-Arten erinnern an Stabheuschrecken. Sie sind extrem langgestreckt, stabförmig und fein grau, braun und rot gefleckt. Tagsüber sitzen sie – Streckerspinnen gleich – eng an Zweige geschmiegt. Sogar dem Fachmann fällt es schwer, die Tiere auf guten Fotos zu entdecken, in der Natur läuft er bestimmt an Hunderten von ihnen vorbei.

Nachts werden diese Tiere aktiv, und dann erkennt man zwei riesige Augen. Die stark vergrößerten hinteren Mittelaugen stehen vorn am Kopfbruststück. Sie sind im Verhältnis zum Körper noch wesentlich größer als die Hauptaugen der Springspinnen (Salticidae). Ihr Auflösungsvermögen – die Sehschärfe – bleibt zwar hinter der der Springspinnenaugen zurück, doch ist die Lichtempfindlichkeit 2000fach höher. Demnach dürfte *Dinopis* selbst bei fast völliger Dunkelheit noch grobe Schatten erkennen können.

Wenigstens ebenso bemerkenswert ist der Netzbau dieser eigenartigen Tiere. Zunächst wird ein Rahmen mit einigen Querverstrebungen hergestellt. Fast könnte man als Ergebnis ein Radnetz erwarten, aber nur ein einzelnes kleines Feld zwischen den Fäden funktioniert die Spinne zum Fangbereich um. Hier hinein webt *Dinopis* zahlreiche cribellate Fangfäden und nimmt dann dieses kleine Gespinst in die „Hand" – im wahrsten Sinne des Wortes.

Mit den Vorderbeinen faßt die Spinne ihr Fangnetz an den vier Ecken, spannt es zu einem briefmarkengroßen Rechteck und wartet kopfunter in ihrem Gespinstrahmen hängend. Naht ein Insekt, zieht *Dinopis* ihr eigenartiges Netz auf eine erstaunliche Größe auseinander und gebraucht es wie einen Kescher, der über die Beute geworfen wird. Durch kräftiges Schütteln der Spinne verfängt sich das Beutetier rettungslos in dem aus cribellaten Fangfäden hergestellten Fangnetz.

Danach wird das Insekt sorgfältig eingesponnen, und während die Spinne frißt, das Beutepaket dabei mit den Tastern hält, sind Beine und Spinnwarzen schon mit der Herstellung eines neuen Keschernetzes beschäftigt.

Während die Keschermethode der Dinopidae einmalig sein dürfte, bieten sich die anderen cribellaten Fangnetze für interessante Vergleiche an. Da gibt es Radnetze bei den Kreuzspinnen und den Kräuselfadenradnetzspinnen, interessante Reduktionen dieses Netztyps auf der einen und ganz ähnliche Gespinste auf der anderen Seite.

Der Unterschied liegt offenbar nur in der Beschaffenheit der Fangfäden: Die Araneidae und andere benutzen dazu Klebstoff, die Uloboridae cribellate und damit trockene Fangfäden.

Immer wieder äußern deshalb Wissenschaftler die Vermutung, daß die Kreuzspinnen und die Kräuselfadenradnetzspinnen sehr eng miteinander verwandt sind, daß es die Uloboridae als eigene Spinnenfamilie gar nicht gibt, sondern daß sie einen Teil der großen Radnetzspinnenfamilie Araneidae darstellen.

In diesem Zusammenhang wird oft behauptet, das Radnetz sei nur einmal „erfunden" worden, und später hätten die einen cribellate, die anderen ecribellate Fangfäden gebaut.

Wir haben bisher verschiedene Entwicklungswege des Radnetzes verfolgt und konnten feststellen, daß beim Bau eines solchen Netzes ein kompliziertes Verhaltensmuster wirkt. Klingt es da nicht unwahrscheinlich, daß erst auf der Entwicklungsstufe des Radnetzbaues der gesamte Spinnapparat und die Borsten der Hinterbeine umgestaltet wurden, um cribellate Fangfäden herstellen zu können?

Blättern wir gedanklich ein paar Seiten zurück: Ursprüngliche Kreuzspinnenverwandte – so lesen wir – bauen inmitten eines Raumnetzes eine waagerechte, radiärsymmetrische Netzdecke. Die Anzahl der Fäden im gesamten Netz wird reduziert. Damit nun die Decke nicht durchhängt, ist sie straff in einen Rahmen gespannt. Zahl und Anordnung der Fangfäden in der ursprünglichen Netzdecke werden optimiert, und fertig ist das Radnetz der Kreuzspinnen und ihrer Verwandten.

Ganz anders und wesentlich einfacher erscheint die Evolution des cribellaten Radnetzes der Uloboridae. Ein Raumnetz mit einer Decke suchen wir vergeblich. Vielmehr werden die strahlenförmig vom Schlupfwinkel ausgehenden Fäden an einem Rahmen befestigt und als Speichen genutzt. Nach Stabilisierung durch die Hilfsspirale ist das Radnetz fertig und kann sogar senkrecht eingesetzt werden.

Demnach entstand also ein radförmiges Fangnetz mehrmals unabhängig voneinander in verschiedenen Spinnengruppen. Die Wissenschaft spricht von einer „konvergenten Entwicklung".

Dieses Problem wird die Arachnologen noch lange beschäftigen, denn der Gegenargumente gibt es viele. Zudem ist das Netzbauverhalten nur ein Merkmal, das allein nicht ausreicht, Evolutionsrichtungen in der Stammesgeschichte aufzuzeigen und damit schließlich die natürlichen Verwandtschaftsverhältnisse der Spinnen zu erklären.

Insgesamt hat sich die Frage nach der Verwandtschaft von cribellaten und ecribellaten Spinnen zum berühmten Cribellatenproblem der Arachnologen konzentriert. Im eben genannten schwierigen Falle der Araneidae und Uloboridae ist die Diskussion erst vor wenigen Jahren in Gang gekommen, in einigen anderen Fällen ist man sich bereits einig.

Schon den Altmeistern der Spinnenkunde fiel nämlich auf, daß fast jede ecribellate Spinnengruppe ein cribellates Pendant hat. Der bemerkenswerteste Fall in der einheimischen Fauna ist das Paar *Callobius–Coelotes*. Erstere Gattung gehört zu den cribellaten Finsterspinnen (Amaurobiidae), und *Coelotes* ist uns als ecribellate Trichternetzspinne bekannt.

Selbst ein erfahrener Arachnologe beginnt zu grübeln, drückt man ihm Jungtiere einer oder gar beider Gattungen in die Hand und fragt nach dem Namen. Zum Verwechseln ähnlich sind sich beide in ihrem Körperbau. Mehr noch, beide bauen Gespinsttrichter; *Coelotes* mit einigen einfachen Signalfäden an der Mündung, *Callobius* mit cribellaten Fangfäden. Es gibt kaum einen Zweifel darüber, daß beide Gattungen, ja überhaupt die Familien Agelenidae und Amaurobiidae sehr eng miteinander verwandt sind.

Zahlreich und sehr auffällig sind derartige Übereinstimmungen zwischen einer cribellaten und einer ecribellaten Spinnengruppe. Für die meisten Fälle kann man die sehr enge Verwandtschaft beider Gruppen nachweisen und nimmt an, daß sie aus einem gemeinsamen cribellaten Vorfahren hervorgegangen sind. Bei der Begründung hierfür stützt sich die Wissenschaft auf die viel beobachtete und bewiesene Tatsache, daß Organe, die einmal reduziert wurden und im Laufe der Stammesgeschichte gänzlich verschwunden sind, nie wieder auftauchen.

Denken wir zum Beispiel an die Kiemen der Wirbeltiere: Es läßt sich nachweisen, daß unsere Vorfahren solche besaßen, aber kein Vogel oder Säuger wird jemals Kiemen ausbilden, obwohl die meisten dafür notwendigen Blutgefäße noch vorhanden sind.

Im Falle der Spinnen bedeutet das: Das ursprünglich vierte Spinnwarzenpaar wurde zum Cribellum. Wenn man so will, haben cribellate Spinnen also sieben Spinnwarzen, sechs normale und das sogenannte Spinnsieb. Bei ecribellaten Spinnen ist das Cribellum nachträglich verschwunden, sie besitzen nur noch sechs Spinnwarzen, zum Teil noch weniger. Eine Reduktion der Spinnwarzen kann bei vielen Gruppen beobachtet werden, sogar in der Individualentwicklung bei einigen Vogelspinnen und anderen. Dagegen ist die Neubildung solch komplizierter Organe, wie es Spinnwarzen und Cribellum sind, unbekannt.

Hinzu kommt, daß das Cribellum aller cribellaten Spinnen in seinem grundsätzlichen Aufbau gleich ist und auch in gleicher Weise funktioniert und benutzt wird. Was liegt näher als die Annahme, daß das Herstellen von Cribellumwolle in der Evolution nur ein einziges Mal entstand – und zwar bei den Vorfahren heutiger Spinnen zu einer Zeit, da die Reduktion des vierten Spinnenwarzenpaares einsetzte.

Natürlich ist die Sache wesentlich komplizierter, als ich das hier darzustellen vermag. Arachnologen haben also immer noch genügend zu erforschen und über die Interpretation ihrer Ergebnisse zu diskutieren – über das Cribellatenproblem zum Beispiel.

So jagen sie

Fallstricke und Falltüren

Im Jahre 1981 gab es eine paläontologische Sensation, von der nur wenige Fachleute Notiz nahmen. In Argentinien wurde die größte bisher bekannte Spinne entdeckt, ein Riesentier mit einer Körperlänge von 34 cm. Die Spannweite der Beine beträgt über einen halben Meter!

Dieses Tier lebte vor mehr als 300 Millionen Jahren, und nur ein einziges Exemplar in karbonischen Gesteinen ist bisher bekannt geworden. Sein Körperbau deutet darauf hin, daß es, am Boden laufend, Beutetiere packte, wenn sie nahe genug vorbeikamen. Auch wird angenommen, daß sich diese *Megarachne,* die Riesenspinne, flach in den Erdboden eingraben konnte.

Haben damals alle Spinnen so gelebt, oder gab es auch Netzspinnen? Seit wann gibt es überhaupt Spinnen? Woher kamen sie? Alles Fragen, auf die es heute noch keine eindeutige Antwort gibt, denn Spinnenfossilien sind sehr selten. Hinzu kommt, daß wir zwar einige etwa 300 Millionen Jahre alte Spinnenreste aus dem Karbon kennen, aber die nächstjüngeren Fossilien „nur" 60 Millionen Jahre alt sind. Was ist in den dazwischenliegenden 240 Millionen Jahren mit den Spinnen geschehen?

Die Wissenschaftler nehmen an, daß die ersten als echte Spinnen erkennbaren Tiere vor etwa 400 Millionen Jahren gelebt haben. Im Erdaltertum, als unsere Steinkohle entstand und die Insekten gerade das Fliegen „gelernt" hatten, dürften die Spinnen eine erste Blütezeit erlebt haben. Die zweite bekannte Blütezeit der Spinnen begann am Anfang des Tertiär und hält wahrscheinlich heute noch an. Aus Braunkohlen und Bernstein kennen wir hervorragend erhaltene Spinnenreste, die sich leicht den heute lebenden Gattungen zuordnen lassen, also „hochmodern" sind - seit über 50 Millionen Jahren!

Die größte Bedeutung für die stammesgeschichtliche Forschung an Spinnen haben „lebende Fossilien". Dies sind in erster Linie die an wenigen Plätzen in Südostasien lebenden Gliederspinnen (Mesothelae), die in ihrem Aussehen den aus der Steinkohle und anderen Ablagerungen geborgenen Spinnenresten vergleichbar sind. Sehr ursprüngliche Merkmale haben auch die Hypochilidae und ihre Verwandtschaft. Sie sind große, langbeinige Netzspinnen, die in einigen wenigen Grotten und Höhlen Nordamerikas, Chinas und Tasmaniens vorkommen.

Einige Vogelspinnen zeigen ebenfalls urtümliche Eigenschaften. Und nicht vergessen werden darf in dieser Aufzählung *Gradungula,* eine Gattung riesiger Netzspinnen, deren bekannteste Vertreter in neuseeländischen Höhlen leben. Sicher gehören auch noch viele winzige Arten zu den urtümlichsten Spinnen, doch sind sie weit weniger gut erforscht als die angeführten größeren Formen.

Dem aufmerksamen Leser wird die weltweite Verbreitung der „lebenden Fossilien" aufgefallen sein. Trotzdem sind sie nicht häufig, und die wenigen Arten leben in weit voneinander entfernten, sehr eng begrenzten Gebieten. Das spricht für ihr hohes stammesgeschichtliches Alter. Könnten das nicht die letzten Reste einer Spinnenfauna sein, die in ihrer Blütezeit im Karbon die gesamte Erde besiedelte?

Bis heute überlebten diese Tiere wahrscheinlich aufgrund ihrer eigenartigen Lebensweise. In den von ihnen und ihren Vorfahren besiedelten Lebensräumen gab es bisher keine anderen Spinnen, die die „lebenden Fossilien" aus ihren ökologischen Nischen verdrängt hätten.

Hypochilus gertschi erweist sich durch das große, mit Kräuselfangfäden besetzte Netz als sehr lebenstüchtig gegenüber anderen Spinnen. Wird aber an „ihrem Felsen" in Virginia etwas verändert, so daß sich diese Spinne nicht mehr ausreichend ernähren und vermehren kann, besiedeln zuneh-

Die Gliederspinne *Heptathela* – ein „lebendes Fossil".

mend mehr Kreuz- oder Baldachinspinnen den Felsen, und die Chancen für *Hypochilus* verschlechtern sich weiter. Irgendwann stirbt auch das letzte Tier dieser Art, während der Lebensraum vollständig von „modernen" Spinnen eingenommen wird. Eine urtümliche Spinnenart, die vielleicht seit Millionen Jahren unsere Erde bewohnt, ist dann unwiderruflich für immer verschwunden.

Ebenso gefährdet sind (und waren) alle anderen „lebenden Fossilien". Aber noch sind sie die Herren in ihrem kleinen Areal, die *Gradungula* in ihrer Höhle auf Neuseeland und die Gliederspinnen in ihren unterirdischen Röhren hinter einer festen Tür.

Die „Urspinne" hatte bestimmt einen mit Gespinst ausgekleideten Schlupfwinkel, in dem sie sich verbergen konnte. Sonst lief sie umher und nahm jede Beute an, die ihr

in den Weg kam. Noch heute beobachten wir derartiges Verhalten bei vielen Sechsaugenspinnen (Dysderidae, Segestriidae) und verschiedenen Vogelspinnen. Die Evolution wirkt aber ständig weiter, und so bauen viele dieser ursprünglichen Laufspinnen spezialisierte Schlupfwinkel, die ihnen Schutz bieten und gleichzeitig einen sicheren Beutefang gewährleisten.

Solche Wohnröhren benutzen auch Gliederspinnen, jene Tiere, die einen gegliederten Hinterleib haben, wie wir ihn sonst nur von den Vorfahren heutiger Spinnen kennen. Auch die Spinnwarzen, Mundwerkzeuge, Atmungs- und viele andere Organe zeigen sehr ursprüngliche Merkmale. Trotzdem sind die Gliederspinnen hoch spezialisiert in ihrer Lebensweise.

Alle bekannten Arten graben Erdröhren, die sie mit feinem Gespinst auskleiden und nach außen durch einen Deckel verschließen. Diese Wohnungen sind meist an mehr oder weniger steilen Hängen angelegt. Der Deckel wird an der oberen Röhrenwand mit einem seidenen Scharnier befestigt, so daß er immer von selbst wieder zufällt. Außerdem hält die Spinne oft von innen zu, wobei sie die Tür fest in den genau passenden Rand der Röhrenmündung drückt. Kurz vor einer Häutung wird der Deckel von innen zugesponnen.

Äußerlich ist die Tür mit Erde und Moospflänzchen, mit Algen und Flechten besetzt und gleicht damit weitgehend ihrer nächsten Umgebung. So muß auch der geübte Sammler oft zweimal hinsehen, ob dieser Quadratzentimeter Erdboden die Tür zur Wohnung einer Gliederspinne ist oder nicht.

In den kühlen Nachtstunden lauern die Gliederspinnen auf Beute. Sie heben den Deckel etwas an und legen die Taster und die Vorderbeine an den Rand ihres Wohngespinstes. Wird ein geeignetes Beutetier in unmittelbarer Nähe bemerkt, stürzt die Spinne etwa eine halbe Körperlänge aus der Röhre hervor, packt zu und verschwindet wieder.

Nach einiger Zeit öffnet sie den Deckel vorsichtig ein Stück und schleudert die unverdaulichen Nahrungsreste hinaus.

Es ist erstaunlich, wie zum Beispiel eine Gliederspinne der Gattung *Heptathela* vorbeikommende Tiere abzuschätzen vermag. In der typischen Lauerstellung nehmen Sinnesorgane an den Beinen Bodenerschütterungen und Luftbewegungen sehr genau wahr. Ist das Tier als Beute ungeeignet, schließt die Spinne vorsichtig ihre Falltür. Sobald aber der zu große Käfer oder die Assel über den Deckel läuft, wird dieser ruckartig geöffnet und schleudert das Tier weg.

Heptathela-Gliederspinne lauert hinter dem Deckel ihrer Wohnröhre.

Während *Heptathela*-Arten allein auf ihre Sinnesorgane angewiesen sind, legen Gliederspinnen der Gattung *Liphistius* Signalfäden vor ihrer Tür aus. Das sind ziemlich dicke Seidenkabel, die strahlenförmig von der Röhrenmündung ausgehen. Durch stolpernde Insekten hervorgerufene Signale werden ohne jede Verfälschung zur lauernden Spinne geleitet. Die Signalfäden liegen nämlich nicht einfach dem Boden auf, sondern sind in kaum merklichem Zickzack zwischen millimeterhohen Masten aus sehr fester Seide gespannt.

Das Hochlegen der Fäden gewährleistet, daß zu kleine Tiere darunter hindurchlaufen, zu große oft darüber hinwegsteigen, während größenmäßig geeignete Beutetiere mit Sicherheit stolpern. Die Zickzacklinie, die dadurch entsteht, daß die Masten abwechselnd links und rechts neben der gedachten Geraden stehen, bewirkt eine gleichmäßige Spannung der Fäden und eine verlustarme Signalleitung.

Ganz ähnliche Signalsysteme bauen die *Uroctea*-Arten aus der Familie Oecobiidae. Das Wohngespinst gleicht einem Zirkuszelt, in dem sich eine Hängematte befindet, die fast die gleiche Größe wie das Zeltdach hat. Von den Rändern dieser Matte laufen die Signalfäden nach allen Seiten zwischen den Spannseilen des Daches hindurch. In diesem komplizierten Gespinst sitzt Uroctea auf der Hängematte und registriert jede Erschütterung der angehefteten Signalfäden.

Wenn etwa ein Käfer gestolpert ist, kommt die Spinne blitzschnell heraus, dreht dem Beutetier das Hinterteil mit den recht langen Spinnwarzen zu und läuft einige Runden. Um den Käfer entsteht ein Ring aus sehr feiner Seide, in deren Schlingen jeder Fluchtversuch scheitert. Das so behinderte Beutetier wird nun fest eingesponnen und als Freßpaket zum Zelt der Spinne geschleppt.

Wenn Sie in unserer Heimat solche eigenartigen Signalfäden beobachten wollen, müssen Sie die Sechsaugenspinne *Segestria* aufspüren. Die schlanken, gelbbraunen Tiere bauen unter loser Rinde von Kiefern und anderen Bäumen sowie in Felsspalten kleine Gespinströhren. An einer der Röhrenöffnungen finden sich oftmals die sternförmig angeordneten Signalfäden. Die Masten sind aber wesentlich niedriger als bei den anderen genannten Spinnen. Auch scheint diese Sechsaugenspinne oft Holzsplitter und ähnliches auszunutzen und verzichtet dann auf die komplizierten Gespinstmasten.

Vogelspinnen

Die mit Sicherheit populärsten ursprünglichen Laufspinnen sind die Vogelspinnen - und das, obwohl die meisten Menschen völlig abwegige Vorstellungen von diesen Tieren haben. Riesengroß sollen sie sein und sehr giftig. Deshalb wird fast jede größere Spinne als Vogelspinne bezeichnet. Auch die Behauptung, daß sie Vögel fressen, trifft nur in ganz wenigen Ausnahmefällen zu, dann nämlich, wenn eine der größeren Arten der Familie Theraphosidae auf ihrem nächtlichen Streifzug zufällig auf ein unbewachtes Vogelnest mit frisch geschlüpften Jungen trifft.

Auf einem Bild der berühmten Malerin MARIA SIBYLLA MERIAN (1647–1717) ist eine große Vogelspinne zu sehen, die gerade einen ebenso großen Vogel überwältigt zu haben scheint. Ich glaube nicht, daß die Forscherin dies so gesehen hat. Zudem stellt die sonst so korrekte und auf genaueste Darstellung auch kleinster Details bedachte Malerin auf dem Bild einen nicht näher zu identifizierenden Vogel dar. Meine Vermutung geht dahin, daß Einheimische von großen Spinnen berichtet haben, die auf Bäumen leben und manchmal wie Vögel von oben herabschweben. Bei ungenauer Übersetzung sind das Vogelspinnen. Und Maria Sybilla Merian malte eine solche ihr vorgelegte Spinne – mit einem Vogel. In Amerika heißen die großen Vogelspinnen übrigens Tarantulas, im südlichen Afrika Affenspinnen.

Abgesehen von den oft mehr als 10 cm großen Formen, haben die meisten Vogelspinnen eine „normale" Spinnengröße von kaum mehr als 1 cm. Es gibt sogar ausgesprochen winzige, die als erwachsene Tiere gerade 1 mm groß sind. Die Körpergröße ist also nicht entscheidend, um eine Vogelspinne sicher zu erkennen, wohl aber der Bau der Mundwerkzeuge, besonders der Cheliceren. Dies sind die vordersten Gliedmaßen am Kopf der Spinnen, ausgestattet mit je einer Giftklaue, die wie die Klinge eines Taschenmessers eingeschlagen werden kann.

Während bei den meisten Spinnen die Cheliceren mehr oder weniger unter dem Kopf liegen und wie die Backen einer Zange gegeneinander arbeiten, stehen sie bei den Vogelspinnen nebeneinander vor dem Kopf und arbeiten nicht wie eine Zange, sondern parallel zueinander. Wenn diese Tiere zubeißen, müssen sie also den ganzen Vorderkörper anheben, um mit den aufgeklappten Giftklauen von oben her zuschlagen zu können. An diesen als orthognath bezeichneten Cheliceren sind Vogelspinnen leicht zu erkennnen. Abgesehen von dieser Orthognathie, sind die Vogelspinnen mit etwa 1500 bekannten Arten in zahlreichen Familien außerordentlich vielgestaltig in Aussehen und Lebensweise.

Wahre Riesen gibt es in der Familie Theraphosidae. Der Körper einer solchen Spinne hat gerade auf dem Handteller Platz, und mit ihren Beinen umschließen sie die ganze Hand, um sich zu wärmen. Die großen Tiere sind weit weniger gefährlich, als sie auf den ersten Blick erscheinen. Kennt der Naturfreund das ihnen eigene Verhalten, sind die meisten Arten harmlos für den Menschen. Wenn sich so eine große Vogelspinne durch unsere Hand belästigt fühlt, so schlägt sie erst einmal mit den Vorderbeinen. Dann sollte man sie in Ruhe lassen, denn der Biß – als letzter Ausweg für die Spinne – dürfte doch ziemlich unangenehme Folgen haben (vergleichbar einem Bienenstich). Lebensgefährlich ist der Biß – außer bei Allergikern – nicht, dennoch muß man Unbefugte fernhalten (Terrarien sicher verschließen).

In ihrer Heimat, den warmen Regionen fast aller Erdteile, sind Vertreter der Theraphosidae recht selten, zumal sie vom Menschen stark verfolgt werden. Einmal gelten sie in den Augen der „zivilisierten" Einwanderer als gefährliche Bestien, obwohl die Vogelspinnen für die Kinder der Einheimischen oft nichts anderes sind als für unsere Kinder Zwerghamster und

Mäuse. Zum anderen stellen die großen, attraktiv gefärbten, exotischen Spinnen begehrte Objekte für Tierhändler dar.

Soweit die Lebensweise dieser Tiere bekannt ist, streifen sie nachts umher bzw. lauern vor ihrem Schlupfwinkel auf Beute, die fast ausschließlich aus großen Insekten besteht. Es wird berichtet, daß die Theraphosidae manchmal durch die Luft segeln – aktiv fliegen können sie natürlich nicht. Die Tiere springen sehr gut und weit. Verfehlen sie dabei ihr Ziel, fallen sie aus der Baumkrone mit ausgebreiteten, dichtbehaarten Beinen wie ein Fallschirm herab.

Tagsüber ziehen sich die großen Vogelspinnen in Baumhöhlen, Mäuselöcher oder einfach unter dichten Pflanzenwuchs zurück. Sie weben eine Art Hängematte, manche auch einen Gespinstsack, die sie vor der Feuchtigkeit der Unterlage schützen. In der Regel werden solche Verstecke auch von vagabundierenden Arten mehrmals benutzt.

Beachtenswert ist ein besonderes Schutzverhalten der Theraphosidae. Auf ihrem Hinterleib findet sich inmitten der langen Behaarung eine fast kahl erscheinende Stelle, die mit ganz kurzen, dunklen Härchen besetzt ist. Diese brechen sehr leicht ab und fliegen, wenn die Spinne mit einem Hinterbein ihre „Glatze" bürstet, als feine Wolke durch die Luft. Unter dem Mikroskop sehen diese Härchen wie Harpunenspitzen mit ganzen Serien von Widerhaken aus. Gelangen sie bei warmblütigen Tieren an empfindliche Körperstellen, so dringen sie besonders leicht in Schleimhäute ein und verursachen heftiges Brennen.

Diese eigenartige Waffe setzen Theraphosidae nur dann aktiv ein, wenn sie in die Enge getrieben oder direkt verfolgt werden. In aller Regel nutzen sie die Härchen dazu, den Rand des Wohngespinstes als Schutz gegen eventuelle Angreifer zu spicken.

Trotz solch unangenehmer Eigenschaften sind die großen Vogelspinnen sehr beliebte Terrarientiere. Farbenpracht und Größe scheinen sogar die Spinnenfurcht abzubauen – natürlich erst, nachdem sich ein

Eine südamerikanische Vogelspinne *(Actinopus)* hält von innen den Deckel ihrer Wohnröhre zu.

interessierter Besucher vom Schreck erholt hat, den ein so großes, schwarzes Tier mit weißer Beinzeichnung, orangefarbigen Fußpolstern und leuchtendroten Haaren am ganzen Körper einflößen kann.

Weitaus die meisten Vogelspinnen sind kleiner, weniger attraktiv und eher unauffällig. Die Körperbehaarung ist nicht so auffallend lang und dicht wie bei den Theraphosidae, ihre Färbung reicht von Schwarz über Dunkelbraun, Rötlichbraun, Grau bis zu schmutzigem Gelb.

Vogelspinnen der Familie Ctenizidae leben fast ausnahmslos in Erdröhren, die sie sich mittels eigenartiger Stachelkämme an den Cheliceren oder Vorderbeinen selbst graben. Viele Arten bauen einfache Löcher, die von einem Wall aus Erdkrümeln und Pflanzenteilen umgeben sind. Nur zum Beutefang werden diese Wohnungen kurzzeitig verlassen. Unter den Ctenizidae gibt es aber auch sehr interessante Falltürspin-

nen, die ihre Wohnröhre mit einem Deckel versehen. Manche heben die gut getarnte Tür nur wenig an, um vorbeilaufende Beutetiere zu fangen. Andere verlassen nachts ihre Wohnung und weben die Falltür von außen zu. Nach nächtlichem Streifzug finden sie sehr sicher zu ihrer Wohnröhre zurück, prüfen den Deckel, öffnen ihn und verschwinden in ihrer Erdwohnung.

Manche Spinnenfeinde – etwa die amerikanischen Wegwespen der Gattung Pepsis – wissen die hervorragend getarnten Falltüren zu finden und zu öffnen. Sie verfolgen dann die Spinne bis in ihre Wohnung. Trotzdem vermögen sich einige Ctenizidae in Sicherheit zu bringen. Ihre Erdröhre ist verzweigt und jeder Seitengang zusätzlich mit einem Deckel versehen. Dadurch gelingt es der Spinne, den Verfolger zu verwirren. Oft verläßt sie dann den Bau, während ihr Freßfeind hinter der verschlossenen Tür eines Seitenganges vergeblich sucht.

Noch eigenartiger verhalten sich die im südlichen Nordamerika vorkommenden *Cyclocosmia*-Arten. Der Hinterleib dieser Spinnen ist kegelförmig, wobei die Grundfläche des Kegels hinten liegt und eine dick chitinisierte Platte darstellt. Wird Cyclocosmia verfolgt, läuft sie in ihre Erdröhre. An einer extra zu diesem Zweck angefertigten Engstelle bleibt sie hängen, der Hinterleib wirkt dann wie ein Stöpsel im Flaschenhals. Nach außen wird die Röhre durch die dicke Chitinplatte dicht verschlossen, und innen steckt der übrige Körper der Spinne.

„Brennhaare" einer Vogelspinne (Mikropräparat).

Eurypelma – eine „typische" Vogelspinne aus Mittelamerika.

Sogar Netzbewohner gibt es unter den Vogelspinnen. Diese Tiere, die durch große, oft mehr als körperlange Spinnwarzen auffallen, werden von vielen Fachleuten in der Familie Dipluridae zusammengefaßt. Die meisten Arten fertigen Netze, bei denen oft mehrere Decken übereinander angelegt und durch gewundene Schläuche und Trichter miteinander verbunden sind. In diesem Labyrinth können die Spinnen ein hineingeratenes Beutetier erstaunlich gut orten und laufen außerordentlich schnell und sicher durch Gänge, Trichter und über Decken.

Zur Gruppe der Dipluridae gehört auch eines der wenigen wirklich gefährlichen Gifttiere unter den Vogelspinnen. *Atrax robustus* aus Australien ist eine recht große, schwarze Spinne, die sehr schmerzhaft beißen soll. Das Gift beeinträchtigt in starkem Maße das Nervensystem und kann in schweren Fällen zum Tode führen. Selbstverständlich ist diese Art für eine private Haltung ungeeignet.

Eine recht artenarme Gruppe der Vogelspinnen darf nicht vergessen werden: die der Tapezierspinnen. Einige Vertreter dieser Familie kommen auch bei uns vor. Sie leben sehr versteckt, so daß kaum jemand diese einzigen Vogelspinnen Mitteleuropas kennt.

Die wohl häufigste Art, *Atypus affinis*, ist weit verbreitet und bewohnt sonnige, nicht zu feuchte Waldränder in oft großen Kolonien. Trotzdem fällt es auch dem Fachmann schwer, die Tiere zu entdecken.

Fast ihr ganzes Leben verbringen diese Spinnen unter der Erde, und nur für kurze Zeit verlassen Jungtiere und erwachsene Männchen die Wohnröhre, die bis zu 50 cm tief ins Erdreich führen kann. Oberirdisch setzt sich die mit feiner weißer Seidentapete ausgekleidete Röhre in einem Fangschlauch fort. Ein solcher Schlauch ist etwa 15 cm lang, liegt dem Erdboden auf oder wird, an Pflanzen aufgehängt, ein kurzes Stück in die Vegetation hineingebaut.

So eigenartig das Gespinst auch ist, es fällt kaum auf. Auf der Oberfläche des Schlauches hängen feine Erdteilchen, Pflanzenteile und Beutereste, und mit der Zeit wachsen sogar Algen, Flechten und Moose darauf. Das ist der Grund, weshalb auch Kenner diese Spinne aufmerksam suchen müssen. Ist aber ein Schlauch gefunden, dann sieht man gleich noch mehrere, denn meist sind alle Gespinste einer Kolonie ähnlich angelegt und in gleicher Art und Weise getarnt. In dem allseits geschlossenen Rohr kann sich *Atypus* sehr schnell bewegen, nach vorn und zurück, in jeder Lage, und sogar eine Kehrtwendung ist möglich. Dazu knickt die Spinne den Körper am Hinterleibsstiel ab, macht also ein extremes Hohlkreuz und wendet so in der Enge der Röhre.

Als Beute für *Atypus* kommen Insekten, Tausendfüßer und Asseln in Frage, die über den Fangschlauch hinweglaufen. Blitzschnell und ohne spürbare Erschütterungen kommt die Spinne selbst vom tiefsten Ende ihrer Wohnung gelaufen. Ihre langen Chelicerenklauen, die fast ein Viertel der Körperlänge erreichen, schlägt sie von innen durch das Gespinst hindurch, klemmt damit das Beutetier fest und zerrt es hinein. Nach einiger Zeit werden durch das entstandene Loch Beutereste und Kot nach draußen befördert und anschließend die Öffnung von innen derart sauber zugewebt, daß äußerlich keine Unregelmäßigkeit in der Tarnung mehr zu erkennen ist.

Speispinnen – Futterdiebe – Spinnenfresser

Kaum zu glauben, welcher Methoden sich manche Spinnen bedienen, um Beute zu machen, ihren Nahrungsbedarf zu decken und damit letztlich den Bestand der eigenen Art zu sichern. Da werden Insekten mit einem äußerst zähen Leim angespuckt, der obendrein noch giftig wirkt. Andere wieder jagen ihre Beute gar nicht selbst, sondern warten geduldig, bis sie ihrem Wirt ein Beutetier stehlen können. Manche Arten verspeisen den unfreiwilligen Gastgeber gleich mit. Es gibt auch Spinnenarten, die ausschließlich Spinnen als Nahrung zu sich nehmen.

Beginnen wir mit den Speispinnen (Scytodidae). Sie sind durchweg recht zart wirkende Tiere, obwohl einige Arten in den amerikanischen Tropen nicht zuletzt durch ihre langen Beine beachtliche Größe erreichen können. In Mitteleuropa kommt nur eine Speispinne vor: *Scytodes thoracica*, gelblich bis zartrosa mit braunen Flecken und eigenartig langsamen, geradezu schreitenden Bewegungen. Sie ist nicht eben selten, aber die kleine Spinne läuft nur in den späten Nacht- oder frühen Morgenstunden nahe der Zimmerdecke an den Wänden entlang und wird deshalb oft übersehen.

Langsam und ohne Hast schleicht *Scytodes*. Ein vorderes Beinpaar ist dabei weit nach vorn gestreckt, mitunter fühlerartig über den Kopf erhoben und führt ständig langsam winkende Bewegungen aus. Plötzlich berührt eines der Beine eine ruhende Essigfliege. Die Spinne betastet ganz vorsichtig mit den Spitzen ihrer zweiten Beine das Insekt. Bis heute ist vollkommen unbekannt, warum die Fliege nicht flüchtet. *Scytodes* bewegt die Beißwerkzeuge etwas nach vorn und geht dann einen Schritt zurück. Bei genauem Hinschauen stellen wir erstaunt fest, daß die Fliege bewegungsunfähig an die Unterlage gefesselt ist.

Um das Geschehene zu verstehen, müssen wir diese Spinne näher kennenlernen. Die Klauen der Cheliceren sind bei den Speispinnen besonders kurz und dick. Die Austrittsöffnung für das Gift ist sehr groß und leicht röhrenförmig vorgezogen. Innerhalb des Vorderkörpers schließen sich riesige Drüsen an, deren vorderer Teil Gift, der hintere Teil Leim produziert. In Sekundenbruchteilen kann ein Gemisch aus beiden Drüsensekreten gegen die Beute geschleudert werden. Nun spuckt die Spinne aber nicht einfach einen Tropfen aus, in dem das Insekt erstickt. Vielmehr tritt aus jeder Giftklaue ein feiner Strahl, der in sehr regelmäßigem Zickzackmuster über etwa einen halben Quadratzentimeter verteilt wird. Es entsteht ein Filigran aus glasklaren, sehr zähen und klebrigen Bändern.

Nach einigen wenigen Bildern, die mit Hochgeschwindigkeitskameras gewonnen wurden, analysierte man den Vorgang. Innerhalb von $\frac{1}{600}$ s konnten etwa zehn Kontraktionen des Hinterleibes beobachtet werden. Bei jedem Zusammenziehen entsteht ein Druck von über 100 kPa, der das klebrige Sekret mit einer Geschwindigkeit von etwa 8 m/s aus den Beißwerkzeugen schießen läßt. Durch diese schnellen, mit unseren Augen nicht einmal als Zittern wahrnehmbaren, Bewegungen entsteht das Zickzackmuster des Leimstrahles.

Diese eigenartige Verhaltensweise ist von allen *Scytodes*-Arten bekannt. Lediglich die Menge des Leimes scheint verschieden zu sein. Auch wird angenommen, daß einige tropische Arten ein stärkeres Gift haben bzw. eine größere Menge des Giftes verwenden, denn die angespuckten Beutetiere werden sehr schnell gelähmt, auch wenn sie nur von wenigen Tropfen des Leim-Gift-Gemisches getroffen wurden.

Aufgrund der Beobachtungen an *Scytodes thoracica* und anderen Arten wurde bisher vermutet, daß die Speispinnen keine Netze bauen, sondern ihre Beute nur frei laufend fangen. Seit langem ist aber bekannt, daß unsere einheimische Art im Terrarium kleine Fadengerüste webt, an denen sie sich festhält. Ich konnte mehrfach beobachten, daß zumindest die Weibchen regelmäßig Fäden ziehen, an denen die Männchen sich orientieren, um sich ihrer Partnerin zu nähern.

Bei mittelamerikanischen Arten konnte inzwischen beobachtet werden, daß sie recht große Raumnetze herstellen und etwa im Zentrum – meist unter Blättern oder in Astgabeln verborgen – ein fast kreisrundes Loch anlegen. Hier hält sich die Spinne tagsüber auf und kehrt nach nächtlichen Ausflügen auch wieder dorthin zurück.

Die große, langbeinige *Scytodes longipes* konnte ich regelmäßig dabei beobachten, wie sie mit ihrem Netz auch Beute fängt. Zwar hält das Gespinst die Insekten nicht fest, hindert sie aber kurzzeitig am Weiterflug. Während die Fliege sich zu befreien versucht, schleicht die Speispinne heran und überwältigt ihre Beute in der für *Scytodes* typischen Weise. Das mit klebriggiftigem „Speichel" an die Netzfäden gefesselte Insekt wird manchmal sogar noch eingesponnen. Bemerkenswert ist auch, daß *Scytodes longipes* ihr Netz nicht freiwillig verläßt.

An den Netzen der großen tropischen Radnetzweberinnen *Argiope* und *Nephila* findet man fast immer eine ganze Schar kleiner, silbrigglänzender Spinnen. Sie bewegen sich geschickt und sehr vorsichtig am Rand des großen Netzes, klettern nur an den Radien entlang und weichen damit jedem Klebfaden aus. Mitunter ziehen sie selbst auch ein paar Fäden, die sie an das fremde Radnetz anheften.

In den meisten Fällen handelt es sich um Vertreter der interessanten Kugelspinnengattung *Argyrodes,* die in den Netzen anderer Spinnen leben und von ihren Wirten auch akzeptiert werden. Denn *Argyrodes* kennt sich aus in dem fremden Radnetz. Die kleine Spinne klettert mit ruhigen gleichmäßigen Bewegungen nur an Rahmen und Speichen und verhält sich damit ganz anders als eine am Klebfaden zappelnde Fliege. So kommt es nur selten vor, daß sie Beute ihrer Wirtin wird.

Die kleinen Kugelspinnen nutzen die „Schwächen" im Verhalten einer großen Kreuzspinne aus und ernähren sich mit von deren Beute – nämlich von sehr kleinen Beutetieren wie Blattläusen und winzigen Mücken, die von der großen Kreuzspinne zunächst ignoriert werden. Es soll sogar vorkommen, daß Diebsspinnen sich an eine fressende Kreuzspinne heranschleichen, dabei zwar mit dem eigenen Leben spielen, aber oft genug an der bereits mundgerechten Beute mitsaugen können. Bei Gefahr durch die Wirtin kann sich *Argyrodes* immer noch fallen lassen und an dem nachgezogenen Sicherheitsfa-

Weibchen der mitteleuropäischen Speispinne
Scytodes thoracica.

schnitt über die Paarung wird darüber ausführlich zu berichten sein –, haben viele Arten kegel-, turm-, ja wurmförmig gestaltete Hinterleiber.

Das Abdomen ist dabei nach oben verlängert, so daß die Spitze oft weit über die Spinnwarzen hinausreicht. Dieser „Schwanz" ist bei einige Arten an seiner Spitze mit Dornen und Häkchen versehen. Manche *Argyrodes*-Spinnen können die Schwanzspitze sogar noch bewegen. Überdies gibt es einige Arten, deren Hinterleib einem langen, dünnen Wurm gleicht und sich sogar schlängeln kann. Vorn an diesem „Wurm" sitzt der Vorderkörper, dahinter das Stielchen, das in die Bauchseite des Hinterleibes übergeht; daran schließen sich die Spinnwarzen an – alles andere ist Schwanz.

Ob diese eigenartigen Bildungen eine Bedeutung haben, konnte bisher nicht herausgefunden werden. Man weiß nur, daß ähnliches – allerdings nicht so extrem wie bei *Argyrodes* – auch bei anderen Netzspinnen zu beobachten ist, bei der Kreuzspinnengattung *Arachnura* und der Dickkieferspinne *Eucta* zum Beispiel.

Die Diebsspinnen zeigen das am besten erforschte Beispiel von Tischgenossenschaft (Kommensalismus) unter den Spinnen. Diese Erscheinung gibt es auch bei anderen, sehr verschiedenen Spinnenfamilien, wobei es aber selten zum Diebstahl kommt; vielmehr verwerten die kleineren Arten die Nahrungsreste ihrer großen Gastgeberin.

Als Tischgenossen finden sich regelmäßig Vertreter der Oonopidae, einer sehr artenreichen Familie winziger sechsäugiger Spinnen, bei größeren Spinnen ein. Die beiden einheimischen *Oonops*-Arten, orangefarbig und nur wenig größer als 1 mm, sind durchaus in der Lage, selbständig zu jagen. Sie schleichen nachts umher und fangen winzige Insekten, die ihnen zufällig in den Weg laufen. Trotzdem findet man *Oonops* ab und zu in den Netzen der großen Finsterspinnen (*Amaurobius*) und Winkelspinnen *(Tegenaria).*

Von der Netzinhaberin werden die Winzlinge toleriert, wenn sie geschickt auf der Netzdecke laufen, unter den Stolperfäden

den zum ursprünglichen Sitzplatz zurückklettern.

Und noch eine andere Taktik wenden die Diebsspinnen an. Fangen sich nämlich kurz hintereinander mehrere Beutetiere, spinnen Kreuzspinnen erst ein Insekt ein, lassen es hängen und widmen sich dem nächsten Tier. Diesen Moment paßt *Argyrodes* ab und stiehlt, während die Wirtin beschäftigt ist, die bereits eingewickelte Beute.

Einen Sicherheitsfaden hinter sich herziehend, klettert die Diebsspinne heran, beißt die eingewickelte Beute vom Gespinst der Kreuzspinne los und läßt sich mit dem Beutetier aus dem Netz fallen. Nun klettert sie am Sicherheitsfaden zurück zu ihrem Schlupfwinkel, schwer bepackt mit dem gestohlenen Freßpaket.

Aber nicht nur der Beuteerwerb der Diebsspinnen ist interessant. In ihrem Körperbau weichen nämlich die meisten Arten der Gattung *Argyrodes* sehr von der normalen Spinnengestalt ab. Abgesehen von der eigenartigen Ausformung des Kopfbereiches der Männchen – im Abder Winkelspinne hindurchkriechen und den gefährlichen Cribellumfangfäden von Finsterspinnen ausweichen. Wahrscheinlich ernährt sich *Oonops* nicht direkt von den Beuteresten seiner Wirte, sondern von Milben und Staubläusen, die in großer Anzahl an den Chitinteilen ausgesogener Insekten zu finden sind.

Manche Oonopidae in den Tropen nutzen das tolerante Verhalten ihrer Gastgeber noch in anderer Weise. So leben einige der Zwergsechsaugenspinnen ständig im Pelz großer Vogelspinnen. Nahrung finden sie dort genug, denn an den Haaren großer Spinnen leben oft zahlreiche Milben.

Beim Kommensalismus kommt keiner der Beteiligten zu Schaden. Selbst wenn eine Diebsspinne einer Seidenspinne die Fliege aus dem Netz stiehlt, wird die große Spinne dadurch nicht verhungern, meist bemerkt sie den Diebstahl gar nicht. Anders ist es, wenn nicht nur Beutetiere gestohlen, sondern die Spinnen selbst angegriffen werden.

Derartige Überfälle sind von Zitterspinnen (Pholcidae) bekannt. Diese recht ursprünglich anmutenden Tiere haben im Verhältnis zum Körper sehr lange Beinen. Viele tropische Formen sind winzig klein, außerordentlich zart und fast durchsichtig.

Südamerikanische Speispinne *Scytodes longipes* an Baumrinde.

Und selbst auffallend große Arten wirken sehr grazil durch die langen, dünnen Beine. Sie weben große, unregelmäßige Netze. Wird eine Zitterspinne beunruhigt, versetzt sie sich und ihr Netz in derartige Schwingungen, daß die Umrisse des Tieres verschwimmen.

Sicher sind Ihnen die beiden einheimischen *Pholcus*-Arten bekannt. Besonders der große *Pholcus phalangioides,* die weberknechtähnliche Zitterspinne, kommt häufig in Häusern vor. Diese Tiere fressen, was sie überwältigen können. Sie bedienen sich ihrer Zittertechnik, schütteln dabei ein ins Netz geratenes Insekt kräftig durch und werfen mit ihren langen Hinterbeinen zahlreiche Fadenschlingen über das Beutetier.

Nachts wandern unsere heimischen *Pholcus*-Arten viel umher, erweitern ihr Netz und kommen mitunter an Netze anderer Spinnen. Dabei wird alles, was sich bewegt, von der Zitterspinne angegriffen und – bedingt durch die langen Beine – aus sicherer Entfernung eingewickelt. Manche große und wehrhafte Winkelspinne fällt so einer Zitterspinne zum Opfer.

Von der sehr großen, in wärmeren Ländern weitverbreiteten Zitterspinne *Holocnemus pluchii* berichtet man, daß sie am Rand des Netzes mancher Kreuzspinnen wartet, bis Beute gefangen wird. Während die Netzinhaberin mit dem Einspinnen ihres Fanges beschäftigt ist, geht *Holocnemus* zum Angriff über, zerstört das Kreuzspinnennetz, wickelt die Spinne zusammen mit ihrer Beute ein und saugt beide aus.

In einer ganz anderen Spinnenfamilie, den Mimetidae, gibt es sogar obligatorische Spinnenfresser. Es sind meist kleine Spinnen von recht unterschiedlichem Aussehen, manche gleichen Baldachin- oder Kugelspinnen, andere sehen aus wie Kreuz- oder gar Krabbenspinnen. Allen gemeinsam ist eine typische Bestachelung der Vorderbeine. In einer Reihe stehen sehr lange Stacheln und zwischen diesen kleinere, die nach der Beinspitze hin immer länger werden.

Spinnenfresser weben selbst keine Netze, höchstens einige Fäden, an denen sie sich festhalten können. Die Vertreter der australischen Gattung *Arcys* sitzen auf solch einem Fadengerüst, die bestachelten Vorderbeine zum Fang ausgebreitet. Kommt ein Insekt oder eine Spinne nahe genug heran, macht *Arcys* einen kurzen Sprung, packt zu, wickelt die Beute ein und verspeist sie. Die südamerikanischen *Gelanor*-Arten dagegen klettern in die Netze anderer Spinnen und suchen dort nicht nur nach gefangenen Beutetieren. Auch die Kreuz- oder die Luchsspinne (Oxyopidae), die das Netz baute, wird mit einem blitzschnell angebrachten Giftbiß attackiert, eingesponnen und gefressen.

Ausgesprochene Spezialisten unter den Spinnenfressern gehören zur Gattung *Ero*, die mit drei Arten auch in unserer einheimischen Fauna vertreten ist. Wegen ihrer Kleinheit und der heimlichen Lebensweise übersieht man die Tiere leicht, obwohl die etwa 3 mm große *Ero furcata* auffällig bunt und ziemlich häufig ist.

Ero fängt hauptsächlich Kugelspinnen, seltener auch Baldachin- oder Herbstspinnen. Der kleine Spinnenfresser postiert sich am Rand eines Kugelspinnennetzes, beißt alle störenden Fäden an seinem Sitzplatz heraus und wartet. Meist gegen Abend zupft die Spinnenfresserspinne an einem verbliebenen Faden und lockt so die Hausherrin herbei. Dabei werden langsam kreisende Bewegungen mit den Vorderbeinen ausgeführt. Die näherkommende Kugelspinne tastet mit einem Bein, um die Lage zu prüfen, doch in dem Augenblick packt der Spinnenfresser zu und beißt meist in den Schenkel des vorgestreckten Beines.

Dieser Vorgang geht derart schnell vor sich, daß man ihn mehrmals gesehen haben muß, um alle Einzelheiten erfassen zu können. Augenblicklich wirkt auch das Gift des Spinnenfressers, und die Kugelspinne hängt leblos an einem Bein, das Ero zwischen den Cheliceren hält. In dieser Stellung wird die Beute auch ausgesaugt, durch die winzige Öffnung, die die Chelicerenklaue geschlagen hat. Das kann Stunden, manchmal länger als einen Tag dauern.

Auf diese Art und Weise überwältigen

Spinnenfresser der Gattung Ero Netzspinnen, die oft drei- bis viermal so groß sind wie sie selbst. Um so erstaunlicher ist es, daß sich Spinnenfresser untereinander friedlich verhalten. Der Naturfreund kann die aus einem Kokon geschlüpften Jungtiere – 5 bis 8 an der Zahl – auch in engen Gefäßen gemeinsam halten und über mehrere Generationen züchten, ohne daß sie sich gegenseitig etwas antun.

Jäger mit und ohne Netz

Wohl jeder Naturfreund kennt die Wohnröhre der Trichternetzspinne *Coelotes*: ein Loch im Waldboden, gerade so groß, daß man einen Bleistift ein Stück hineinschieben kann. Die gesamte Röhre wurde mit feinem, dichtem Gespinst ausgekleidet, das trichterförmig über die Mündung hinaus verlängert ist. Berührt ein Insekt auch nur den Rand dieses Gespinsttrichters, kommt die Spinne blitzschnell aus der Tiefe ihrer Wohnröhre heraus und packt zu, um das Opfer dann in ihre unterirdische Behausung zu schleppen.

Die Wohnung und das Verhalten von *Coelotes* sind deshalb so interessant, weil sie uns eine Vorstellung vom vermutlichen Prototyp aller Wohn- und Fanggespinste geben. Wahrscheinlich war das ursprüngliche Gespinst der ersten seßhaften Spinnen überhaupt eine mit Seide ausgekleidete Röhre. Zu den größten einheimischen Röhrenbewohnern gehören die Trichternetzspinnen der Familie Agelenidae.

Das sind einmal die kräftigen, gedrungen wirkenden *Coelotes*-Arten, deren Gespinst wir eben kennenlernten. Die Spannung der Fäden im Trichternetz vor der Röhre ist bestens geeignet, Erschütterungen, etwa durch Insekten, weiterzuleiten und somit die Spinne zu alarmieren. Zur Wohnfunktion kommt nun die Funktion der Signalisierung von Beutetieren, und dies um so mehr, je größer die mit Gespinst belegte Fläche ist. Bei *Coelotes* betrifft dies die unmittelbare Umgebung der Röhrenmündung. Das reicht zur Nahrungsversorgung der Spinne aus, denn besonders nachts laufen zahlreiche Kleintiere am Waldboden, und die Chance, Beute zu machen, ist groß.

Anders bei den großen, langbeinigen *Tegenaria*-Arten, die – als Winkelspinnen bekannt – zum Ärger mancher Hausfrau alle möglichen Ecken der Wohnräume besiedeln. In freier Natur leben die Tiere an Baumstümpfen, in Geröll und an Felsen. Hier findet sich reichlich Nahrung für diese Spinnen, allerdings oft in Form von großen, schnell laufenden und springenden Insekten – die allerdings mit einem einfachen Gespinsttrichter nur schwer zu fangen sind. Spinnennetz und Nahrungsangebot sind aber auch hier aufeinander abgestimmt. Die Fangnetzfläche an der Röhrenmündung ist bei einer Winkelspinne sehr stark ausgedehnt. Und zwar fast immer die untere Seite, so daß ein Teppich entsteht, auf dem die Spinne sehr schnell zu laufen vermag. Von Holzstapeln und aus Zimmerecken sind uns diese dicht gewebten Netzdecken wohlbekannt. Sie gehen in der dunkelsten Ecke in die Röhre über. Die langen Beine verleihen der Winkelspinne eine recht hohe Geschwindigkeit und befähigen sie, in ihrem großen Netz ein Insekt in kürzester Zeit zu fangen.

Dank ihrer langen Beine kann eine Spinne, am Boden laufend, einen Faden in einer Höhe befestigen, die ungefähr der Länge ihrer Hinterbeine entspricht. Und das sind bei einer großen Winkelspinne fast 2 cm. Dies ausnutzend, baut sie einen regelrechten Seidendschungel über ihrer Netzdecke, indem sie Fäden erhöht an umgebenden Pflanzenteilen, an Steinen und Mauerwerk anheftet. An dem Gespinst kann die Spinne emporhangeln und weitere Fäden ziehen, die sie zum Teil untereinander verbindet. So entsteht über der Netzdecke zunächst ein freier Raum, der, etwa eine Spinnenbeinlänge hoch, dem Tier Bewegungsfreiheit beim Beutefang verschafft. Darüber befindet sich ein unregelmäßiges Gespinst, das einen ziemlich großen Raum ausfüllt, ein Raumnetz.

Eine bedeutende Nahrungsreserve ist damit erschlossen, denn fliegende und springende Insekten, die auf flachen Gespinsten meistens entkommen, werden durch das Raumnetz behindert, stürzen auf die Netzdecke ab und sind damit eine leichte Beute der Spinne. Gleich der Winkelspinne haben sich mit solchen Netzen noch weitere Trichternetzspinnen und viele Vertreter anderer Spinnenfamilien einen Lebensraum erschlossen, in dem die Chance gering ist, daß Beutetiere nahe genug an die Öffnung der Wohnröhre kommen.

Im Körperbau einer Winkelspinne ähnlich, allerdings sehr viel kleiner ist *Textrix denticulata,* eine weitverbreitete, aber immer wieder übersehene Trichternetzspinne unserer Heimat. Die kleinen, sehr fein und dicht gewebten Netze gleichen einem breitgedrückten Trichter, der in einer langen Röhre ausläuft. An südexponierten Hauswänden findet man sie oft massenhaft außen unter den Fensterstöcken. Die Spinnen allerdings sind sehr scheu und schwer zu beobachten.

Scheu ist auch *Agelena,* die der ganzen Familie ihren wissenschaftlichen Namen

gab. Große Gespinsttrichter, die an sonnigen Wegrändern in Gras und Gebüsch hängen, gehören zu dieser kräftigen und farbenprächtigen Spinne. An ihr läßt sich besonders gut beobachten, wie aus der uralten Wohnröhre heraus selbst große Heuschrecken und Schmetterlinge gefangen werden: Ein großes, schwer sichtbares Raumnetz läßt die Insekten abstürzen. Blitzschnell kommt die Spinne herbei und überwältigt die von der Netzdecke aufgefangene Beute.

Eine der schönsten Spinnen unserer Heimat ist die Listspinne *Dolomedes fimbriatus,* zur Familie Pisauridae gehörig. Es sind ziemlich große Tiere, deren erwachsene Weibchen eine Körperlänge von 2 cm erreichen können. Auch in der Färbung ist die Listspinne auffallend. Zwei weiße oder gelbliche Streifen scheinen den ganzen

Die Raubspinne *Architis nitidopilosa* in ihrem eigenartigen Gespinst.

Männchen der amerikanischen Listspinne *Thaumasia.*

Körper seitlich zu begrenzen. Sie ziehen von der Augenregion nach hinten bis etwa zur Hüfte des vierten Beinpaares und dann wieder an den Seiten des Hinterleibes entlang bis nahe an die Spinnwarzen heran. Abgesehen von der meist hellgrauen Unterseite des Hinterleibes, ist unsere Listspinne tief dunkelbraun mit schönem seidigem Glanz. Unter Jungtieren und Männchen finden sich mitunter auch Tiere, deren Körperfarbe zu Olivgrün tendiert. Dazu kommen nicht selten leuchtendweiße Pünktchen auf dem Hinterleib. Seltener findet man auch Formen, die auf braunem Grund gelb, grau und weiß gescheckt sind.

Listspinnen leben an fast jedem Gewässer, sofern dieses noch einigermaßen sauber ist. Am Ufer großer Seen ist die Spinne ebenso zu Hause wie an Wiesentümpeln oder in stillen Buchten nicht zu schnell fließender Gewässer. Da sich die Tiere gern sonnen, suchen wir sie vergebens im dichten Schilfwald. Vielmehr halten sie sich im Moos oder zwischen den Stengeln der Schneide, des Rohrkolbens sowie zahlreicher Seggen und Binsen auf.

Sehr interessant ist die Lebensweise der Listspinne. Meist sitzt sie an einer Pflanze und legt die Vorderbeine auf die Wasseroberfläche. Ist diese leicht bewegt, läuft die Spinne oft ein Stück hinaus, wobei nur der Bauch und die Fußspitzen das Wasser berühren. Genau genommen berühren sie es gar nicht, denn der ganze Körper wird vom Wasser nicht benetzt. Vielmehr liegen die Haarpolster der Spinne dem Oberflächenhäutchen des Wassers auf. Diese feine Schicht geordneter Wassermoleküle wird durch das Gewicht der Spinne nur wenig eingedrückt. Wenn die Listspinne beunruhigt wird, und sei es nur durch den Schatten einer Hand, läuft, besser rutscht sie zum nächsten Pflanzenstengel und klettert an diesem hinab ins Wasser. Alles geht blitzschnell, und obwohl der Spinnenkörper durch anhaftende Luft im Wasser stark glänzt, ist er nur schwer zu finden. Hat sich die Lage beruhigt, schnellt nach einigen Minuten eine Luftblase nach oben, platzt beim Erreichen der Oberfläche – und die Spinne ist wieder da, völlig trocken.

Erschütterungen der Wasseroberfläche vermögen diese Spinnen sehr gut zu lokalisieren und erkennen auf diese Weise auch ihre Beutetiere; anfliegende oder ins Wasser gefallene Insekten. Von den südafrikanischen, unserer Listspinne sehr ähnlichen aber größeren *Thallasius*-Arten wird berichtet, daß sie sogar kleine Fische fangen, die sich zu nahe an die Wasseroberfläche heranwagen.

Überhaupt ist die gesamte Familie Pisauridae, zu der auch *Dolomedes* und *Thallasius* gehören, sehr interessant, was die zahlreichen Arten und ihre Lebensweise betrifft. Die Bezeichnung Raubspinnen für diese Gruppe bezieht sich wohl auf das Verhalten unserer *Pisaura mirabilis,* einer ebenfalls ansprechend gefärbten, ziemlich großen Spinne, die häufig auf Wiesen und an Waldrändern zu finden ist.

Die Raubspinne *Pisaura* baut kein Fangnetz, sondern sitzt frei auf Blättern, wie das die Listspinnen gelegentlich auch tun. Sich nähernde Insekten werden unter Einsatz aller Beine zwischen die geöffneten Cheliceren geworfen und gebissen. Die Taster und die Beine weit von sich gestreckt, hält die Raubspinne ihre Beute nur mit den Beißwerkzeugen. Ist sie beim Fang abgestürzt, suchen die Hinterbeine den Sicherheitsfaden zu fassen, an dem die Spinne zu ihrem Sitzplatz zurückklettern kann.

Die eben besprochenen Pisauridae sind zwar ziemlich große Tiere, in tropischen Ländern jedoch gibt es wahre Riesen aus dieser Familie. Arten der Gattung *Trechalea* aus Amerika sind im Körper kaum doppelt so groß wie die Listspinne, mit der Spannweite ihrer Beine aber reicht manche *Trechalea* an eine große Vogelspinne heran.

Auch die *Euprosthenops*-Arten im mittleren Afrika sind sehr groß. Überdies leben sie in Netzen. Welch krasser Widerspruch zu unserer Pisaura, die der Familie Raubspinnen den wissenschaftlichen Namen gab! Sollte man nicht annehmen, daß alle Arten der Familie frei laufende Jäger sind? *Euprosthenops* zum Beispiel ist es nicht. Die Vertreter dieser Gattung bauen einen trichterförmigen Schlupfwinkel, von dem eine umfangreiche Netzdecke ausgeht. Auf dieser läuft die Spinne sehr gewandt, ganz ähnlich wie unsere Winkelspinne.

Sicher gibt es noch mehr Überraschungen in der Familie der Raubspinnen. So entdeckte man vor reichlich einem Jahrzehnt in Panama und in Australien kleine Pisauridae, die in eigenartigen Netzen leben.

Von der im tropischen Amerika weitverbreiteten Gattung *Architis* wurde die Art *A. nitidopilosa* aus Panama genauer untersucht. Nach ihrem Körperbau ist sie ein typischer Vertreter der Pisauridae, etwa 1 cm lang und sehr zierlich. Die Jungtiere bauen zunächst Netze wie unsere Trichternetzspinnen mit einem flachen Gespinsttrichter, dessen schmales Ende irgendwo zwischen Blättern oder unter loser Rinde versteckt ist. Mit zunehmendem Alter scheinen die Tiere in der Vegetation etwas freiere Plätze zu bevorzugen, etwa einzelne Blätter oder Grasrispen. Hier bauen sie ein umfangreiches, sehr zart wirkendes Netz von höchst eigenartiger Gestalt. Man stelle sich zwei flache Trichter vor, deren schmale Enden aneinanderstoßen und miteinander verbunden sind, bzw. eine sehr kurze Röhre, die sich an beiden Enden plötzlich stark erweitert. Das ganze Gebilde ist der zentrale Teil eines großen Raumnetzes. Die Spinne sitzt kopfunter an der engsten Stelle ihrer Röhre, also dort, wo beide Trichter zusammenstoßen.

Ganz ähnliche Fangnetze webt eine australische Raubspinne, die ebenfalls recht klein und einer *Architis* nicht unähnlich ist. Sicher sind solche Netze weiter verbreitet, als man bisher angenommen hat. Die in Mittelamerika beheimatete *Thaumasia* baut nämlich als Jungtier ebenfalls Trichternetze, während die erwachsenen Spinnen fast immer frei umherlaufen und eine Lebensweise wie unsere Listspinne führen.

Abgesehen von ihrer geringeren Größe, ähneln sie dieser auch im Körperbau.

Ob nun die Pisauridae Läufer oder Netzspinnen sind, bleibt Ansichtssache, zumindest für den Wissenschaftler. Für ihn sind die Tiere in anderer Hinsicht interessant. Alle Pisauridae haben nämlich an ihren Füßen drei Krallen – ein typisches Merkmal von Netzbewohnern. Hinzu kommt, daß einige Vertreter dieser Familie Fangnetze bauen, und zwar die bei zahlreichen anderen Gruppen ebenfalls vorkommende Gespinströhre, die in einen Trichter ausläuft. Aber noch viel wichtiger ist die Feststellung, daß *Thaumasia* im Verlaufe ihrer Individualentwicklung vom Netzleben zum freien Laufen als Jagdverhalten übergeht.

Die Pisauridae geben damit ein Modellbeispiel, wie sich vor vielen Millionen Jahren die rezenten Laufspinnen im weitesten Sinne aus Netzröhrenbewohnern entwickelt haben könnten. Das heißt, Architis hat wahrscheinlich bis heute die Lebensweise ihrer Vorfahren beibehalten. Andere Raubspinnen wurden zu Jägern. Man bezeichnet deshalb die Pisauridae und zahlreiche andere Spinnenfamilien, bei denen sich die Netzspinnenverwandtschaft in irgendeiner Weise nachweisen läßt, als sekundäre oder „moderne" Laufspinnen.

Wolfsspinnen und andere Vagabunden

Als geradezu klassisches Beispiel für laufende Spinnen gelten die Wolfsspinnen (Lycosidae). Jeder Naturfreund kennt die kleinen Tiere der Gattung *Pardosa*, die im Sonnenschein am Waldboden oder auf Blättern entlanglaufen. Und sieht er eine nahe verwandte *Trochosa*-Art, dann meist nur, wenn sie frei umherläuft. Interessieren Sie sich für die kleinen Wasserjäger der Gattung *Pirata*, so sollten Sie ein moosbewachsenes Ufer aufsuchen.

Immerhin haben die Wolfsspinnen im Verlaufe ihrer Stammesgeschichte das Laufen erst „lernen" müssen, auch sie sind sekundäre Laufspinnen. An der Paarungsstellung – über die wir noch ausführlich sprechen werden – erkennt der Fachmann das sofort. Aber auch andere Verhaltensweisen zeigen uns deutlich, daß die Wolfsspinnen ursprünglich ausgeprägte Netzspinnen waren und zum Teil heute noch sind.

Mehr noch, die nächsten Verwandten der Lycosidae gehören der cribellaten Spinnenfamilie Psechridae an. Wir erinnern uns: Fast alle Spinnenfamilien haben ein cribellates Pendant, und der Kräuselfäden verwendende Teil des Paares ist aller Wahrscheinlichkeit nach der ursprünglichere. Demnach waren die Vorfahren der sekundären Laufspinnenfamilie Lycosidae cribellate Netzspinnen.

Die eigenartige Spinnenfamilie Psechridae gibt den Arachnologen noch zahlreiche Rätsel auf. Sie sind cribellate Spinnen, deren Netze große, weitmaschige Decken mit einem trichterförmigen Schlupfwinkel am Rand darstellen. Sonst zeigen die im indoaustralischen Raum verbreiteten Gattungen *Psechrus* und *Fecenia* typische Wolfsspinnenmerkmale, besonders an den Beinen, den Augen und den Begattungsorganen. Hinzu kommt, daß nicht nur die Körperform einer Pisaura ähnelt, sondern der Eikokon vom Weibchen in der gleichen Weise getragen wird, wie das die Jagdspinnen tun.

Wahrscheinlich waren also die Vorfahren der Wolfsspinnen und ihrer nächsten Verwandten den Psechridae in Körperbau und Lebensweise sehr ähnlich. Wir wissen es nicht genau, aber vieles deutet darauf hin, und unsere Vorstellungen von der Evolution der sekundären Laufspinnen bauen darauf auf. Bei den heutigen Wolfsspinnen jedenfalls finden wir kein Cribellum (mehr). Sie sind zum größten Teil hochspezialisierte Jäger. Nur die großen *Hippasa*-Arten bauen Netze ähnlich denen der Trichternetzspinnen, um damit Beute zu fangen.

Die Gespinste der meisten anderen Wolfsspinnen beschränken sich allein auf den Wohnbereich. So leben zum Beispiel unsere einheimischen *Trochosa*- und *Alopecosa*-Arten in kleinen Vertiefungen unter Steinen oder an ähnlichen geschützten Orten. Ihre Wohnung kleiden sie mit einem lockeren, weißen Gespinst aus. Nachts – manche auch tagsüber – verlassen sie ihren Schlupfwinkel, um auf Beutefang zu gehen. Sie laufen dann, sehr vorsichtig tastend, umher, können aber bei Gefahr auch blitzschnell rennen. Hat eine Spinne mit Hilfe empfindlicher Sinnesorgane ein Beutetier bemerkt, läuft sie ebenfalls sehr schnell, stürzt sich darüber und packt zu.

Einige Wolfsspinnen leben in tiefen Erdröhren. Bekannt dafür sind die als Taranteln bezeichneten *Lycosa*-Arten Südeuropas. Die Tiere graben sich relativ lange Gänge senkrecht in die Erde und versehen die Öffnung mit einem kleinen Wall aus Pflanzenteilen und Erdkrümeln. Nur selten entfernen sie sich von ihrer Wohnung. Auch zum Beutefang kommt eine Tarantel oft nur kurz aus ihrer Röhre, um gleich wieder zu ihr zurückzukehren.

In unserer Heimat sind es *Arctosa*-Arten, die an sandigen Ufern ihre etwa bleistiftdicken Röhren graben. Am häufigsten scheint *Arctosa perita* zu sein, die in relativ trockenem Sand gräbt, aber stets in der Nähe von Gewässern. Jagt man diese Wolfsspinnenart aus ihrer Wohnung, läuft sie ein Stück, hält inne und ist plötzlich unsichtbar. So gut tarnt sie ihr recht buntes Haarkleid, wenn sie still auf dem Sand sitzen bleibt. Die gelben, schwarzen, grauen und roten Flecken der *Arctosa* sind nur mit Mühe von umgebenden Sandkörnchen zu unterscheiden.

Arctosa kann wie sehr viele andere Wolfsspinnen gut auf dem Wasser laufen. Die Feuchtigkeit liebende *Arctosa leopardus* scheint dies regelmäßig zu tun, um auf der Wasseroberfläche Insekten zu fangen. Den Rückweg findet sie sehr sicher, sie läuft geradlinig zum Ufer. Offenbar richtet sie sich dabei nach dem Muster des polarisierten Himmelslichtes. Eine Spinne vom Südufer eines Gewässers läuft nämlich immer nach Süden – zum Ufer. Sperrt man sie in ein dunkles Gefäß, bringt sie zum Nordufer und setzt sie dort aufs Wasser, läuft sie auf den See hinaus – wieder nach Süden.

An Gewässern, vor allem dort, wo die Wasseroberfläche nur wenig bewegt ist und das Moos bis ins Wasser hineinwächst, sind einige unserer *Pirata*-Arten zu Hause. Ganz vorsichtig sollten Sie sich nähern

und direkt an der Wasserlinie einige Moospflänzchen auseinanderbiegen. Wir finden feine Gespinströhren, die eine Öffnung an der Oberfläche der Moosschicht haben, die andere direkt am Wasserspiegel. Hier wohnt *Pirata,* sonnt sich oben auf dem Moos oder wartet unten auf Beute. Dazu sitzt sie an der unteren Öffnung ihrer Röhre und breitet die Vorderbeine auf dem Wasser aus. Bei der leisesten Bewegung durch ein Insekt rennt sie hinaus, packt zu und findet sicher zurück, wahrscheinlich in derselben Weise wie *Arctosa leopardus.*

Bemerken wir in der heimatlichen Natur frei umherlaufende Wolfsspinnen, so handelt es sich meistens um *Pardosa*-Arten. An Flußufern oder auf feuchten Wiesen sitzt die dunkle *Pardosa amentata* auf großen Blättern der Stauden. Auf Steinhaufen oder nacktem Lehmboden finden wir die gelb- und braungestreifte *Pardosa agrestis,* und im Laub an sonnigen Waldrändern läuft *Pardosa lugubris* mit dunklen Seiten und schönem hellem Haarschopf zwischen den Augen.

Dies sind nur die häufigsten der vielen einheimischen *Pardosa*-Arten. Allen gemeinsam sind die langen Hinterbeine, denen sie ihre hohe Laufgeschwindigkeit verdanken, denn bei gleicher Schrittzahl können längere Beine den Vorschub beträchtlich erhöhen.

Da *Pardosa* oft in großen Gruppen vorkommt und sich mit etwas Vorsicht leicht beobachten läßt, kennen wir die Biologie einiger Arten recht gut. Bemerkenswert ist unter anderem die Tatsache, daß diese schnellen Jäger nur sehr kleine Beutetiere fangen. Vor einer mittelgroßen Fliege flieht *Pardosa* gewöhnlich. In ihrem natürlichen Lebensraum fängt sie fast ausschließlich Springschwänze (kleine, flügellose Insekten) und zarte Mücken.

Mit etwas Übung fällt es leicht, in unserer relativ artenarmen Fauna eine Wolfsspinne von Arten anderer Familien zu unterscheiden. Nicht so in den Tropen. Da kann es schwierig, sogar lebensgefährlich werden, wenn man zum Beispiel eine harmlose große Wolfsspinne mit einer Wanderspinne (Ctenidae) verwechselt. In der Literatur findet man verschiedene deut-

Cupiennius salei – eine der schönsten Wanderspinnen.

sche Namen für die Familie Ctenidae, etwa Kamm- oder Stachelfußspinnen. Allerdings haben sie an den Füßen nur wenige Stacheln, und auch der Stachelkamm an den Schienen der Beine ist bei vielen anderen Spinnen wesentlich kräftiger ausgebildet. Außerdem werden auch die Kugelspinnen manchmal als Kammfußspinnen bezeichnet. Diejenigen, die die Ctenidae aus eigener Erfahrung kennen, nennen sie Wanderspinnen.

Es sind recht große, wolfsspinnenähnliche Tiere, die sich von den Lycosidae am leichtesten durch die Augenstellung unterscheiden lassen. Viel Unangenehmes wird von diesen Spinnen berichtet. Tatsächlich verfügen sie über große Mengen eines sehr wirksamen Giftes, das auch für den Menschen gefährlich sein kann (es gibt ein Antiserum, das im Falle eines Falles schnellstens beschafft werden muß; von einer privaten Haltung ist abzusehen). Tagsüber sitzen die meisten Wanderspinnen in einem Nest, das sie sich aus

zusammengelegten Blättern weben und innen mit Seide austapezieren. Manche Arten verbergen sich auch nur in Ritzen und Spalten oder in den großen Blattscheiden der Bananen- und Ingwergewächse. Nachts wandern sie umher, manche aber nur ein kurzes Stück, um sich neben ihrem Schlupfwinkel auf die Oberseite eines Blattes zu setzen.

Fliegende Insekten werden von den Wanderspinnen schon aus größerer Entfernung geortet und am Fluggeräusch erkannt. Aus einer Entfernung von einigen Zentimetern greifen die Spinnen an. Entweder rennen sie zum Landeplatz des Insektes, oder sie überwältigen es im Fluge. Durch einen Sicherheitsfaden mit ihrem Sitzplatz verbunden, springt eine Wanderspinne zielsicher gegen das fliegende Insekt, packt es mit den Cheliceren und klettert zur Warte zurück. Im Terrarium konnten Sprünge von mehr als 10 cm beobachtet werden – und fast immer war die Wanderspinne erfolgreich.

Sehr interessant sind auch die Füße der Wanderspinnen. Während ganz junge Tiere drei Krallen haben, finden sich bei den älteren nur noch zwei. Die dritte, mittlere Kralle wird nach einer bestimmten Häutung nicht mehr ausgebildet. Dafür entdecken wir ein dichtes Polster sehr feiner Haare, mit dessen Hilfe sich die Wanderspinnen auf glatten Blättern halten können. Sogar an senkrechten Glasscheiben klettern sie dank der als Scopula bezeichneten Haarbürste an jedem Fuß. Dies ist ein weiteres Indiz dafür, daß sekundäre Laufspinnen aus Netzbewohnern mit dreikralligen Füßen hervorgegangen sein könnten.

Im folgenden soll uns eine sehr formenreiche Gruppe von Spinnen beschäftigen, die dem Laien – und manchem Fachmann – recht zusammengewürfelt erscheinen muß, obwohl vieles für mehr oder weniger enge verwandtschaftliche Beziehungen zwischen den hier zusammengefaßten Familien spricht. Da sind einmal die Sack- und Plattbauchspinnen, zum anderen die Lauf-, Jagd-, Husch- und Riesenkrabbenspinnen. Allen gemeinsam ist eine wenig seßhafte Lebensweise. Zu bestimmten Tages- oder Nachtzeiten verlassen sie ihre Wohngespinste, um auf Jagd zu gehen.

Auch einem Fachmann fällt es oft schwer zu entscheiden, ob er eine Sackspinne (Clubionidae) oder Plattbauchspinne (Gnaphosidae) vor sich hat. Für die relativ wenigen einheimischen Arten gibt es jedoch einigermaßen sichere Unterscheidungsmerkmale, die man sofort auch am lebenden Tier überprüfen kann. Ein Blick von oben auf die Augenregion zeigt, daß die hinteren Mittelaugen vieler Plattbauchspinnen schief erscheinen. Sie wirken seitlich zusammengedrückt oder gar mehr oder weniger eckig, während bei den Sackspinnen alle Augen kreisrund sind. Unterschiede finden sich auch an den Spinnwarzen, die bei den Clubionidae meist einen Kegel bilden, wobei vordere und hintere Spinnwarzen etwa gleiche Größe haben. Die vorderen Spinnwarzen der Gnaphosidae dagegen sind auffallend lang und zylindrisch und stehen außerdem etwas seitlich neben den übrigen viel kleineren Spinnwarzen.

Die heimischen *Clubiona*-Arten sind mittelgroße, schlanke Spinnen von meist gelbbrauner Färbung. Oft stöbert man die gewandten Jäger in ihren Gespinstsäcken auf, in denen die meisten Arten den Tag verbringen. Nachts – nur wenige Sackspinnen sind auch tagaktiv – klettern und laufen sie sehr vorsichtig umher und fangen alles, was freßbar erscheint.

Besondere Erwähnung soll die Sackspinnen-Gattung *Chiracanthium* finden, die mit wenigen Arten auch bei uns auf feuchten, aber sehr warmen Wiesen vorkommt. Die Tiere sind ziemlich groß und langbeinig. Ihr Hinterleib ist leuchtendgelb mit einem dunkelbraunen Längsband. Durch Zusammenspinnen einiger Grasrispen stellt sich *Chiracanthium* eine zeltförmige Wohnung her, die man nicht allzu arglos öffnen sollte. Denn besonders die ihre Eier bewachenden Weibchen sind aggressiv und beißen schmerzhaft. Der Biß der seltenen *Chiracanthium punctiorum* soll recht unangenehme Folgen haben.

Die hauptsächlich in den warmen Gebieten vorkommenden *Castianeira*-Arten ahmen Ameisen nach, obwohl sie zu diesen Insekten offenbar keinerlei Beziehungen haben. Diese Spinnen sind von sehr unterschiedlicher Größe, zeigen vielfach eine auffällige Wespentaille und bewegen sich auch wie Ameisen. Viele der kleineren Arten tragen einen dicken, braunen Chitinpanzer am Hinterleib, wobei einige der Chitinplatten Stacheln und Dornen tragen können. Größere *Castianeira*-Arten sind schwarz mit sehr schönem Metallglanz, dazu leuchtendweiße und rote Streifen, hervorgerufen durch spezielle Haare, die im Licht genauso schimmern wie die Schuppen von Schmetterlingsflügeln.

Ganz ähnlichen Metallglanz und Ameisenmimikry zeigen Vertreter der Gattung *Micaria,* die zu den Plattbauchspinnen gerechnet wird. In warmen und trockenen Lebensräumen leben bei uns einige Arten dieser interessanten Spinnen. Auf den ersten Blick hält man die kleinen, zierlichen und glitzernden Tiere tatsächlich für Ameisen. Und dann sind sie auch schon verschwunden unter einem Stein, denn Micaria kann unglaublich schnell laufen.

Castianeira und *Micaria* sind im Gegensatz zu den meisten ihrer Verwandten Tagtiere, die bei vollem Sonnenschein erst richtig aktiv werden. Wenn man sich gegen Mittag an den Steinen fast die Hände verbrennt, dann ist mit etwas Glück *Micaria* zu beobachten.

Hinsichtlich des Beutefangs ist die kleine und ziemlich seltene *Callilepis nocturna* interessant. Die kleine, seidig behaarte Spinne schleicht sich in Ameisennester ein. Wie ihr das gelingt, ohne angegriffen zu werden, wissen wir nicht. Jedenfalls ist das Tier durchaus nicht ameisenähnlich, lediglich der ruckartige Gang erinnert etwas an die Fortbewegungsweise seiner Wirte. Im fremden Nest baut sich *Callilepis* ein kleines Versteck und greift – wir können getrost sagen furchtlos – Ameisen an.

Die kleine Spinne, selbst kaum so groß wie ihre Beute, geht frontal auf die wehrhaften Tiere los. Während sie zum Sprung ansetzt, ertasten ihre Vorderbeine die Basis eines Ameisenfühlers, und genau an dieser Stelle beißt sie zu. Das alles geschieht im Bruchteil einer Sekunde. Noch bevor sich die Ameise wehren kann, ist die Spinne wieder in ihren Schlupfwinkel zurückgekehrt. Das Spinnengift wirkt sehr schnell, vorerst auf eine Gehirnhälfte, denn die Ameise wurde ja nur in einen Fühler gebissen. Infolge der zunächst einseitig einsetzenden Lähmung dreht sie sich auf der Stelle. Für *Callilepis*, die nach etwa einer Minute zum Ort des Geschehens zurückkommt, ist es deshalb kein Problem, die Beute zu finden, hat sich doch die Ameise nur im Kreis gedreht und sonst nicht von der Stelle entfernt. Durch diese bemerkenswerte und blitzschnell ausgeführte Fangmethode ist es *Callilepis* möglich, so wehrhafte Beute zu überwältigen.

Schnelligkeit zeichnet nicht nur *Callilepis* aus, sondern alle Jäger, von denen wir einige noch etwas näher kennenlernen wollen. In den Warmhäusern der zoologischen Gärten finden sich als Gäste nicht nur Schaben, sondern auch ihre ärgsten Feinde, die Bananenspinnen. *Heteropoda venatoria* heißt die häufigste Art, die – oft zum Entsetzen der Besucher – blitzschnell an der Wand entlangläuft und dann in irgendwelchen Ritzen verschwindet. Man kann schon erschrecken vor den großen, langbeinigen Tieren, obwohl *Heteropoda* für uns Menschen völlig harmlos ist. Die Tierpfleger kennen sie als gern gesehenes Haustier, das unter den lästigen Insekten gehörig aufräumt.

Heteropoda venatoria wurde – nicht nur mit Bananen – weltweit verschleppt. Sie findet sich in allen tropischen Ländern. In kühleren Klimaten kann sie sich allerdings nur in ständig warmen Lagerhallen und Tiergehegen halten.

Sehr artenreich ist die Verwandtschaft der *Heteropoda* in den Tropen, aber längst nicht alle ähnlichen Jagdspinnen gehören zur Familie Heteropodidae.

Nach der Augenstellung, der Ausbildung der Spinnwarzen und Begattungsorgane unterscheidet der Fachmann zahlreiche Familien. Auf den ersten Blick sehen sich diese Spinnen sehr ähnlich und werden von Leuten, die ihnen tagtäglich begegnen, durchweg als Jagd- oder Riesenkrabbenspinnen bezeichnet.

Zur mitteleuropäischen Fauna gehört nur ein Vertreter der Heteropodidae, die Grüne Huschspinne *Micromata rosea*. Die Tiere bewohnen sonnige Waldränder und werden oft übersehen, sind doch die fast 2 cm großen Weibchen grasgrün am ganzen Körper und sitzen in gestreckter Haltung auf Grasblättern. Erst wenn sie ein Beutetier bemerken, kommt Bewegung in die Huschspinnen. Dann können diese mit unglaublicher Geschwindigkeit laufen und springen. Die kleineren Männchen fallen durch ihren gelb-rot gestreiften Hinterleib auf. Vorderkörper und Beine sind ebenfalls grün. Wenn ein *Micromata*-Männchen aber still an einem Grashalm sitzt, ist auch diese bunte Spinne schwer zu entdecken.

Interessante, auch bei uns heimische Vertreter aus der Verwandtschaft der Riesenkrabbenspinnen sind die Laufspinnen (Philodromidae). Man sieht die Tiere in der Natur recht selten, obwohl sie überall in großer Anzahl vorkommen. Fast alle Laufspinnen werden nämlich nahezu unsichtbar, wenn sie ruhig sitzen bleiben.

Die auf Wiesen lebenden *Tibellus*-Arten haben einen langgestreckten, gelblichgrau-

Sackspinnen der Gattung *Clubiona* verbergen sich gern unter Baumrinde.

en Körper mit braunen Längsstreifen und Pünktchen auf dem Hinterleibsrücken. Bei der kleinsten Beunruhigung umklammern diese Spinnen mit dem dritten Beinpaar das Grasblatt, auf dem sie sitzen, und strecken die übrigen Beine nach vorn und hinten aus. Sie jetzt noch zu sehen ist mehr oder weniger Glücksache.

Dagegen sind die zahlreichen *Philodromus*-Arten nicht langgestreckt. Ihr kurzer, breiter Körper ist extrem flach gebaut, schmiegt sich dem Untergrund an und paßt auch in engste Spalten. Hinzu kommt, daß jede Art farblich ihrem Vorzugslebensraum angepaßt ist. An Kiefern lebende Laufspinnen sind einfarbig rotbraun, die Birkenstämme bevorzugende Art hellgrau mit schwarzer Zeichnung. Eine andere Laufspinne hält sich im Flechtenbewuchs von Baumstämmen auf, wo sie wegen ihres grau-weiß gescheckten Körpers fast immer übersehen wird. Es gibt auch auf Sandböden lebende Laufspinnen mit gelben und rotbraunen Punkten am ganzen Körper.

Beim Beutefang erscheinen uns Laufspinnen stets sehr nervös. Unvermittelt rennen sie los und packen offenbar jedes kleine Insekt, das ihnen zwischen die Vorderbeine gerät. Meist sind es sehr kleine Fliegen, die in großer Anzahl erbeutet werden. Danach sitzt die Spinne wieder, fest an den Untergrund gedrückt, in einer typischen Haltung, die an Krabben erinnert. Alle Beine werden seitlich weit vom Körper weggestreckt, wobei die Füße der Vorderbeinpaare nach vorn gerichtet sind. Trotz aller Ähnlichkeit mit den nun folgenden Krabbenspinnen, sind die beiden Spinnenfamilien nicht näher miteinander verwandt.

Spinnen und Blüten

Meine erste Begegnung mit Krabbenspinnen wurde durch einen kleinen Rüsselkäfer vermittelt. Der grünglänzende Käfer saß an einer Blüte und schien sehr beschäftigt. Aber alle Vorsicht wäre gar nicht nötig gewesen, denn auch als ich den

Eine Riesenkrabbenspinne in der Halbwüste Marokkos.

Laufspinnen (Philodromidae) sind ihrem Lebensraum farblich hervorragend angepaßt.

kleinen Kerl berührte, ließ er sich nicht fallen, wie das sonst bei vielen Rüsselkäfern üblich ist. Dieser Käfer war nur noch Chitinhülle, die von einer Krabbenspinne gehalten wurde, wohl weil sie die letzten Nahrungstropfen heraussaugte.

Derartige Beobachtungen sind nicht selten. Die meisten einheimischen Krabbenspinnen (Thomisidae) entdeckt man nämlich dadurch, daß zum Beispiel eine Biene von einer Blüte nicht mehr abfliegt. Meist ist sie gefangen von *Misumena vatia*, einer bei uns häufigen Art. Von gedrungenem Körperbau sind diese Spinnen und alle Beine stets seitwärts gerichtet, wobei die kurzen Hinterbeine dem Festhalten dienen, während die langen, kräftigen, stachelbewehrten Vorderbeine zum Beutefang benutzt werden.

Die meist gelb gefärbte *Misumena* sitzt am Kelch einer ebenfalls gelben Blüte und verbirgt ihre fangbereit ausgestreckten Vorderbeine zwischen den Blütenblättern. So verharrt sie oft stundenlang reglos, nur ihre Sinnesorgane sind voll in Aktion. Nähert sich eine Biene, die sehr sicher am Fluggeräusch erkannt wird, bleibt die Krabbenspinne zunächst bewegungslos und wartet. Die Biene setzt sich, prüft Nektarquellen und Pollen. Arglos senkt sie ihre Zunge in den Kelch – und da kommt Leben in die Spinne. Ganz vorsichtig rückt *Misumena* nach oben, scheint die Biene mit ihren Vorderbeinen zu umarmen und läuft ein Stück zur Seite, bis sie dem Kopf des Insekts genau gegenübersteht. Bis heute ist unklar, weshalb die Biene darauf nicht reagiert und ihren Kopf immer tiefer in den Kelch senkt. Blitzschnell schlagen jetzt die Vorderbeine der Spinne zu, berühren den Insektenkörper aber nur für den Bruchteil einer Sekunde, alles andere erledigen die kleinen Cheliceren. Ihre kurzen und kräftigen Klauen beißen genau ins Genick, in die empfindlichste Stelle des Bienenkörpers, und injizieren dort das wirksame Gift. Das große wehrhafte Insekt ist der relativ kleinen Spinne hilflos ausgeliefert, denn das Spinnengift lähmt die Biene noch bevor sie reagieren kann. *Misumena* saugt ihre Beute aus und läßt nach mehreren Stunden den fast unversehrten Chitinpanzer einfach fallen.

Zu diesem interessanten Fangverhalten kommt hinzu, daß viele der Krabbenspinnen ihre Körperfarbe ändern, je nachdem, ob sie auf einer gelben, weißen, grünen oder rötlichen Blüte sitzen. Durch geringfügige Modifizierung des Stoffwechsels ist das zwar vielen Spinnen möglich, aber was bei einer Kreuzspinne Tage und Wochen dauert, das bewerkstelligen manche Krabbenspinnen in wenigen Stunden oder gar Minuten. So sitzt an gelbem Hahnenfuß eine gelbe *Misumena*, an Schafgarbe eine weiße mit grünlichen Beinen und am Rainfarn eine gelb-braun gestreifte.

Aus welcher Sicht auch immer, Krabbenspinnen bilden eine sehr einheitliche, eigenartige Spinnengruppe, deren Beziehungen zu anderen Familien unklar sind. Sie alle gehören zu den Lauerern, die weder eigene Fangnetze bauen noch auf Jagd gehen. Ihr Körperbau und ihr Verhalten haben sich dahingehend entwickelt, unbemerkt zu bleiben und im richtigen Moment zuzupacken.

So lebt unsere heimische *Coriarachne depressa* an abgestorbenen Nadelbäumen in dem engen Spalt zwischen Holz und sich ablösender Borke und fängt dort Käferlarven und Mücken ganz nach Art der Krabbenspinnen. Entsprechend dieser Lebensweise ist die Spinne extrem flach und kann geschickt vor, zurück und seitwärts laufen.

Die kleinen unscheinbaren *Oxyptila*-Arten leben auf niedrigen Pflanzen nahe dem Boden. Am ganzen Körper tragen sie Haare, die zur Spitze hin verbreitert sind und darauf gefallene Bodenkrümel eine Zeitlang festhalten. So getarnt, läuft *Oxyptila* sehr langsam oder bleibt ruhig sitzen. Selbst ein Springschwanz scheint ihre Ruhe nicht zu stören. Kommt er aber nahe genug heran, rückt sich die Spinne ihre Beute zurecht, beißt zu und saugt den Springschwanz dann aus. Bis heute hat man nicht herausfinden können, wie es den Krabbenspinnen gelingt, mit den Vorderbeinen Insekten in eine Stellung zu dirigieren, in der der Biß schnell und für die Spinne gefahrlos angebracht werden kann.

Nachtaktive Krabbenspinnen sind einige zur Unterfamilie Stephanopsinae gehörende *Onocolus*-Arten, die mit zahlreichen interessanten Formen im mittleren Amerika und in anderen tropischen Landstrichen vorkommen. Ihre phantastisch anmutenden Körper mit allerlei Fortsätzen, Stacheln, Grübchen, Warzen und glänzenden Chitinhöckern sind kaum zu erkennen, wenn die Spinnen tagsüber am Boden oder an Baumrinde ruhen. Mit Einbruch der Dunkelheit postieren sie sich auf einem Blatt. Ein anfliegendes Insekt wird am Fluggeräusch erkannt, mit den Vorderbeinen kurz gepackt, gebissen und ausgesaugt.

Schier unerschöpflich sind die Methoden der Tarnung. Nicht nur, daß manche Krabbenspinnen Ameisen sehr ähnlich sehen und sich so unbemerkt diesen wehrhaften Insekten nähern können. Es gibt auch Arten, die sich mit den Resten ihrer Opfer tarnen. Eine brasilianische *Bucranium*-Art zum Beispiel läßt die fast unversehrte Haut einer ausgesogenen Ameise nicht einfach liegen, sondern hält sie über ihrem Körper. Derartig maskiert, wartet die Spinne auf ein neues Opfer, das der vermeintlichen Artgenossin zu nahe kommt.

Einer für Spinnen wohl einmaligen Art des Nahrungserwerbs bedienen sich *Misumenops nepenthicola* und ihr nahestehende Arten. Diese Krabbenspinnen leben in den Kannen einiger Kannenpflanzenarten, wo sie hineingeratene Insekten wegfangen. Besagte Kannen sind bekanntlich die zu Kesselfallen umgebildeten Blattspreiten der fleischfressenden *Nepenthes*-Pflanzen. In bestimmten Bereichen der Innenwand wird Verdauungssekret abgeschieden, das sich am Grund der Kannen sammelt und dort die gefangenen Insekten zersetzt.

In dieser gefährlichen Umgebung wohnen Krabbenspinnen! Allerdings finden sich Spinnen nur bei jenen *Nepenthes*-Arten, deren Kannen an der Innenwand eine drüsenfreie Zone haben, wo sich, geschützt vor Verdauungssaft, die Tiere aufhalten können. Ein besonders dicker Chitinpanzer und durch dichtstehende Haare geschützte Atmungsorgane ermöglichen der Krabbenspinne zu überleben, wenn sie einmal in den Verdauungssaft der Kanne gefallen ist. Wichtig ist nur, daß sie am

Sicherheitsfaden schnell wieder herausklettert aus dem ätzenden Gemisch von Pflanzensaft und Fliegenleichen.

Springspinnen

Springspinnen verhalten sich beim Anschleichen an Beutetiere ähnlich wie Katzen. Aber können Sie sich Katzen vorstellen, die Beutetiere jagen, die ihnen in der Körpergröße etwa gleichkommen? Katzen, die dazu fast zehnmal soweit springen, wie sie selbst lang sind, und dabei ihr Opfer fast nie verfehlen, auch wenn es auf einem dünnen Zweig sitzt?

Was für eine Springspinne offensichtlich kein Problem darstellt, ist einer Katze nicht möglich, obwohl sich beide Tiere in ihrem Verhalten ähneln. Das hängt einfach mit der sehr unterschiedlichen Körpergröße zusammen, vor allem mit den unterschiedlichen Massen, die koordiniert und bewegt werden müssen.

Das auffallendste Merkmal der Springspinnen sind die großen Augen, besonders die vorderen Mittelaugen, die wie zwei Scheinwerfer direkt vorn am Kopf angeordnet sind. Seitlich davon befinden sich die ebenfalls recht großen vorderen Seitenaugen, dahinter jederseits ein winziges hinteres Seitenauge und ein etwas größeres hinteres Mittelauge. Bei dieser Anordnung der Augen verfügen die Springspinnen über ein Gesichtsfeld von mehr als 300°, was einer fast vollständigen Rundumsicht entspricht. Erreicht wird das durch die großen Sehwinkel der vorderen Seitenaugen und der hinteren Mittelaugen. Allein diese zwei Augenpaare genügen der Spinne, um sich einen Überblick über ihre Umgebung zu verschaffen. Zudem überschneiden sich die Sehfelder der vorderen Seitenaugen, wodurch Entfernungen abgeschätzt werden können.

Noch bemerkenswerter sind die vorderen Mittelaugen. Sie haben große, stark gewölbte Linsen und einen langen Glaskörper. Aus der Sicht des Optikers sind das also Teleobjektive, die einen kleinen Bildausschnitt optisch vergrößern können. Den hinteren Abschnitt dieser Augen bildet eine sehr komplizierte und leistungsfähige Netzhaut. Außerdem kann

Krabbenspinne der Gattung *Onocolus* lauert nachts neben ihrem Schlupfwinkel.

Die Krabbenspinne *Coriarachne depressa* lebt unter loser Rinde und ist extrem flach.

Typisch für alle Springspinnen sind die großen Augen.

Springspinne der Gattung *Lyssomanes* aus Mittelamerika.

der lichtempfindliche Teil jedes Hauptauges hinter der starren Linse bewegt werden.

Ein vielleicht 30 bis 40 cm von der Spinne entferntes Beutetier wird, sobald es sich bewegt, zunächst von den Seitenaugen wahrgenommen. Hat sich die Entfernung auf etwa 20 cm verringert, dreht die Springspinne ihren Körper so, daß das Insekt in den Sehbereich der vorderen Mittelaugen gelangt. Jetzt beginnt die Arbeit dieser riesigen „Scheinwerfer". Muskeln verschieben den Augenhintergrund, bis das Bild des Insektes genau auf die Fovea fällt, auf jene Stelle der Netzhaut, mit der schärfstes Sehen möglich ist. Während die Spinne vollkommen still steht, arbeiten die Augenmuskeln weiter, bewegen die Fovea zeilenweise über das Bild und drehen das Auge um seine optische Achse hin und her.

Der Effekt ist erstaunlich. Einmal wird der Sehbereich dieser Augen wesentlich erweitert, indem der enge Blickwinkel jedes der „Teleobjektive" (etwa 10°) über einen Bereich von nunmehr fast 60° bewegt wird. Durch diese Bewegung ist es außerdem möglich, das Bild Punkt für Punkt, Zeile für Zeile, zu erfassen. Auf optischem Wege wird damit die Form des gesehenen Gegenstandes ertastet. Dies ist übrigens genau das Prinzip des Fernsehens und des „Scanners" moderner Rasterelektronenmikroskope. Und seit …zig Millionen Jahren funktioniert dieses Scanning-Prinzip in Spinnenaugen!

Inzwischen ist erwiesen, daß Springspinnen mit ihren Augen und dem sich anschließenden, außerordentlich komplizierten Gehirn in der Lage sind, Beutetiere sicher von gefährlichen Insekten, von Artgenossen und anderen Tieren zu unterscheiden. Zudem kann die Entfernung dieser Objekte sehr genau abgeschätzt werden. Auch Farbensehen ist experimetell nachgewiesen worden.

Das ermöglicht es den Springspinnen, sich regelrecht anzuschleichen. Aus wenigen Zentimetern Entfernung erfolgt dann der Sprung, bei dem die Beute überwältigt wird. Doch nicht nur Insekten werden zielsicher angesprungen, sondern auch ein vorsichtig hingehaltener Finger. Sie werden an den munteren Springspinnen gewiß Gefallen finden. Man muß ihnen nur ein paar Sekunden Zeit lassen, den Finger genau anzusehen, und ihn als ungefährlich zu erkennen. Dann sind Springspinnen sehr interessante und neugierige Spielgefährten.

Bemerkenswert ist auch das Sprungvermögen dieser kleinen Tiere. Weniger die Kraft ist entscheidend, sondern vielmehr die Absprunggeschwindigkeit. Nur 0,018 s benötigt eine Springspinne, um abzuheben, das heißt vom ruhigen Stand bis zu dem Moment, da alle Beine den Kontakt zum Untergrund verloren haben. Die Sprungweite kann im Extrem bis zu 25 Körperlängen betragen!

Zwar bleibt die Spinne mit diesen Werten ziemlich weit hinter manchen Insekten zurück, aber Heuschrecken zum Beispiel haben auch extrem lange Sprungbeine mit riesigen, dichtgepackten Muskelpaketen. Dagegen erscheinen die Beine einer Springspinne „durchaus normal". Selbst wenn die Sprungkraft auf alle Beine verteilt würde, wären die notwendigen Muskelpakete derart dick, daß sie in den Springspinnenbeinen niemals Platz fänden.

Die Natur löste auch dieses Problem auf physikalischem Wege. Spinnen sind nämlich in der Lage, den Blutdruck in ihrem Vorderkörper ganz beträchtlich zu erhöhen. Die unter hohem Druck stehende Blutflüssigkeit dient dann unter anderem dazu, Gliedmaßen nach hydraulischem Prinzip zu bewegen. Bei Sprungbewegungen werden Ventilmechanismen an den Hüften des dritten und vierten Beinpaares betätigt. Im richtigen Moment schießt dann Blut mit hoher Geschwindigkeit in diese Beine und streckt deren Glieder im Bruchteil einer Sekunde. Die Spinne wird dadurch zunächst leicht nach oben und dann nach vorn geschleudert. Durch nervös gesteuerte Variation des angewandten Blutdruckes, der Beinstellung usw. ist es möglich, gezielte Sprünge von genau definierter Weite und Höhe auszuführen.

Mit mehr als 3 000 beschriebenen Arten bewohnen die Springspinnen fast alle terrestrischen Lebensräume unseres Planeten. Stets sind die Tiere tagaktiv, wobei die meisten Arten Sonnenschein bevorzugen. Dann erstrahlt ihr Körper in den herrlichsten Farben.

Überhaupt scheinen Farben und Farbmuster im Leben dieser Tiere eine bedeutende Rolle zu spielen, besonders beim Erkennen von Artgenossen und Geschlechtspartnern. Die Farbeffekte werden hervorgerufen durch farbige Haare oder die Eigenfärbung des Körpers, in weitaus größerem Umfange jedoch durch Brechungs- und Reflexionsphänomene des Lichtes. Diese treten auch bei Spinnen an Schuppenhaaren auf, die ähnlich wie die Flügelschuppen vieler Schmetterlinge das Licht in seine Spektralfarben zerlegen und einen Teil davon reflektieren. Je nach der Zusammensetzung des reflektierten Lichtes glänzen die Schuppenhaare der Springspinnen weiß, gelb oder rötlich, seltener auch türkis oder stahlblau.

Farben können auch an der Oberfläche der Kutikula bei besonderer Anordnung der Chitinfasern entstehen. Während die Farben der Kutikula an toten und konservierten Tieren noch sichtbar sind, verschwinden die Effekte an den Schuppenhaaren meist sofort, wenn sie mit Flüssigkeit benetzt werden. Die Reflexion des Lichtes erfolgt nämlich durch sehr feine luftgefüllte Zwischenräume an der Oberfläche der Haare. Werden diese Räume mit Konservierungsflüssigkeit gefüllt, verlieren sie ihre optischen Eigenschaften und erscheinen in der Farbe des Chitins.

Natürlich finden wir in der Artenfülle tropischer Arten auch die mannigfaltigsten Farbenkombinationen. Doch auch die einheimischen Springspinnen zeigen eine beachtliche Palette verschiedenster Farbnuancen. Das im wahrsten Sinne des Wortes glänzendste Beispiel hierfür ist *Heliophanus,* eine Gattung, deren zahlreiche Arten in den verschiedensten Lebensräumen unserer Heimat vorkommen. Es sind kleine, meist schlanke, schwarze Tiere. Bei entsprechendem Lichteinfall glitzert die Kutikula in herrlichem Goldglanz, der zuweilen zum Rötlichen oder Grünlichen tendiert. Hinzu kommen in Gruppen angeordnete Schuppenhaare, die eine weiße Streifen- und Fleckenzeichnung ergeben. Bei älteren Tieren ist von dem Weiß oft kaum noch etwas zu sehen, da diese Haare leicht abbrechen. Der Goldglanz aber bleibt, ist er doch an die Struktur des Chitins gebunden.

Auch die als Harlekin- oder Zebraspringspinnen bekannten *Salticus*-Arten, die mitunter sogar die Hochhauswände in Großstädten besiedeln, verdanken ihre schöne schwarz-weiße Zeichnung der besonderen Anordnung von Schuppenhaaren.

Bräunliche Töne werden bei den meisten einheimischen Arten durch normale farbige Haare hervorgebracht. So haben die winzigen Vertreter der Gattungen *Euophrys* und *Neon* rotbraune oder orangefarbige „Augenwimpern", Kränze ganz gleichmäßig langer, leicht aufwärts gebogener Haare um die großen Augen. Der Hinterleib der großen *Evarcha*-Arten, die sehr häufig auf Gräsern und Stauden gefunden werden, trägt oberseits ein herrliches Muster in allen nur denkbaren Brauntönen, vom Gelblichen bis zum satten Schwarzbraun. Die schlanke *Marpissa radiata,* im Schilf und auf sehr nassen Wiesen zu Hause, schmückt ein kupferfarbiges Zopf- oder Fischgrätenmuster auf dem sonst gelblich-graugrünen Hinterleib.

Von der Vielzahl heimischer Springspinnen sollen hier noch zwei *Phlegra*-Arten erwähnt werden, die an sonnigen, warmen Waldrändern am Boden leben. Die Weibchen beider Arten sind schlicht graugelb gefleckt, während die Männchen auffällige Farben und Muster zeigen. So hat der Vorderkörper des Männchens von *Phlegra festiva* kahle Stellen, an denen die Chitinkutikula nicht vom Haarpelz verdeckt wird. Je nach Lichteinfall glänzen diese Flächen stahlblau, schwarz oder dunkelbraun in herrlichem Kontrast zu einzelnen abstehenden, schneeweißen Haaren. Der Kopfbereich des Männchens von *Phlegra v-insignita* ist ebenfalls sehr dunkel, wodurch die helle V-Zeichnung besonders hervortritt. Zwei gelblichweiße, ineinandergeschobene V-Marken weisen mit ihrer Spitze zwischen die großen Hauptaugen.

Weitere Farbkontraste erkennen wir durch das interessante Verhalten der *Phlegra*-Männchen, wenn sie zum Beispiel plötzlich beide Vorderbeine heben und mit den

Tastern winken. Samtig schwarz sind die Beine und mit dicken, weißen Haarbüscheln an den Fußenden. Im Kontrast dazu die Taster mit langen, weißen und goldgelben Haaren. Dieses interessante Bild gehört zum Paarungsritual der Springspinnen, das uns im entsprechenden Kapitel ausführlich beschäftigen wird.

Die meisten unserer einheimischen Springspinnen sind ziemlich klein. Eine kaum 3 mm große, braungesprenkelte *Euophrys* muß man erst einmal zwischen den Erdkrümeln am Waldboden finden, bevor man ihre orangefarbigen „Augenwimpern" mit der Lupe bewundern kann. Die etwas größeren Vertreter der Gattungen *Marpissa* und *Evarcha* mit ihrer schönen braunen Zeichnung bleiben auf einem Grasblatt ganz ruhig sitzen und lassen sich vom Wind schaukeln, während wir ungewollt an den Tieren vorbeischauen. Und die braun glänzenden und schillernden *Myrmarachne*- und *Synageles*-Arten werden Sie auf den ersten Blick sicher als Ameisen ansehen. Es gehört schon einige Übung dazu, diese interessanten Tiere als Springspinnen zu erkennen. Ist das Auge aber erst einmal geschult, findet man *Synageles venator* gar nicht so selten sogar an Hauswänden mitten in der Stadt.

Liebe unter Spinnen

Der „kleine Unterschied"

Männchen und Weibchen zu unterscheiden fällt gar nicht so schwer – tragen doch die Männchen ihre meist überdimensionierten Begattungsorgane offen zur Schau. Da diese Organe sehr kompliziert und artspezifisch gebaut sind, dienen sie dem Arachnologen als sicheres Merkmal zur Bestimmung und Unterscheidung der verschiedenen Spinnenarten. Die inneren Geschlechtsorgane der Spinnen liegen, paarig angeordnet, im Hinterleib und münden an dessen Bauchseite nach außen. Die unpaare Geschlechtsöffnung findet sich bei Männchen und Weibchen gleichermaßen in der Mitte der Epigastral- oder Bauchfurche im vorderen Teil des Hinterleibes etwas hinter den Öffnungen der Buchlungen.

In den schlauchförmigen, sehr langen und dicht aufgeknäuelten Hoden entwickeln sich Spermien, die wie bei vielen anderen Tieren aus Kopf und Schwanz bestehen und sehr beweglich sind. Diese rein äußerlich „ganz normalen" Samenzellen zeigen aber in ihrem Feinbau und ihrem Verhalten zahlreiche Besonderheiten, deren Ursprung bisher ungeklärt ist.

In Lehrbüchern liest man oft, daß Geißeln aus feinen Fäden oder Röhrchen, den Fibrillen, aufgebaut sind. Ganz gleich, ob es sich um „Schwänze" von Einzellern, um Geißelzellen in Schwämmen, in der Haut der Strudelwürmer bzw. in unserer Nasenschleimhaut oder um Spermienschwänze handelt, immer sind 9 Paar äußere und 2 einzelne innere Geißelfibrillen vorhanden. Nur in den Geißeln der Spinnenspermien sind es 9 + 3!

Eine weitere Besonderheit zeigt sich in der Entwicklung der Spermien. Nachdem sie fast ausgereift sind, rollen sie sich zusammen. Der flache Kopf krümmt sich, die Geißel wird darumgewunden und ins Zellinnere (!) aufgenommen. In dieser Kugelform werden die Spermien während der Begattung übertragen. Bei manchen Spinnen sind sie in größeren Kugeln, den Spermatophoren, verpackt.

Auch die Eierstöcke weichen von denen anderer Gliederfüßer ab, sie sehen aus wie die Ovarien von Vögeln. Die sich entwikkelnden Eier treten stark hervor und hängen nur mit einem dünnen Stiel am Eileiter, ähnlich wie die Beeren einer Weinrispe. Unglaublich, daß die großen Eier durch den dünnen Stiel passen sollen. Entsprechend wurde die Vermutung geäußert, daß die reifen Follikel platzen und die Eier durch die Bauchhöhle zum Uterus externus und über diesen Endabschnitt der weiblichen Geschlechtsorgane nach außen gelangen.

Die Eizellen sind sehr dotterreich und haben beim reifen Weibchen der Wanderspinne *Cupiennius* etwa 0,1 mm Durchmesser. Nach der Begattung werden noch mehr Nährstoffe eingelagert, so daß das Volumen der Eizellen um das 10- bis 12fache zunehmen kann. Man überlege sich diese enorme Leistung des Spinnenorganismus, wenn ein Cupiennius-Weibchen 1500 bis 2500 solcher Eier auf einmal produziert und nach jeweils etwa einehalb Monaten noch 4 bis 5 Portionen, die aber dann weniger Eier enthalten.

Bekanntlich lassen sich während der Spermien- und Eireifung in den Zellen die Chromosomen gut erkennen, jene Überträger von Erbanlagen, die normalerweise im Zellkern nicht sichtbar sind. Der doppelte Chromosomensatz der Zellen wird bei der Reifung der Geschlechtszellen geteilt. Da immer zwei Chromosomen (doppelter Satz!) annähernd gleiche Erbanlagen tragen, finden sich alle Erbanlagen des Organismus in den Keimzellen wieder, obwohl in diesen nur der einfache Chromosomensatz vorliegt.

Bei der Befruchtung verschmelzen männliche und weibliche Keimzellen wieder zu einer Zelle mit doppeltem Chromosomensatz, der nun zu gleichen Teilen Erbanlagen der Mutter und des Vaters enthält.

Begattungsorgan (Bulbus mit Embolus) am Taster der Sechsaugenspinne *Segestria* (Mikropräparat).

Auch das Geschlecht des Nachwuchses wird auf diese Weise durch die Geschlechtschromosomen X und Y festgelegt.

Das männliche Geschlecht wird durch die Kombination XY festgelegt, das weibliche durch XX. Bei der Keimzellenreifung entstehen Spermien mit einem X- oder (!) einem Y-Chromosom, während Eizellen stets ein X-Chromosom enthalten. Kommt nun ein Y-haltiges Spermium zur Befruchtung, ist der Nachkomme männlich mit einem doppelten Chromosomensatz, der Y und X enthält. Andererseits entsteht ein weibliches Individuum, wenn im doppelten Chromosomensatz zweimal X vorhanden ist.

Diese Erklärung ist hier nur aus einem Grund notwendig – um zu zeigen, daß bei den Spinnen alles ganz anders ist. Unter den 20 bis 30 Chromosomen in den Zellen des Spinnenkörpers findet sich nämlich kein einziges Y-Chromosom. Die Geschlechtsbestimmung erfolgt einzig und allein durch die Kombination von X-Chromosomen!

So kann es sein, daß das Männchen zwei X-Chromosomen in den Körperzellen trägt, das Weibchen vier. Es entstehen also immer Eizellen mit zweimal X, während Spermien entweder zwei X oder gar kein Geschlechtschromosom enthalten. Bei der Befruchtung durch ein Spermium ohne Geschlechtschromosom entsteht demnach ein männlicher Nachkomme mit XX, anderenfalls ein weiblicher mit vier X-Chromosomen, zwei vom Spermium und zwei von der Eizelle.

Die ganze Angelegenheit kann sogar noch komplizierter werden, da die Männchen mancher Spinnenarten nur ein Geschlechtschromosom besitzen, andere dagegen drei. Doch über solche Merkwürdigkeiten lassen wir besser die Genetiker nachdenken...

Wenig „Sex" – auf Vorrat

Auf den ersten Blick erscheinen Paarung und Begattung bei den Spinnen als ein recht kompliziertes Unterfangen. An der männlichen Geschlechtsöffnung findet sich außer ein paar Drüsen nichts, was der Spermaübertragung dienen könnte. Hinzu kommt, daß die meisten Spinnenweibchen jedes kleinere Lebewesen erst einmal als Beute betrachten – auch das eigene Männchen.

Nahe Verwandte der Spinnen – und wahrscheinlich auch die gemeinsamen Vorfahren – lösen das Problem, indem das Männchen in der Nähe des Weibchens eine Spermatophore, eine Spermienkapsel, absetzt. Während des folgenden Liebesspiels nimmt dann das Weibchen die Spermatophore auf, oder aber das Männchen packt mit seinen Tastern den Spermienbehälter und stopft ihn in die weibliche Geschlechtsöffnung.

In der Evolution der Spinnen ist dieses Grundprinzip erhalten geblieben. Der Modus aber, nach dem das Männchen die Spermatophore übergibt, führte bei den Spinnen zu einer Umgestaltung der Taster des Männchens in sekundäre Begattungsorgane, die im ganzen Tierreich ihresgleichen suchen.

Es sind die Endglieder der Taster, die bei Jungspinnen und Weibchen wie zu klein geratene Beine aussehen, bei den Männchen aber zu komplizierten Kopulationsorganen entwickelt wurden. Über die Entstehung und Funktion dieser Organe ist man sich noch nicht in allen Einzelheiten einig. Zum besseren Verständnis der Zusammenhänge wollen wir den einfachen Typ der Vogel- und vieler ursprünglicher Laufspinnen dem komplizierten Taster der meisten Netzspinnen gegenüberstellen.

Am Endglied des männlichen Spinnentasters befindet sich der Bulbus, ein im einfachsten Falle birnenförmiges Gebilde. Die Spitze des Bulbus wird als Embolus bezeichnet. Es ist jener Teil, der in die weiblichen Geschlechtsorgane eingeführt wird. Im Inneren des Bulbus liegt der Spermaschlauch mit einem blasenförmigen Reservoir. Nach vorn führt der Schlauch durch den Embolus und mündet nahe der Spitze nach außen.

Vor der Paarung wird mit dieser eigenartigen Pipette das Sperma aufgenommen. Dazu baut das Spinnenmännchen ein kleines, meist dreieckiges Netz, das Spermanetz. Auf diesem Gespinst wird ein Tropfen aus der Geschlechtsöffnung abgesetzt, um danach in ganz charakteristischer Weise mit den Tastern aufgenommen zu werden.

Manche Spinnen tauchen beide Bulbusspitzen gleichzeitig ein, andere durchstechen mit dem Embolus das Spermanetz, wieder andere halten das gesamte Gespinst von Anfang an mit den Beinen und führen es zusammen mit dem Spermatropfen zu den Tastern. Diese Verhaltensweisen werden nur selten beobachtet und sind für die Erforschung der Stammesgeschichte der Spinnen von großer Bedeutung.

Mit gefüllten Spermaschläuchen begibt sich dann das Männchen zum Weibchen. Nach einem typischen Liebesspiel führt es einen Embolus oder beide Emboli gleichzeitig in die weibliche Geschlechtsöffnung ein und entleert den Inhalt der Schläuche.

Das Herauspressen der Spermien aus dem männlichen Bulbus erfolgte ursprünglich sicher durch Erhöhung des Blutdruckes in den Tastern und das daraus resultierende Zusammendrücken des Reservoirs. Im Laufe der Stammesgeschichte ist jedoch der innere Bau des Bulbus komplizierter geworden, so daß ein einfaches Ausdrücken des jetzt gewundenen Spermaschlauches rein mechanisch unmöglich ist. Es gilt deshalb als sicher, daß die komplizierten Spermaschläuche während der Kopulation mit Drüsensekreten gefüllt werden, die das Sperma austreiben.

• Schauen wir uns nun die weiblichen Begattungsorgane an. Der Embolus des Männchens dringt hier nicht unmittelbar in den Eileiter ein, sondern biegt – bedingt durch seine Krümmung – kurz nach Passieren der Geschlechtsspalte ab. In der Nähe der Geschlechtsöffnung befinden sich im weiblichen Körper spezielle Samentaschen – Receptacula semines genannt –, in die der Embolus des Männchens eindringt und das vorher aufgenommene Sperma entleert.

In diesen Samentaschen verbleiben die Spermien bis zur Eiablage. Das kann Wochen und Monate dauern, das Männchen ist dann längst gestorben. Erst kurz vor dem Ablegen der Eier werden die Spermien zu neuem Leben erweckt. Wahrscheinlich sind es Drüsensekrete des weiblichen Geschlechtsapparates, die die Wände eventuell vorhandener Spermatophoren auflösen, die Spermien veranlassen, sich aufzurollen und mit schnellen Bewegungen ihrer Geißel zu schwimmen.

Wenn jetzt die Spinneneier an der Öffnung der Samentaschen vorbeigleiten, nehmen sie die Spermien mit und werden befruchtet. Eine Art innere Befruchtung also, und das lange Zeit nach der Paarung, die ohne echte Begattungsorgane, unter Zuhilfenahme der Taster, vor sich gehen konnte.

Nur mit Mühe zum Ziel…

Ein Spinnenmännchen hat es wahrhaftig nicht leicht, muß es doch sein widerspenstiges, ja aggressives Weibchen besänftigen, manchmal sogar mit Gewalt bändigen. Oft hängen beide dabei in einem Netz oder gar an einem einzelnen schwankenden Faden. In dieser unsicheren Umgebung muß es dann mit der feinen Spitze seines Embolus genau die Geschlechtsöffnung des Weibchens treffen und dort verharren, bis die Spermien übertragen sind.

Allein mit dem oben beschriebenen einfachen Typ männlicher Begattungsorgane ist das so ziemlich unmöglich. Die Natur löste das Problem, indem der Bulbus des Tasters mit allerlei Chitinplatten, -spangen und -haken versehen ist, die alle in irgendeiner Weise dazu dienen, den Embolus zu führen und wenigstens für kurze Zeit an den weiblichen Genitalien zu befestigen.

Eine zweite Spitze am Bulbus, die mehr oder weniger parallel zum Embolus steht, leistet dabei gute Dienste. Der ganze Apparat wirkt dann wie eine Klammer. In eine Samentasche des Weibchens wird der Embolus eingeführt und in eine benachbarte die zweite Bulbusspitze. Somit hält ein Teil das andere in der richtigen Stellung. Gleichzeitig ist auch eine gewisse Führung gewährleistet, denn der Abstand der beiden Samentaschenöffnungen stimmt sehr genau überein mit dem Abstand zwischen Embolus und der zweiten Spitze, dem Konduktor.

Da nun die Natur nicht ganz so technisch zu Werke geht wie wir in unserer Überlegung, sieht ein solcher Bulbus in der Realität etwas komplizierter aus, das Funktionsprinzip ist aber das gleiche. Schauen wir uns einmal die Begattungsorgane einer *Harpactea* aus der Gruppe der Sechsaugenspinnen an.

Im weiblichen Geschlechtsorgan ist eine mittlere Samentasche besonders ausgeprägt und mit dickem Chitin verstärkt. Man kann bei diesem Gebilde schon nicht mehr von einem eigentlichen Receptaculum seminis sprechen, denn Sperma gelangt dort sehr selten hin. Vielmehr dient diese Tasche zur Aufnahme der Führungsspitze, des Konduktors, des männlichen Bulbus.

Da *Harpactea* fast immer beide Taster gleichzeitig benutzt, verkeilt einer den anderen in der mittleren Tasche des weiblichen Kopulationsorgans. In dieser Stellung steht der Embolus seitlich ab, mit den Spitzen genau dort, wo das Sperma deponiert werden soll.

Die Verbindung beider Partner ist sehr innig und fest. Einmal umklammert das Männchen seine Partnerin mit den Beinen, und oft fassen auch seine Cheliceren den Hinterleibsstiel – man kann sagen die Taille – des Weibchens. Zum anderen sind die vereinigten Kopulationsorgane fest miteinander verbunden.

Es gibt aber auch Fälle, in denen der Embolus sehr lang ist, die Samentaschen nur über entsprechend lange Einführungsgänge erreicht werden können. Auch der Konduktor wird komplizierter, muß er doch den Embolus auf seinem langen Weg sicher führen und die feste Verbindung zwischen männlichen und weiblichen Organen herstellen.

Je komplizierter ein Apparat, desto störanfälliger ist er aber auch. Beim Spinnenweibchen ist das kaum von Bedeutung, denn alle Teile sind im Körper verborgen. Das männliche Kopulationsorgan dagegen liegt frei, nahe der Tasterspitze. Wie leicht kann der empfindliche Embolus abbrechen, denn er besteht ja lediglich aus einem feinen Chitinröhrchen. Allzu leicht werden auch Teile des Konduktors beschädigt.

Bei den kompliziertesten und empfindlichsten Tastern finden wir einen interessanten Schutzmechanismus. Der gesamte Bulbus mit all seinen Anhängen ist nämlich in mehrere Teile gegliedert, die untereinander durch weiche Gelenkhäute verbunden sind. In Ruhe läßt sich das Kopulationsorgan zusammenfalten, und wenn es gebraucht wird, pumpt erhöhter Hämolymphdruck den ganzen Apparat auf. Embolus und Konduktor – um nur diese Teile zu nennen stehen nur während der Begattung vom übrigen Bulbus ab, sonst sind beide eng aneinandergelegt und oftmals in Chitinfalten verborgen.

Wohl kein System ist perfekt, und so hat auch der zusammenlegbare Bulbus am Spinnentaster seine Nachteile. Die hohe Eigenbeweglichkeit des Bulbus führt zwangsläufig dazu, daß eine sichere Verbindung mit dem weiblichen Organ sehr erschwert wird.

Nur wer Spinnen unter dem Mikroskop genauer untersucht hat, weiß, mit welch komplizierten Organen, mit wie vielen unterschiedlichen Methoden, mit welcher Vielfalt winziger Chitinteilchen, Gelenkhäute und Ventilmechanismen die Natur dieses Problem meistern kann.

Natürlich hat die Evolution auch die Weibchen mit einbezogen. Ihre Begattungsorgane kamen denen der Männchen sozusagen entgegen. In der Umgebung der Geschlechtsöffnung bildeten sich feste Chitinplatten, zum Teil mit Fortsätzen oder Vertiefungen versehen. Das ganze wird als Epigyne bezeichnet, was nichts anderes heißt als „das auf dem Weiblichen Liegende". Die Epigyne ist in ihrer Gestalt sehr genau auf bestimmte Teile des männlichen Bulbus abgestimmt und ermöglicht dadurch eine feste Verbindung zwischen beiden Begattungsorganen, zum Teil schon vor der Einführung des Embolus.

So hat jede Spinnenart ihr eigenes System, die Begattungsorgane miteinander zu verbinden. Die wenigsten dieser Mechanismen sind in ihrer Funktion genauer bekannt. Es gilt aber als sicher, daß sie zumindest bei den Netzspinnen stets die gleichen Aufgaben zu erfüllen haben: Der teilweise entfaltete Bulbus wird an der

Epigyne festgehakt, gleichzeitig rastet er ein an bestimmten anderen Teilen des Tasters, man spricht von einer Arretierung des Tasters in sich. Mit dem Entstehen dieser Brücke, gebildet durch die Begattungsorgane beider Geschlechter, gerät der Konduktor des männlichen Bulbus an die Einführungsöffnung der Epigyne. Durch den Konduktor geführt, gleitet der Embolus in die weiblichen Geschlechtsorgane, getrieben von Kräften, die durch die nun vollständige Entfaltung des Bulbus freigesetzt werden. Oft wirken noch weitere Mechanismen, die den Embolus in seiner Stellung arretieren, ihn gewissermaßen festklemmen.

Die Trennung erfolgt ziemlich genau verkehrtherum, wenn der Hämolymphdruck im Taster wieder gesenkt wurde.

Schlüssel und Schloß müssen passen...

Man braucht bei den komplizierten Verhakungs- und Führungsmechanismen nicht gleich an die Kopplung von Raumschiffen zu denken. Außerdem kannten die Pioniere der Arachnologie noch gar keine Raumschiffe. Vielmehr stellten sie fest, daß der Vergleich zwischen den komplizierten Begattungsorganen bestens geeignet ist, sonst sehr ähnliche Spinnenarten zu unterscheiden. Das System Bulbus-Epigyne wurde deshalb unter anderem mit einem Schlüssel und dem dazugehörigen Schloß verglichen.

In der Tat ist es so, daß bei den komplizierten Begattungsorganen der Kreuzspinnen zum Beispiel der Bulbus der einen Art nicht zur Epigyne der anderen paßt. Das wurde sogar experimentell nachgewiesen, indem man Männchen und Weibchen von zwei sehr nahe verwandten Arten zusammenbrachte. Das Männchen wurde vom Weibchen der anderen Art akzeptiert, es konnte sogar einen Taster an der Epigyne anhängen, aber im entscheidenden Augenblick rutschte er jedesmal ab. Es gelang nicht, den Embolus einzuführen.

Auf diese Weise wird also in der Natur verhindert, daß sich zwei Arten miteinander vermischen, sich untereinander kreuzen. So glaubte man, bis ein kluger Denker fragte, warum sich dann zum Beispiel unsere beiden Segestria-Arten (Segestriidae) nicht untereinander kreuzen, warum nicht auch viele andere Spinnen die gleichermaßen einfach gebauten Kopulationsorgane haben.

Gerade bei *Segestria* ist eine Vermischung leicht denkbar. Die Begattungsorgane beider in Mitteleuropa vorkommenden Arten sind einander so ähnlich, daß sie ohne weiteres auch zum jeweils anderen Geschlecht der anderen Art passen würden. Hinzu kommt, daß beide Arten in manchen Gegenden einen Lebensraum gemeinsam besiedeln.

Irgend etwas stimmt also nicht mit dem Schloß-Schlüssel-Prinzip. Es müssen noch andere Mechanismen wirken, die eine Kreuzung unterschiedlicher Arten verhindern. Die Ergebnisse der Verhaltensforschung zeigten zahlreiche Ansätze zur Lösung des Problems.

Seit langem ist nämlich bekannt, daß sich ein Spinnenweibchen nicht von irgendeinem Männchen „heimführen" läßt. Oft genug kommt es vor, daß sogar Männchen der eigenen Art davongejagt oder angegriffen werden. Außerdem nehmen die meisten Männchen gar keine Notiz von artfremden Weibchen.

Zuerst bemerkte man, daß sich Spinnenmännchen in ganz charakteristischer Weise zu erkennen geben. Ihr Verhalten ist darauf gerichtet, vom Weibchen nicht mit einem Beutetier verwechselt zu werden. So werden zum Beispiel bestimmte Zupf- und Klopfsignale gegeben, die das Weibchen an der Erschütterung des Netzes erkennt und zum Teil sogar erwidert.

Die Spinnen bedienen sich dabei ganz bestimmter Rhythmen, die beide Geschlechter einer Art erkennen, von Spinnen anderer Arten aber ignoriert werden oder gar Flucht- bzw. Angiffshandlungen auslösen können. Manche Spinnen erzeugen dabei Töne, die sogar vom Menschen wahrgenommen werden können.

Eine besondere Art des Kennenlernens stellen die Tänze dar. Sie werden fast ausschließlich von solchen Spinnen aufgeführt, die sehr gut sehen können. Zunächst beginnt das Männchen, zeigt dabei ganz charakteristische Körperhaltungen und Farbmuster. Später fällt das Weibchen ein und fordert zur Paarung auf.

Die Angriffsreaktion der Weibchen mancher Arten kann auch dadurch gebremst werden, daß die Männchen Hochzeitsgeschenke mitbringen. Das braucht nicht immer eine Fliege zu sein. Manchmal tut es ein Gespinstkügelchen, in das das Weibchen hineinbeißt. Und während es damit beschäftigt ist, erfolgt die Paarung.

Wir werden im folgenden Abschnitt noch zahlreiche Einzelheiten über derart interessante Verhaltensweisen kennenlernen, können aber jetzt schon feststellen, daß nur artspezifisches Verhalten eine Paarung ermöglicht, lange bevor das Schloß-Schlüssel-Prinzip zur Wirkung kommt.

Somit wird klar, warum sich die vorher erwähnten *Segestria*-Arten nicht kreuzen, obwohl ihre Kopulationsorgane zusammenpassen würden. Im Verhalten der *Segestria senoculata* gibt es nämlich ein Klopfzeichen, das Tiere von Segestria bavarica als Aufforderung zur Paarung nicht verstehen können, und umgekehrt. So würde ein *bavarica*-Weibchen das *senoculata*-Männchen gar nicht erst hereinlassen, wenn es „die Tür verwechselt".

An dieser Stelle noch einige Bemerkungen zur Evolution der Begattungsorgane, da diese eng gekoppelt ist mit dem Paarungsverhalten.

Es klingt sehr einfach und plausibel, daß die Entwicklung mit dem einfachen birnenförmigen Pipetten-Bulbus und der kaum als Kopulationsorgan erkennbaren Geschlechtsöffnung des Weibchens begann und später in den unglaublich komplizierten Verhakungsmechanismen zwischen verschiedenen Bulbusteilen und der weiblichen Epigyne gipfelte. Diese alte Lehrmeinung hat viele Jahrzehnte überdauert und ist noch heute in fast allen allgemeinen Zoologiebüchern nachzulesen.

Heute ist nicht mehr nachzuweisen, wem die ersten Zweifel kamen: Warum haben so hoch spezialisierte Radnetzspinnen wie die Tetragnathidae keine Epigyne? Wieso besitzt der Taster mancher Kugelspinnen einen ganz einfachen birnenförmigen Bulbus? Wie soll man Zitterspinnen bewerten, die der Stellung ihrer Augen nach anscheinend „primitiv" sind – Tiere des weiblichen Geschlechtes aber haben eine komplizierte Epigyne. Auch der männliche Taster ist derart kompliziert, daß man bis heute seine Funktion nicht versteht. Zudem stellten Wissenschaftler fest, daß die Gliederspinnen, die „lebenden Fossilien" unter den Spinnen, sehr komplizierte Taster haben, die in nichts an die einfache Pipettenform erinnern.

Dieses scheinbare Durcheinander in der Evolution der Kopulationsorgane könnte noch weiter getrieben werden. Betrachtet man aber die Begattungsorgane in ihrer Funktion, in ihrem Zusammenhang mit anderen Körperteilen, und berücksichtigt dabei das Paarungsverhalten der Tiere, klären sich viele Fragen sehr schnell.

Generell ist nämlich zu beobachten, daß komplizierte Begattungsorgane immer dann vereinfacht wurden, wenn enger Körperkontakt der Partner eine zusätzliche Verankerung von Bulbus und Epigyne überflüssig werden läßt.

Die erwähnten Tetragnathidae verhaken ihre Cheliceren gegenseitig so fest ineinander, daß beide Partner in ihrer Körperhaltung und -bewegung stark eingeschränkt sind und die vereinigten Begattungsorgane nicht verrutschen können. Diese Spinnen haben keine Epigyne (mehr?) und einen sehr einfach gebauten Bulbus.

Vogelspinnenmännchen halten ihre Weibchen an den Cheliceren fest. Dementsprechend sind keine besonderen Verhakungsmechanismen an den Kopulationsorganen ausgebildet. Die mehrfach erwähnten *Segestria*-Arten paaren sich in einer engen Röhre, in der nur eine Spinne bequem Platz findet. Während der Begattung sind beide Partner eng aneinandergeschmiegt und eingeklemmt. Wen wundert es, daß Segestria den denkbar einfachsten Bulbus hat?

In diesem Licht muß man auch die relativ komplizierten Taster der Gliederspinnen sehen, jener Tiere, die fast genauso aussehen wie die Vorfahren aller Spinnen vor etwa 300 Millionen Jahren. Die außerordentliche Vielfalt von sehr einfachen und unglaublich komplizierten Begattungsorganen hat sich wahrscheinlich erst später in vielen verschiedenen Entwicklungsrichtungen herausgebildet. Die dabei eingeschlagenen Evolutionswege zu erkunden ist eine schwierige und hochinteressante Aufgabe, mit deren Lösung die Arachnologen gerade erst begonnen haben. Eines gilt aber bereits jetzt als sicher: Am Ende der Entwicklungsreihe steht in jedem Falle ein einfacher Pipettenbulbus und nicht am Anfang, wie man früher annahm.

Manchmal hilft nur noch ein Geschenk

Gehst du zum Weibe, vergiß nicht zu klopfen, zu zupfen, zu zirpen, zu tanzen, vergiß auch nicht die Fliege oder etwas Ähnliches. Diese Ratschläge könnte man einem Spinnenmännchen mit auf den Weg geben. Es ist kaum zu glauben, mit welchen Raffinessen die Natur arbeitet, um eine Spinnenpaarung überhaupt erst zu ermöglichen.

Allgemein wird erzählt, Spinnen fressen ihre Männchen auf – natürlich nicht vorher. Aber auch nach der Paarung kommen die meisten Männchen mit dem Leben davon. Nur verhältnismäßig wenige Spinnenweibchen haben ihre Männchen „zum Fressen gern". Wenn er sich ungeschickt und nicht schnell genug wieder entfernt, kann es allerdings vorkommen, daß seine Partnerin zupackt. Denn sie braucht jetzt sehr viel Nahrung, damit die Eier heranwachsen können.

Dieses Buch kann nur eine kleine Auswahl von den oft eigenartigen Verhaltensweisen bei der Paarung der verschiedenen Spinnenarten zeigen. Immer geht es darum, ein passendes Weibchen zu finden und aufmerksam zu machen auf den Unterschied zwischen einem Beutetier und dem Spinnenmännchen. Zudem muß das Weibchen in Paarungsstimmung versetzt werden, und nach der Vereinigung sollte sich das Männchen sicher entfernen – oder fressen lassen.

Auch das Paarungsverhalten der Spinnen unterliegt ständiger Entwicklung, und deshalb sollten wir die Evolutionsvorgänge nicht ganz außer acht lassen, trotz der vielen Lücken, die unser diesbezügliches Wissen noch aufweist.

Im einfachsten Falle geht das Männchen von vorn auf das Weibchen zu, beide betasten sich kurz mit den Beinen und kopulieren. Dieser Vorgang, bei dem das Männchen unter den weiblichen Vorderkörper kriecht, ist typisch für ursprüngliche Laufspinnen, aber auch von einigen anderen Spinnen bekannt.

Das Ganze sieht recht gefährlich aus, und im Laufe der Evolution sind zahlreiche Methoden entstanden, das Männchen aus der Reichweite der weiblichen Cheliceren zu bringen. Bei den Speispinnen der Gattung *Scytodes* geschieht dies auf sehr interessante Weise: Bei unserer heimischen *Scytodes thoracica* erkennen sich die Partner offenbar sofort, und ohne besondere Vorbereitung stemmt das Männchen seine Vorderbeine gegen die des Weibchens und drückt so den Vorderkörper seiner Partnerin nach oben. Der kleine Kerl schiebt so lange, bis das Weibchen fast auf den Spinnwarzen sitzt.

In dieser Stellung werden die Taster nach vorn in die weibliche Geschlechtsöffnung geführt, und im gleichen Moment beißt das Männchen in die Bauchhaut des Weibchens kurz hinter der Genitalfurche. Es kommt allerdings zu keiner Verletzung, denn genau an der richtigen Stelle hat die weibliche *Scytodes* zwei mit festem Chitin ausgekleidete Taschen, in die die Chelicerenklauen des Männchens hineinfassen. So sind beide Partner für die Dauer der Kopulation von einigen Minuten fest verbunden. Danach trennen sie sich ruckartig, und jeder geht seinen eigenen Weg.

Dieses Festbeißen ist von vielen Spinnen bekannt. Bei den großen Vogelspinnenarten trommelt das Männchen zunächst auf dem Gespinstteppich vor der weiblichen Wohnung. Das Weibchen kommt herbei, droht mit aufgeklappten Chelicerenklauen und schlägt zu, sobald das Männchen ihm seine Vorderbeine entgegenstreckt. Die kräftigen Klauen verletzen den Partner aber nicht, sondern treffen ziemlich genau

Speispinnen *Scytodes thoracica* bei der Paarung.

einen kleinen Haken am Gelenk zwischen Schiene und Fuß des männlichen ersten Beinpaares. Er hat also seine Partnerin gewissermaßen bei den Zähnen gepackt und stemmt sich jetzt mit aller Kraft gegen sie. Wenn das Weibchen fast senkrecht auf die Hinterbeine gestellt ist, reichen die Taster gerade bis zur weiblichen Geschlechtsöffnung.

Bisse werden ebenfalls ausgeteilt bei den Zwergspinnen der Familie Linyphiidae und bei einigen Kugelspinnen. Aber auch in der Paarungsstellung zeigen diese Netzspinnen interessante Gemeinsamkeiten mit den ursprünglichen Laufspinnen. Die Stellung der Partner zueinander ist nämlich genau dieselbe wie etwa bei den Speispinnen oder den meisten Vogelspinnen, nur daß die Netzspinnen am Faden hängen, während die Laufspinnen auf dem Boden stehen. Wenn nun das Fangnetz

einiger Netzspinnenarten reduziert wird, die Tiere sekundär zum Bodenleben übergehen, paaren sie sich genauso wie die ursprünglichen Laufspinnen.

Nachdem das Männchen sich durch artspezifisches Zupfen an den Fäden zu erkennen gegeben hat und vom Weibchen herangelassen wird, hebt letzteres seinen Vorderkörper vom Netz ab. Den Vorderrücken dem weiblichen Bauch zugekehrt, schiebt sich das Männchen von vorn unter seine Partnerin – oder sagen wir besser über sie, denn beide hängen ja mit dem Rücken nach unten im Netz.

Die Männchen mancher Arten haben ihren Partnerinnen noch mehr zu bieten. Abenteuerlich anmutende Kopffortsätze zieren viele männliche Zwerg- und Kugelspinnen. Seitlich davon finden sich oft rinnen- oder trichterförmige Vertiefungen, während vorn am Kopf mitunter Drüsenfelder und/oder Haarbüschel zu erkennen sind. Während der Paarung schlägt das Weibchen seine Chelicerenklauen in die Vertiefungen am männlichen Kopf und saugt gleichzeitig austretendes Drüsensekret auf.

Unabhängig voneinander hat sich dieses Verhalten bei sehr vielen Spinnenarten herausgebildet. Gut bekannt ist es von den Zwergspinnen sowie von *Argyrodes* und anderen Gattungen der Kugelspinnen. Es wird aber noch bei zahlreichen anderen Spinnen vermutet, deren Männchen ebenfalls eigenartige Höcker, Gruben, Stacheln oder Haare am Kopf tragen.

Auf diese Weise geht die Angriffsreaktion des Weibchens in das Paarungsritual ein. Anders aber bei den Kreuzspinnen, bei denen die Männchen durch den Biß der Weibchen oft genug ein Bein, mitunter sogar das Leben verlieren.

Die Männchen sehr vieler Kreuzspinnen und ihrer Verwandten sind auffallend klein. Besonders extreme Unterschiede zeigen sich bei Seidenspinnen der Gattung *Nephila*. Die Männchen haben eine Größe von kaum mehr als 1 cm, sind zierlich und relativ langbeinig. Ihre Weibchen hingegen sind wahre Riesen mit einem Hinterleib, der manchmal so groß wie unser Zeigefinger ist.

Die Seidenspinnenmännchen werden schneller erwachsen als gleichaltrige Weibchen, da sie zum Wachstum weniger Häutungen benötigen. Sie sitzen dann meist scharenweise am Rand des Netzes einer fast erwachsenen Artgenossin. Nach deren Reifehäutung machen sie sich quer durch das riesige Fangnetz auf den Weg. Manche müssen dabei ihr Leben lassen, wenn sie sich zu unvorsichtig bewegen. In der Regel aber werden die Zwergmännchen vom Weibchen ignoriert.

Das zuerst angekommene Männchen klettert an den Beinen seiner Partnerin entlang, immer im richtigen Rhythmus klopfend und streichend. Während die anderen Männchen jetzt generell verjagt werden, gelangt das erste zum Körper seiner Gattin. Hier geschieht dann alles weitere. Jeder Taster wird mehrmals in die Epigyne eingeführt, was bei den enormen Größenunterschieden eine Meisterleistung des Männchens darstellt. Mit der ganzen Kraft seines kleinen Körpers schiebt es den Konduktor, in dem der Embolus gleitet, in die Einführungsöffnung. Völlig ermattet stirbt das Männchen; oft noch am weiblichen Körper hängend, wird es von seiner Partnerin abgenommen und verspeist.

Weit weniger auffällig sind die Unterschiede zwischen den Geschlechtern bei den gutbekannten *Araneus*-Arten, den eigentlichen Kreuzspinnen. Dennoch sind die Männchen von relativ kleinem zierlichem Körperbau, haben aber auffallend lange Beine. Besonders lang und oft stark bestachelt sind die Vorderbeine, was seinen guten Grund hat.

Wenn ein Männchen am Duft des Fadens erkannt hat, daß er zum Netz eines erwachsenen Weibchens seiner Art gehört, zupft es in artspezifischem Rhythmus an den Fäden. Oft erkennt das Weibchen diese Signale sofort, kommt dem Männchen entgegen oder verharrt ruhig. Dieses klettert nun vorsichtig zum Weibchen, dabei einen Faden hinter sich herziehend und die Vorderbeine weit von sich gestreckt.

Ständig klopft und zupft das Männchen, beißt einzelne Fäden des Netzes durch und klettert weiter. Nicht selten greift dabei das Weibchen an und beißt zu – in die bestachelten Vorderbeine seines Partners, denn weiter kommt es nicht an dessen Körper heran. Das Männchen läßt sich am Faden fallen, autotomiert das verletzte Bein, um danach zu einem neuen Versuch zu starten.

Schließlich vereinen sich die Partner, am Hochzeitsfaden hängend – ihn hat das Männchen hinter sich hergezogen –, inmitten des zerstörten Fangnetzes. Mit den verbliebenen Vorderbeinen umklammert es sein Weibchen und verhakt den komplizierten Taster an der nicht weniger komplizierten Epigyne.

Bei vielen Kreuzspinnenarten kommt das erschöpfte Männchen nach der Kopulation nicht mit dem Leben davon. Das Weibchen der südeuropäischen Art *Araneus pallidus* beißt sein Männchen noch während der Vereinigung. Vielfach brechen auch die eingeführten Emboli oder Teile von diesen ab und verbleiben in den weiblichen Genitalien. Der Taster ist damit unbrauchbar geworden.

Man kann nicht generell behaupten, Kreuzspinnen fressen ihre Männchen auf. Unsere sehr häufige Schilfkreuzspinne *Larinioides cornutus* zum Beispiel zeigt sich stets friedlich gegenüber ihrem Partner. Oft findet man Männchen und Weibchen lange Zeit gemeinsam in einem Schlupfwinkel, sie fressen gemeinsam und überwintern auch zusammen.

Eine andere interessante Ausnahme sind die überaus häufigen Herbstspinnen unserer Heimat. Leicht beobachten läßt sich *Meta segmentata,* die von der zweiten Sommerhälfte bis zum ersten Frost überall zu finden ist.

Am Radnetz eines Weibchens dieser Art finden sich zahlreiche Männchen ein, die meist am oberen Rahmenfaden geduldig warten. Gerät ein Insekt ins Netz, beginnt ein regelrechter Wettlauf, den oft das Weibchen gewinnt. Hat aber eines der Männchen als erstes die Fliege erreicht, ändert sich die Situation schlagartig. Das Weibchen begibt sich sofort zur Nabe des Netzes zurück, und die anderen Männchen machen dem Sieger Platz.

Dieser spinnt die Fliege sorgfältig ein, und während er das Hochzeitsgeschenk mit weit vorgestreckten Vorderbeinen vor sich herträgt, nähert er sich dem Weibchen in ähnlicher Weise wie dies die nahe verwandten Kreuzspinnen tun. Mit den Tastern klopft und zupft das Männchen am Netz und spannt den Hochzeitsfaden hinter sich.

Das Hochzeitsgeschenk wird dem Weibchen überreicht, oder vielmehr beißt es in die Fliege statt in das Vorderbein seines Männchens. Meist frißt das Weibchen gar nicht, sondern hängt sich gleich kopfunter in der typischen Paarungsstellung der Herbstspinnen auf. Nach der Paarung kommt das Männchen fast immer lebend davon.

Hier wird getrommelt und getanzt

Es hat seinen guten Grund, das Paarungsverhalten der übrigen Spinnen (es sind Röhrenbewohner und sekundäre Laufspinnen) in einem eigenen Abschnitt zu behandeln. Genauso wie die interessante Lebensweise dieser Tiere in vielen sehr verschiedenen und oft kaum erforschten Evolutionsvorgängen entstanden ist, genauso vielfältig und interessant ist ihr Paarungsverhalten.

Zunächst sei bemerkt, daß die hier zu untersuchenden Spinnen eine gänzlich andere Paarungsstellung haben als die ursprünglichen Laufspinnen und die Netzspinnen, bei denen das Männchen von vorn unter das Weibchen kriecht und, seinen Rücken dem weiblichen Bauch zugewandt, kopuliert.

Man nimmt an, daß die Enge der Wohnröhre zu einer Positionsveränderung führte. Wenn sich nämlich das Männchen dreht, beide Partner also Bauch an Bauch liegen, passen beide nebeneinander in die Röhre, das Weibchen zwischen die Beine des Männchens und dieses zwischen ihre.

Dementsprechend sind natürlich auch die Begattungsorgane in ihrer Funktion sehr verschieden von denen der Netzspinnen, muß doch bei diesen der Bulbus – er sitzt an der Unterseite des Tasterendgliedes – nach oben, also um den Taster herum, zur Epigyne geführt werden. Wir erinnern uns auch an die Beweglichkeit des Bulbus, die dies ermöglicht, und an die komplizierten Mechanismen, die dabei Halt geben.

Bei der Paarung der Röhrenbewohner und sekundären Laufspinnen geht es einfacher. Bauch an Bauch liegen die Partner, die Unterseite des Tasters zeigt zur Bauchseite des Weibchens. Damit steht der Bulbus bereits in Ruhestellung genau gegenüber der Epigyne. Der Embolus braucht „nur noch" eingeführt und in dieser Stellung für kurze Zeit arretiert zu werden.

Durch die Art, ihre Taster zu gebrauchen, geben die sekundären Laufspinnen dem Forscher wichtige Hinweise auf ihre stammesgeschichtliche Herkunft. Wir wollen die möglichen Evolutionswege untersuchen, müssen uns aber immer wieder vor Augen führen, daß wir nicht die Glieder vergangener Entwicklungsreihen direkt beobachten – diese sind längst ausgestorben und größtenteils unbekannt. Wir sehen stets rezente (also heute noch existierende) Tiere, die aber in Körperbau und Verhalten zahlreiche ursprüngliche Merkmale bis heute bewahrt haben können und damit frühere Evolutionsstufen widerspiegeln.

Zu den ursprünglichsten Röhrenbewohnern, die wir kennen, gehört *Heptathela nishihirai*, eine Gliederspinne, deren Lebensweise recht gut bekannt ist. Das *Heptathela*-Männchen streift auf der Suche nach der Falltür eines Weibchens umher.

Hat es sie gefunden, klopft es arttypisch an und wartet – oft sehr lange –, bis sie geöffnet wird. Die Paarung erfolgt nach uralter Art der ursprünglichen Laufspinnen. Danach zieht sich das Männchen zurück.

Das Männchen unserer einheimischen – zur Verwandtschaft der Vogelspinnen gehörenden – Art *Atypus affinis* erkennt den Schlauch eines erwachsenen Weibchens sofort an seinem Duft und klopft mit Tastern und Vorderbeinen an. Daraufhin zieht sich das zunächst herbeigeeilte Weibchen wieder in die Tiefe seiner Röhre zurück, während das Männchen mit den Cheliceren und gespinstzersetzendem Verdauungssaft ein Loch im Schlauch anlegt, hineinkriecht und von innen wieder zuspinnt. Es verbringt die kalte Jahreszeit gemeinsam mit dem Weibchen in dessen Wohnröhre. Nach der Paarung verläßt das Männchen im folgenden Frühjahr das weibliche Gespinst.

Um das Paarungsgeschehen direkt beobachten zu können, müssen wir uns Einblick in eine Gespinströhre verschaffen, oder, was sich viel leichter realisieren läßt, Spinnen beobachten, deren Röhre weit genug ist. Die cribellaten Finsterspinnen der Gattung *Amaurobius* bieten sich hierfür geradezu an, denn ihre Röhre ist an der Mündung ziemlich weit und insgesamt nicht sehr dicht gewebt.

Hat ein Männchen das weibliche Netz am Duft erkannt, beginnt es zu trommeln.

Etwa fünfmal in der Sekunde schlagen seine Taster auf das Gespinst, und das fast eine halbe Minute lang. Nach einer kurzen Pause wieder ein paar Tasterschläge, gleichzeitig zittert der Hinterleib des Männchens für einen kurzen Moment und versetzt das ganze Gewebe in sehr schnelle Schwingungen. Danach kurzes Trommeln nur mit einem Taster.

Schon an dem Rhythmus kann man erkennen, daß es sich um die Art *Amaurobius ferox* handelt; andere Arten der Gattung haben ihren eigenen Code. Unser *ferox*-Männchen braucht nicht lange zu klopfen und zu zittern. Das Weibchen hat es erkannt und erscheint in der Röhrenöffnung. Immer noch trommelnd tastet sich das Männchen näher.

Die Vorderbeine aneinanderlegend, „begrüßen" sich die Spinnen, was heißt, daß über die Geschmackshaare die Artzugehörigkeit beider Partner auf chemischem Wege festgestellt worden ist.

Das Männchen versucht nun, von vorn auf das Weibchen zu klettern, streichelt und betastet es dabei ständig. Doch dieses zieht sich langsam, aber stetig in seine Röhre zurück. Was bleibt dem Männchen in der Enge anderes übrig, als sich seitlich um den weiblichen Körper herumzubeugen? Zum Schluß liegt es in der typischen Paarungsstellung der Röhrenbewohner rücklings unter dem Bauch des Weibchens.

Ganz ähnlich verläuft die Paarung bei fast allen röhrenbewohnenden Spinnen. Eine interessante Verhaltensweise mancher Sack- und Plattbauchspinnen darf dabei nicht unerwähnt bleiben, zumal die häufige und große Art *Drassodes lapidosus* leicht zu beobachten ist. Nicht die reifen, sondern die noch nicht ganz erwachsenen Weibchen geben Sexuallockstoffe mit der Spinnenseide ab. Die etwas früher reif werdenden Männchen balzen demnach vor den Gespinsten der „jungen Mädchen" – wenn diese menschliche Bezeichnung erlaubt ist – und verschaffen sich Zugang zu ihren Wohnungen. Natürlich muß das Männchen noch etwas warten, aber unmittelbar nach der Reifehäutung des Weibchens kopuliert es mit seiner in dieser Zeit wehrlosen Partnerin.

Die Gründe für solch eigenartiges Verhalten, das übrigens auch bei manchen Kreuzspinnen beobachtet wurde, sind nicht genau bekannt. Auf jeden Fall wäre es jedoch unsinnig und falsch, von einer Vergewaltigung im menschlichen Sinne zu sprechen.

Je mehr die Röhre im Verlaufe der stammesgeschichtlichen Entwicklung zu einem Trichter und dieser gar zu einem flächigen Netz erweitert wird, desto mehr verändert sich auch die Paarungsstellung. Keine enge Röhre zwingt zum Beispiel ein Winkelspinnenmännchen, rücklings unter seine Partnerin zu kriechen. Vielmehr wird versucht, von vorn auf das Weibchen zu klettern und danach jeweils einen Taster seitlich um dessen Körper herum zur Epigyne zu schieben.

Derart umständlich erscheinende Bewegungen sind notwendig, da – wir haben es weiter vorn gelesen – der Verhakungsmechanismus zwischen männlichen und weiblichen Begattungsorganen nur in einer bestimmten Stellung der Teile zueinander funktionieren kann.

Sehr viele Spinnen aus der hier behandelten Gruppe haben im Laufe der Evolution ihr Fangnetz völlig aufgegeben und sind sekundär zu Laufspinnen geworden. Die einmal erworbene Paarungsstellung haben sie beibehalten, doch gibt es kein Netz mehr, an dem das Männchen zupfen oder klopfen kann. Andere Verhaltensweisen sind notwendig, sich dem Weibchen zu erkennen zu geben und es in Paarungsbereitschaft zu versetzen.

Die Männchen vieler Krabbenspinnenarten gehen schnurstracks von vorn auf ihr Weibchen zu, klettern auf seinen Rücken und fesseln die Partnerin mit zahlreichen Fäden an Vorderkörper und Beinen. Mit Recht bezweifelt man, daß das kräftige Weibchen tatsächlich gefesselt ist, denn schließlich befreit es sich nach der Paarung mühelos.

Noch eine Besonderheit zeigen manche Krabbenspinnen. Das oft sehr kleine Männchen versucht nicht, die Epigyne des Weibchens von der Seite zu erreichen, sondern klettert auf dessen Körper nach hinten. Um die Spinnwarzen herum gelangt es an die Unterseite des weiblichen

Hinterleibes und führt in dieser Stellung jeweils einen Tasterbulbus ein.

Ein abweichendes Balzverhalten zeigen die Wolfsspinnen und Springspinnen. Vertreter beider Familien vollführen richtige Tänze vor ihren Weibchen, bis diese mittanzen und dadurch ihre Paarungsbereitschaft bekunden. Grundlegende Unterschiede im Verhalten von Wolfs- und Springspinnen ergeben sich wohl aus dem etwas geringeren Sehvermögen der erstgenannten.

An den Wegfäden, die erwachsene Wolfsspinnenweibchen ziehen, haften geringe Mengen Sexuallockstoffe. Stößt ein umherstreifendes Männchen auf einen Faden, berührt es diesen kurz mit der Oberseite seiner Taster. Riecht bzw. schmeckt der Faden nach einem erwachsenen Weibchen der eigenen Art, beginnt das Männchen sofort zu balzen, auch wenn weit und breit keine Wolfsspinne zu sehen ist. Irgendwann merkt es das und folgt dem Faden.

Der Duft des Fadens wird stärker, und plötzlich steht das Wolfsspinnenmännchen vor dem weiblichen Tier. Und wieder beginnt der artspezifische Balztanz, werden die Vorderbeine angezogen, nach oben gestreckt, dann nach vorn, wird mit dem Hinterleib gewippt, mit den Beinen und Tastern getrommelt.

Dieses Trommeln – wir kennen es von fast allen Spinnen – geschieht mit sehr hoher Schlagfrequenz, die von Art zu Art verschieden, aber bei allen Männchen einer Art erstaunlich konstant ist. Erzeugt werden diese schnellen und sehr gleichmäßigen Bewegungen durch sogenannte Stridulationsorgane. Sie können ausgebildet sein zwischen Cheliceren und Tastern (bei vielen Netzspinnen), zwischen Hinter- und Vorderkörper (bei einigen Kugelspinnen) wie überhaupt zwischen gegeneinander beweglichen Körperteilen. In jedem Falle ist die eine Hälfte mit mehr oder weniger feinen Rillen versehen, die andere mit Zähnchen oder Borsten; sie werden mit bestimmter Geschwindigkeit über die Rillen bewegt.

Bei vielen Wolfsspinnen sitzt ein solches Stridulationsorgan am Gelenk zwischen Fuß- und Schienenglied des Tasters. Die

Männchen trommeln also nicht, indem sie schlagen. Vielmehr setzen sie die Spitzen der Taster auf den Boden und bewegen das genannte Gelenk. Bei jedem Einknicken entstehen genau so viele Schwingungen, wie das Organ Rillen hat. Die Rillenzahl aber ist bei den einzelnen Arten unterschiedlich und somit die Zahl der „Trommelschläge" artspezifisch genau festgelegt.

Es ist zu bezweifeln, daß das Wolfsspinnenweibchen alle Einzelheiten des Tanzes genau zu sehen vermag. Viel besser erkennt es Schwingungen, die das Männchen verursacht, und schlägt in charakteristischer Weise mit den gestreckten Vorderbeinen. Das geschieht allerdings ganz anders als beim Beutefang, denn mit dieser Bewegung könnte es kein Insekt festhalten, wohl aber vermag es damit das Männchen zur Paarung aufzufordern.

Bei den Springspinnen spielt das außerordentlich gute Sehvermögen auch während der Paarung eine dominierende Rolle. Alles spricht dafür, daß sie sich ausschließlich an optischen Signalen finden und erkennen. Die Paarung selbst ist ein Spiel der Farben und Bewegungen, wie es im gesamten Spinnenreich einmalig sein dürfte.

An dem auffälligen Farbmuster des Körpers erkennen sich die Partner, und es kommt niemals zu einer ernst zu nehmenden Angriffsreaktion des Weibchens. Beide wenden sich einander zu, stehen sich in einigen Zentimetern Entfernung frontal gegenüber. Nun muß das Männchen seine Absichten kundtun und beginnt zu tanzen.

Sehr vielfältig sind die Tänze der Springspinnen, jede der etwa 3 000 Arten dürfte ihre eigenen Feinheiten haben. Wir sollten uns deshalb auf einige wenige Spinnentänze beschränken.

Das Männchen unserer kleinen *Euophrys frontalis* hebt beim Tanz plötzlich die Vorderbeine fast senkrecht hoch und spreizt das zweite Beinpaar seitlich ab. Der Effekt wird noch dadurch erhöht, daß die Bewegungen ruckartig ausgeführt werden und die samtschwarzen Unterseiten der Vorderbeine plötzlich im Blickfeld der Partnerin sind. In starkem Kontrast dazu

die weißen Füße des ersten Beinpaares. Schneeweiß und mit kräftigen Haarbüscheln versehen sind auch die Taster, die im Rhythmus der Beine ebenfalls gehoben und gesenkt werden.

Derartige Tasterbewegungen dürften zum Beispiel bei den amerikanischen *Phidippus*-Arten noch andere reizvolle Effekte hervorrufen. Die Vorderseiten ihrer Cheliceren sind nämlich mit irisierenden Schuppen versehen, die bei bestimmten Einfallswinkeln des Lichtes farbig aufleuchten.

Nun stelle man sich folgendes Spiel vor: Bei gehobenen Tastern sind die Cheliceren verdeckt. Plötzlich, wenn die Taster gesenkt werden, blitzen sie rot auf. Wieder werden die glitzernden Cheliceren verdeckt, die Spinne rückt etwas zur Seite – und beim nächsten Tastersenken ein gelber Blitz. (Der Einfallswinkel des Lichtes ist etwas verändert worden.)

Dieses Winken und Funkeln wird von einem Zickzacktanz begleitet, bei dem das Männchen geschickt seitwärts läuft und dem Weibchen immer das Gesicht zukehrt. Wie in Ekstase tanzt der kleine Kerl, kommt dabei seinem Weibchen immer näher. Endlich fällt auch sie in den Tanz ein, aber nur kurz, denn das Männchen ist nun nahe genug heran und streichelt ihr Beine und Rücken.

Die Vereinigung vollzieht sich in Sekundenschnelle. Wenn das Männchen den Körper des Weibchens erstiegen hat, drückt es dessen Hinterleib sanft zur Seite und schiebt seinen Taster nach unten zur Epigyne. Mit einem kurzen Sprung rückwärts trennen sich beide wieder, und bald beginnt vielleicht ein neuer Tanz.

Im Zusammenhang mit Sehvermögen und Tanzverhalten gibt es noch andere interessante Erscheinungen. Was passiert, wenn sich zwei Männchen begegnen? Beide tanzen – diesmal um zu drohen. Die Beinbewegungen sind ganz anders als die, mit denen ein Weibchen angebalzt wird. Oft führen beide Männchen die gleichen Bewegungen spiegelbildlich aus.

Schließlich geraten sie aneinander, und jeder versucht den anderen wegzuschieben. In der freien Natur ist die Sache schnell entschieden, indem der Unterlegene einfach wegläuft. Sperrt man aber beide in ein enges Gefäß, kann keiner dem Blickfeld des anderen entweichen. Die Spinnenmännchen kämpfen stundenlang bis zur völligen Erschöpfung, aber ohne sich auch nur die kleinste Verletzung anzutun.

Selbst gegen ihr eigenes Spiegelbild kämpfen Springspinnen, geben das aber bald auf, da der „Gegner" sich beim Schiebekampf regelwidrig verhält.

Wolfsspinnen kämpfen ebenfalls, aber nicht so ausgeprägt wie die Springspinnen. Beide Rivalen stemmen ihre Taster gegen den Boden, strecken die Vorderbeine lang aus, als wollten sie tanzen. Auf einmal macht sich der eine größer, als er ist, und stolziert in eigenartigem Stelzgang umher. Der Verlierer dagegen duckt sich flach an den Boden und schleicht davon.

Auch hier – wie bei fast allen Tierkämpfen – gibt es also feste Regeln. Sobald sich einer der Kämpfenden als unterlegen zu erkennen gibt, läßt der andere von ihm ab. Äußerst selten und oft rein zufällig kommt es dabei zu Verletzungen oder gar zur Tötung des Gegners.

Brutpflege nach Spinnenart

„Feenlämpchen" gehören zum unentbehrlichen Repertoire der „kleinen Wunder am Wegesrand", aber nur wenige Naturfreunde kennen die „Fee" selbst.

Agroeca brunnea (Liocranidae) ist es, die sich gar nicht einmal selten im dichten Gras der Waldränder findet. Wer aber wird das schöne braune Tier, das in seinen Bewegungen an eine langsame Wolfsspinne erinnert, auf Anhieb mit den „Feenlämpchen" in Verbindung bringen?

Die vermeintlichen Lämpchen sind die Eikokons der *Agroeca*. Sie werden nachts an Zweigen oder Grashalmen gebaut, und am frühen Morgen kann man die leuchtendweißen Gebilde sehen. Ihre Regelmäßigkeit verdanken diese Einester dem besonderen Verhalten der Spinne, denn nachdem der Stiel des „Lämpchens" fertig ist, hängt sich das Tier unten daran und baut, sich ständig im Kreise drehend, die

glockenförmige Grundform. So entspricht der Kokondurchmesser ziemlich genau dem Abstand zwischen den Spinnwarzen und den prüfenden Tastern der Spinne.

Im oberen Teil des Kokons werden die Eier in eine extra dafür vorgesehene Eikammer gelegt. Das ganze Gespinst wird dann etwas vergrößert und verschlossen. So entsteht unterhalb der Eikammer eine sogenannte Häutungskammer, in der sich die Jungspinnen nach dem Schlüpfen eine Zeitlang aufhalten.

Das fertige „Feenlämpchen" ist allerdings vergänglich. Haben wir uns den Ort gemerkt, an dem es hing, und kehren nach etwa einer Stunde zurück, ist das zarte Gebilde verschwunden. Statt dessen klebt ein kleines Schmutzklümpchen am Grashalm. *Agroeca* klettert nämlich an einem Faden zum Erdboden und holt von dort in emsiger Tätigkeit Steinchen und Erdkrümel, die sie an ihrem Eikokon festspinnt. Zum Schluß zieht sie manchmal den Kokon noch an den Grashalm heran.

In ihrem Grundaufbau ähneln sich die Eikokons der meisten Spinnen, und auch die Verhaltensweisen der Spinnenmütter beim Bau sind durchaus vergleichbar. Es ist nicht besonders schwierig, eine Kreuzspinne dabei zu beobachten. Die dicken Weibchen, deren Hinterleib prall mit Eiern gefüllt ist, bauen ihren Kokon auch ohne weiteres im Terrarium.

Die Tiere sitzen dann mitunter einige Tage in ihrem Schlupfwinkel, kommen aber oft zum Trinken hervor. Kurz vor der Eiablage werden große Wassermengen zur verstärkten Synthese von Spinnenseide und zur Stabilisierung des Hämolymphdruckes aufgenommen. Und eines Nachts beginnt die Spinne zu weben.

Durch gleichmäßiges Hinundherbewegen des Hinterleibes entsteht zunächst ein scheibenförmiges, sehr dicht und fest gewebtes Gespinst, von den Fachleuten als Basalplatte bezeichnet. Unter diese hängt sich die Spinne schließlich und dreht sich – dabei ständig spinnend – im Kreise. Das entstehende Gespinst gleicht einem ringförmigen Wall, der zusammen mit der Basalplatte einen kleinen Napf aus weißer Spinnenseide bildet.

Nun legt die Spinne eine kurze Pause ein, während der sie oft noch einmal trinkt, wenn sich Gelegenheit dazu bietet. Danach preßt sie ihren Bauch gegen den Gespinstnapf und legt mehrere hundert Eier in wenigen Minuten. Diese werden in länglicher Form durch die Geschlechtsöffnung gepreßt und dabei besamt. Man sieht einen größeren Tropfen klarer, gelblicher Flüssigkeit, in den hinein *Araneus*-Arten ihre gelben Eier legen. Die zähe Flüssigkeit trocknet recht schnell ein und klebt so die Eier zusammen.

Sichtlich erschöpft ist die Kreuzspinne, ihr Hinterleib hat Falten bekommen, und trotzdem spinnt sie gleich weiter. Mit zahlreichen straff gespannten Fäden werden die Ränder des Napfes zusammengezogen und eine vollkommen geschlossene Eikammer hergestellt. Durch tupfende und ziehende Bewegungen des Hinterleibes entsteht in den nächsten zwei Stunden ein richtiger Wattebausch aus ungezählten feinen Seidenschlingen. Viele Arten weben um diese Wattekugel noch eine sehr feste Gespinsthaut und befestigen den fertigen Kokon zusätzlich an weiteren Haltefäden. Nach kurzer Pause verläßt ihn die Kreuzspinnenmutter. Später baut sie mitunter noch weitere Kokons und stirbt bald.

Die Eier entwickeln sich ziemlich rasch, und nach einigen Tagen schlüpfen die Jungen. Man bezeichnet dieses erste Stadium als Prälarve. Bei vielen Spinnenarten streift die Prälarve mit den Eihüllen auch gleich ihre Haut ab. Die Spinnen häuten sich also – noch halb im Ei – bereits das erste Mal.

Die nun ausschlüpfenden Larven unserer Kreuzspinne verbringen die nächste Zeit im Eikokon. Sie zehren an ihrem Dottervorrat im Hinterleib und klettern in der Watte bzw. der Häutungskammer ihres Einestes umher. Den im Oktober hergestellten Kokon verlassen die Jungspinnen nach einer weiteren Häutung oft erst im kommenden Mai – dann als fertige kleine Spinnen.

Den ganzen Winter verbringen sie geschützt in einer Art Klimakammer. Die luftgefüllte Wattekugel isoliert gegen Kälte, während die äußere feste Hülle vor Feuchtigkeit schützt und durch ihren Glanz gleichzeitig einer zu starken Erwärmung bei Sonnenschein vorbeugt. Zudem besitzt die äußere Kokonhülle mancher Spinnenarten eine kleine, nur mit lockerer Watte verschlossene Atemöffnung, durch die die Jungspinnen den Kokon später ohne große Schwierigkeiten verlassen können.

Zum Schutz vor Feinden hängen viele Spinnen ihre Einester an einem einzelnen langen Faden auf; manche Insekten können daran nicht hochklettern, so daß die Eier vor ihnen geschützt sind. Gut bekannt sind solche Kokons von Spinnenfressern der Gattung *Ero* sowie von *Argyrodes*- und *Episinus*-Arten aus der Familie der Kugelspinnen.

Den Kokon zu tarnen oder zu verstecken bedeutet auch, ihn zu schützen. Das Beispiel der *Agroeca* kennen wir schon. Dickkieferspinnen der Gattung Tetragnatha weben einen ganz flachen Kokon an der Oberfläche von Grasblättern. Die Außenhaut des Einestes wird mit braunen, olivgrünen oder fast schwarzen Watteflöckchen getarnt. Erstaunlicherweise bestehen diese aus farbiger Spinnenseide und sind frei von fremden Partikeln.

Die Dreiecksspinne *Hyptiotes paradoxus* befestigt ihren Kokon ganz eng anliegend an Fichtenzweigen und beschmutzt ihn äußerlich mit bräunlichen Exkrementen. Winkelspinnen tarnen ihr Einest mit Gesteinsbröckchen aus der nächsten Umgebung ihres Netzes.

In allen genannten Fällen werden die Eikokons sich selbst überlassen. Die Weibchen sterben oft bald und erleben das Schlüpfen der Jungen nicht.

Von den Kängeruhs ist allgemein bekannt, daß sie ihre Jungen im Beutel tragen. Oft ist das ein einzelnes Jungtier, während ein zweiter Embryo im Mutterleib „darauf wartet", daß der Beutel frei wird.

Unter den Vögeln fallen Flamingos und Tauben durch ihre eigenartige Brutpflege auf. Sie füttern ihren Nachwuchs in der ersten Zeit mit Kropfmilch, einem Saft, den die Mutter absondert und ihre Jungen trinken läßt.

Blick in den Eikokon der Kreuzspinne *Argiope.*

„Feenlämpchen" – Eikokon der *Agroeca*-Spinne.

Eine afrikanische Zitterspinne trägt ihre eben geschlüpften Jungen.

Weibchen der Riesenkrabbenspinne *Heteropoda* mit Eikokon.

Derart intensive Brutpflege ist bei „höheren" Wirbeltieren nichts Außergewöhnliches, verfügen doch diese Tiere über ein leistungsfähiges Gehirn, das all die komplizierten Verhaltensweisen steuert.

Spinnen jedoch stehen in ihrem Brutpflegeverhalten den Vögeln und Säugern in keiner Weise nach. Die einfachste Form ihrer Brutpflege ist das Bewachen des Eikokons. Viele Arten bauen eine zusätzliche Wohnkammer, in der sich das Weibchen aufhält und das angrenzende Einest bis zum Schlupf der Jungen energisch verteidigt. Derartigen Kinderstuben können wir auf Schritt und Tritt begegnen.

In den mitunter faustgroßen Wattebäuschen an Grasrispen und Binsenfruchtständen befinden sich die Einester von *Sitticus littoralis,* einer Springspinne. Bei großen Gespinsten sind es mehrere Weibchen, die ihre zahlreichen Eikokons gemeinsam verteidigen. Schneidet man solch ein Einest auf, kommt die Spinnenmutter sofort heraus und schaut nach dem Rechten. Nach kurzer Zeit kriecht sie zurück zu der Kinderschar und webt den Riß von innen zu.

Nicht zu übersehen sind auch die Einester mancher Sackspinnen der Gattung *Clubiona*. Die Spitze eines Grasblattes wird von der Spinne scharf nach unten umgeknickt. Danach webt sie zwei gegenüberliegende Kanten zusammen, so daß eine Tasche entsteht. Nun wird durch einen zweiten scharfen Knick die Blattspitze wieder nach oben gezogen. Sie bildet somit den Deckel der Tasche, den die Spinne mit Seidenfäden fest an die noch freien Ränder anwebt. Innen legt sie ihre Eier und bewacht diese, bis die Jungen schlüpfen.

Das Weibchen der Finsterspinnen der Gattung *Amaurobius* pflegt die frisch ausgeschlüpften Jungen und schützt sie vor Angreifern. Bald aber stirbt die Mutter und dient ihrem Nachwuchs als erste Nahrung, nachdem der Dottervorrat verbraucht ist. Dies geschieht keineswegs zufällig, denn es besteht offensichtlich eine Korrelation zwischen dem Tod der Mutter und der Entwicklung der Jungen. Sie stirbt stets zu dem Zeitpunkt, da die Cheliceren der Jungspinnen gebrauchsfähig und in der Lage sind, die Haut des toten Muttertieres zu durchdringen.

Viele Laufspinnen tragen den Eikokon bei ihren Wanderungen mit sich umher. Die einheimische Raubspinne *Pisaura mirabilis* beißt in die äußere Kokonhülle und preßt das ganze Gespinst mit den Tastern gegen die Brustplatte an der Unterseite des Vorderkörpers. Kurz bevor die Jungen schlüpfen, webt die Raubspinne einige Grashalme zu einem Dach zusammen und hängt darunter den Eikokon auf. Zur Vervollständigung ihrer Kinderstube baut sie ein dichtes Raumnetz, das sie bis zu ihrem Tode bewacht, während die Jungen im Fadengerüst herumturnen.

Das Tragen des Eikokons ist auch von manchen Netzspinnen bekannt. Besonders auffällig ist diese Art der Brutpflege jedoch bei den Wolfsspinnen. Sie heften das Eipaket an die Spinnwarzen fest und tragen es mit sich. Solches Verhalten ist derart ausgeprägt, daß Wolfsspinnenmütter, denen man den Kokon wegnimmt, sehr lange danach suchen und sofort jedes ähnliche Gebilde annehmen – sei es ein fremder Kokon, ein Wattekügelchen, ein Stein oder ein Schneckenhaus.

Irgendwie spürt die Spinnenmutter, wann es soweit ist. Sie nimmt dann ihren Kokon ab und beißt ihn entlang seines „Äquators" auf. Die Hälften klaffen etwas auseinander, wie die Deckel einer alten Taschenuhr, und dann quillt die Kinderschar aus dem Spalt hervor.

Sobald sie das Licht der Welt erblickt haben, klettern die jungen Wolfsspinnen an den Beinen ihrer Mutter empor. Zum Schluß sitzen etwa 100 Jungspinnen – vielfach übereinander – auf dem Hinterleib des Muttertieres und halten sich an den langen Haaren fest.

Reichlich eine Woche lang lassen sie sich umhertragen. Wenn die Spinnenmutter ein Sonnenbad nimmt, gerät Bewegung in die ganze Schar. Jeder will einmal nach oben und sich direkt von der Sonne bescheinen lassen. Manche fallen herunter, andere klettern von selbst zum Erdboden. Bei Gefahr geht es blitzschnell wieder auf den mütterlichen Rücken hinauf, ein paar Nachzügler schleudert die Mutter mit den Beinen auf ihren Körper und läuft davon.

Allerdings kennen sich die Tiere untereinander nicht. Die Jungen klettern ebenso auf andere Wolfsspinnen, selbst auf Männchen, werden aber von diesen fast immer abgeschüttelt und gefressen. Weibliche Wolfsspinnen dagegen nehmen auch „Stiefkinder" an, und gar nicht so selten soll eine Mutter Jungtiere von verschiedenen Arten tragen.

Bei einigen Netzspinnen geht die Brutfürsorge noch weiter. Die Jungen bewegen sich längere Zeit im Netz der Mutter und werden von ihr beschützt. Von einigen Kugelspinnen und von der Trichternetzspinne *Coelotes* ist bekannt, daß die Spinnenmutter gefangene und betäubte Beutetiere ihren Jungen überläßt. Durch streichende Bewegungen an den Fäden des Netzes locken sie die Kleinen zur geschlagenen Beute. Bei Gefahr zupft die Mutter am Netz, und ihre Jungen verschwinden eiligst im Schlupfwinkel.

Noch engere Mutter-Kind-Beziehungen kann man auf fast jeder mitteleuropäischen Wiese beobachten. Unter den Blütenständen der Schafgarbe, des Johanniskrautes, vieler Disteln und anderer Pflanzen lebt *Theridion impressum,* eine kleine, farbenprächtige Kugelspinne. In den Sommermonaten pflegt diese Spinne ihren graugrünen Eikokon und später die Jungen.

Es ist ziemlich leicht zu beobachten, daß bereits die frisch geschlüpften, winzig kleinen Spinnen das Signal ihrer Mutter kennen, zu ihr hinklettern und minutenlang auf den mütterlichen Cheliceren sitzen. Sollte etwa die alte Spinne ihre Jungen füttern?

Ein Experiment brachte den Beweis. Die Spinnenmutter wurde nach der Eiablage mit einer „heißen" Fliege gefüttert, das heißt mit einem Beutetier, das zuvor radioaktives Natriumhydrogenphosphat aufgenommen hatte. Kurz danach ließ sich am ganzen Spinnenkörper schwache Radioaktivität feststellen. Auch die inzwischen geschlüpften Jungspinnen wurden nach und nach „heiß", nachdem sie von ihrer Mutter gefüttert worden waren.

Bereits vom ersten Lebenstag an versorgt die Mutter ihre Jungen mit Nahrungsbrei von Mund zu Mund. Später nehmen sie dann an der normalen Spinnenmahlzeit teil. Die Mutter überwältigt Beute, durchlöchert das betäubte Tier, injiziert Verdauungssaft und lockt die Jungen herbei. Schritt für Schritt lehrt sie dann, wie man selbst Beute macht.

Auf dem Weg zum Gemeinschaftsleben

Die Jungspinnen einiger Spinnenarten, die gemeinsam gelernt haben, Beute zu fangen, bleiben auch später zusammen, bauen gemeinsam Netze und überwältigen gemeinsam ihre Beutetiere. Wichtig für die Bildung einer solchen Spinnengemeinschaft ist, daß die Tiere zu einer Familie gehören, das heißt, sich von klein auf kennen, und daß sie durch Fäden über größere Strecken ständig kommunizieren können.

Im einfachsten Falle bauen Jungspinnen ihre Netze direkt an das der Mutter, sie benutzen also deren Rahmenfäden mit. Ein solches Verhalten findet man relativ häufig bei Kreuzspinnen und manchen Uloboridae in warmen Ländern. Außerdem kennen wir diesen als „parasozial" bezeichneten Zustand von einigen anderen cribellaten (Amaurobiidae, Dictynidae, Eresidae) und ecribellaten (Agelenidae, Theridiidae) Spinnenfamilien.

Echte Sozietäten gibt es aber nur bei sehr wenigen Arten. Dabei wird ein gemeinsames Netz gebaut und von jungen und erwachsenen Tieren gemeinsam benutzt. Unter den Spinnen herrscht vollkommene Gleichberechtigung, ohne jede Aggressivität untereinander. Auch sind keine Kasten bekannt, wie wir das von Ameisen-, Bienen-, Wespen- und Termitenstaaten kennen. Es wurde niemals beobachtet, daß eine Spinne aus einer anderen Gemeinschaft angegriffen wurde – undenkbar zum Beispiel bei Ameisen. Der Duft, an dem sich die Spinnen erkennen, ist wahrscheinlich nicht einmal artspezifisch, so daß die als Einzelgänger lebende Trichternetzspinne *Agelena labyrinthica* ohne weiteres von den Mitgliedern einer *Agelena-consociata*-Sozietät akzeptiert wird. Wespen dagegen dulden nicht einmal Artgenossen aus anderen Staaten in der Nähe ihres Nestes!

Trotz aller Gleichheit der Mitglieder läuft das Leben in der Spinnengemeinschaft nach bestimmten Regeln ab. Wenn etwa ein Beutetier in das Gemeinschaftsnetz von *Agelena consociata* gerät, werden alle Tiere aufmerksam, aber nur ein paar erwachsene Spinnen überwältigen die Beute. Einige halten das Tier an Beinen und Flügeln fest, während andere den lähmenden Giftbiß anbringen. Die betäubte Beute wird stets von einer erwachsenen Spinne zum Schlupfwinkel geschleppt. An der gemeinsamen Mahlzeit können sich dann alle beteiligen, soweit sie Platz finden.

Auch die Brutpflege erfolgt gemeinsam. Jedes Weibchen baut sein eigenes Einest, bewacht wird es von der ganzen Gemeinschaft. Dementsprechend kann es sich die erwähnte *Agelena consociata* „leisten", nur 12 Eier pro Tier zu produzieren, während es bei der einzeln lebenden *Agelena labyrinthica* 50 bis 100 sind.

Eine sozial lebende *Stegodyphus*-Art (Eresidae) füttert auch die Jungen, so wie wir das von Kugelspinnen gelesen haben. Daran beteiligen sich alle Weibchen, die zuvor Eier gelegt haben, gleichgültig, ob es die eigenen Jungen sind oder die eines anderen Mitgliedes der Gemeinschaft.

Zweifellos bringt das Leben in der Sozietät Vorteile. Gemeinsam können größere Beutetiere überwältigt werden, Beutetiere, die für eine einzelne Spinne eventuell sogar gefährlich werden könnten. Gemeinsame Brutpflege erhöht die Lebenserwartung aller Jungtiere, selbst wenn ein Muttertier vorzeitig sterben sollte.

Noch viele andere Faktoren, die wir nicht kennen, müssen das Leben der Gemeinschaftsmitglieder günstig beeinflussen. Schon lange weiß man, daß Bienen in Einzelhaft schon nach wenigen Tagen sterben. Bei sozialen Spinnen ist das nicht viel anders.

Aus einer Tausende von Individuen zählenden Gemeinschaft der mittelamerikanischen Kugelspinne *Anelosimus eximius* erhielt ich einmal zehn Tiere. Der Grün-

dung einer großen „Familie" schien anfangs nichts im Wege zu stehen. Jungtiere und erwachsene Tiere beiderlei Geschlechts fingen gemeinsam Beute, fraßen gemeinsam. Aber im Verlaufe weniger Wochen ging ohne erkennbaren Anlaß ein Tier nach dem anderen zugrunde.

Wir kennen die Ursache nicht, die zu einer derartigen Verkürzung der Lebenserwartung einzeln gehaltener Tiere führt.

Spinnen in der Natur

Spinnen in aller Welt

Abgesehen davon, daß viele Menschen Spinnen erst bemerken, wenn sie ins Waschbecken gefallen sind oder ihre Netze im Morgentau glitzern, kann man generell sagen: Spinnen gibt es überall. Der aufmerksame Beobachter wird diesen Tieren zu jeder Jahreszeit und in allen Lebensräumen unserer Heimat begegnen.

Das eigenartige Atmungssystem versetzt Spinnen in die Lage, unabhängig von Gewässern zu leben. Da sich Spinnen durchweg von animalischer Kost ernähren, benötigen sie in ihrem engeren Lebensraum auch keine Nahrungspflanzen. Gegen Sonnenstrahlung, Temperatur- und Feuchtigkeitsschwankungen schützen sie sich und ihre Eier mit Hilfe der Spinnenseide.

Diese physiologischen Voraussetzungen, erworben in Jahrmillionen während Evolution, ermöglichen es den Tieren, nahezu alle terrestrischen Lebensräume zu besiedeln.

Natürlich beherbergt der tropische Regenwald mit seiner kaum überschaubaren Vielfalt an Versteck- und Ernährungsmöglichkeiten besonders viele Spinnen. Die Artenzahl in einem großen Waldgebiet kann in die Tausende gehen. Nach Nord und Süd nimmt diese Zahl sehr schnell ab. So finden wir in einem mitteleuropäischen Laubwald unter günstigen Bedingungen etwa 200 Arten.

Auf den Inseln des Nordpolarmeeres sind es dann in der Regel nur noch etwa 20 Arten. Und besonders beeindruckend ist die Spinnenfauna Südgeorgiens, einer der Antarktis vorgelagerten Felseninsel – mit vier Baldachinspinnenarten, von denen drei nur auf dieser Insel vorkommen (also „endemisch" sind).

So wie die Artenzahl nach den Polen zu abnimmt, so wächst in der Regel die Individuenzahl dieser wenigen Arten. Oft kommen dann sehr viele Spinnen vor, die aber alle einer Art angehören, wie dies für die winzige Baldachinspinne *Notiomaso australis* auf Südgeorgien zutrifft.

In den Polargebieten finden sich Spinnen selbst in unmittelbarer Nähe von ewigem Schnee und Eis. Ebenso in den Hochgebirgen. Den bisherigen Höhenrekord hält eine Springspinne der Gattung *Euophrys,* die im Himalaja in über 6000 m Höhe lebt. Weitere Beispiele für die Besiedlung extremer Lebensräume sind die Arten der Gattung *Desis* (Desidae), die an warmen Meeresküsten in der Gezeitenzone leben. Mit Eintreffen der Flut verkriechen sie sich in festsitzende Gehäuse von Weichtieren und Krebsen, deren Öffnung sie zuspinnen, wodurch sie eine Luftblase erhalten. Ähnlich leben die Baldachinspinnen *Bathyphantes torrentum* in Gebirgsbächen der Karpaten und *Erigone arctica maritima* am Ostseestrand. Unsere Wasserspinne *Argyroneta aquatica* dagegen trägt sich ihren Luftvorrat selbst in das unter Wasser angelegte Gespinst.

Im anderen Extrem Trockenheit vermögen ebenfalls zahlreiche Spinnen zu leben. Wir lasen bereits von der Kreuzspinne *Nemoscolus,* die sich durch ein spezielles Wohngespinst schützt. Die sechsäugigen *Sicarius*-Arten (Sicaridae) der amerikanischen Wüsten graben ihren flachen, krabbenspinnenähnlichen Körper im Sand ein.

Zu den schönsten Wüstenspinnen gehört die „Dancing white lady" *(Carparachne* spec., Heteropodidae) der Namib. Der Name dieser etwa 2 cm großen Spinne bezieht sich auf das feine, sehr dichte, gelbliche bis fast weiße Haarkleid und das Abwehrverhalten: Sie dreht sich mit erhobenen Vorderbeinen auf der Stelle, die Cheliceren dem Angreifer zugewandt.

Die Besiedlung großer Gebiete oder gar abgelegener Inseln wird den Spinnen möglich durch gelegentliches Fliegen am Fadenfloß. Dabei werden aber nicht Tausende von Kilometern auf einmal zurückgelegt. Auch gehen sehr viele Spinnen während des Fluges zugrunde. Wichtiger ist die – zufällige – Landung in einem

Gebiet, das den Spinnen günstige Lebens- und Vermehrungsbedingungen bietet. Von dieser „Zwischenstation" aus fliegt die nächste oder übernächste Generation in noch weiter vom Ursprungsort entfernte Regionen.

Es ist deshalb nicht verwunderlich, daß wenige Monate nach der Explosion des Krakatau-Vulkans im Jahre 1883 die verbliebenen Reste der Insel von Baldachinspinnen besiedelt waren, von jenen Spinnen, die zu den bekanntesten Aeronauten gehören.

Bei der Verbreitung der Spinnen darf man den Einfluß des Menschen nicht vergessen. Sehr oft werden mit Waren unabsichtlich auch Spinnen „gehandelt", die sich im Verpackungsmaterial verbergen.

So fand man zur großen Überraschung der Arachnologen im Keller eines Gebäudes der Universität Helsingfors in Finnland eine umfangreiche Population der amerikanischen Spinne *Loxosceles laeta* (Loxocelidae). Die ersten Tiere wurden möglicherweise Jahre zuvor mit Futter für Versuchstiere eingeschleppt. Schiffs- und Luftfracht aus den Tropen sind fast immer mit der kleinen Kugelspinne *Coleosoma floridana* geradezu „verseucht". Diese Spinne ist über alle warmen Länder der Erde verschleppt worden und gelangt regelmäßig in sehr großer Individuenzahl auch nach Europa, wo sie allerdings keine zusagenden Lebensbedingungen findet.

Die in unseren Wäldern und Gärten sehr häufige Zwergspinne *Diplocephalus cristatus* gehört seit Jahrzehnten auch zur Fauna der Falklandinseln und Neuseelands. Englische Siedler haben sie wahrscheinlich als blinde Passagier in Blumentöpfen und Gemüse mitgenommen.

Auf umgekehrtem Wege gelangte *Ostearius melanopygius* aus Neuseeland nach Europa und anderen Erdteilen. Die kleine, rötliche Baldachinspinne mit schwarzen Spinnwarzen (Name: melas = schwarz, pyge = Steiß, Hinterteil) findet man bei uns regelmäßig – mitunter sogar in riesigen Populationen – in Gärtnereien, Gewächshäusern, Komposthaufen und Blumentöpfen.

Außer den genannten Arten sind durch die Handelstätigkeit des Menschen zahlreiche andere Spinnenarten zu echten Kosmopoliten geworden. Dies betrifft vor allem die Bananenspinne *Heteropoda venatoria* sowie einige Kugel-, Baldachin- und Zitterspinnen.

Lebensraum und Lebenszeit

Wo finden wir nun die etwa 200 Spinnenarten in einem mitteleuropäischen Laubwald?

Bei intensiver Suche werden wir feststellen, daß jede einzelne Spinne einen sehr eng begrenzten Lebensraum bewohnt. Dieser ist nicht mit dem Territorium anderer Tiere zu vergleichen. Vielmehr ist die Bindung begründet durch die Lebensbedingungen, die dieser Raum der Spinne bietet.

Oftmals beschränkt sich der Lebensraum auf das Wohngespinst. Bei manchen Arten ist das zeitlebens die enge Röhre im Erdreich. Dabei erfüllt das Seidengespinst wichtige Funktionen, die weit über die Bedeutung als Signal- und Fanginstrument hinausgehen.

Einige Wolfsspinnen der Gattung *Trochosa* sowie die Baldachinspinne *Tapinopa longidens* decken die von ihnen bewohnte Vertiefung im Boden oder im Moos mit einem feinen, aber sehr dichten Gespinst ab. Dadurch werden Temperatur und Luftfeuchtigkeit im engsten Lebensraum der Spinne relativ konstant gehalten.

Beeindruckend ist dieses Phänomen auch an – nach unserem Ermessen – trockenheißen Standorten. Tatsächlich werden solche nach Süden geneigten Felshänge und Geröllhalden zeitweilig sehr warm und trocken. Zu der Tageszeit, da die meisten Spaziergänger unterwegs sind, sind diese Hänge starker Sonneneinstrahlung ausgesetzt, und die Temperatur der Luftschicht direkt über dem Boden kann 40 °C und mehr betragen.

Zwei typische Spinnen solcher Landschaften, die Plattbauchspinne *Drassodes lapidosus* und die Finsterspinne *Amaurobius jugorum,* sind aber bei Sonnenschein nicht zu sehen. Sie sitzen in dichtgewebten

Gespinsten unter Steinen ganz bestimmter Größe, unter solchen, die in einem ganz bestimmten Winkel zu anderen Steinen, zur Erdoberfläche und zur Sonne liegen.

Wenn wir der Sache nachgehen, stellen wir fest, daß diese Steine sich im Laufe des Tages aufheizen, wegen ihrer Größe aber nicht zu heiß werden. Nachts halten sie die Wärme wesentlich länger als kleinere. Dadurch herrschen unter dem Stein im Gespinst der Spinne relativ konstante Temperatur und Luftfeuchtigkeit.

In den Nachtstunden, besonders nach starkem Taufall, kommen die Spinnen aus ihrem Wohngespinst heraus, um Beutefang zu betreiben. Dann verläßt *Drassodes* sein Gespinst und streift umher, während *Amaurobius* als Netzspinne ihr Netz ausbessert.

Unter diesem Gesichtspunkt ist es auch weniger verwunderlich, daß die Plattbauchspinne *Drassodes lapidosus* außer im eben beschriebenen Gelände auch in sandigen Kieferwäldern und am Rand von Hochmooren – einem extrem nassen Standort – sehr häufig vorkommt. Alle drei Lebensräume zeichnen sich durch starke Temperaturschwankungen zwischen Tag und Nacht und sehr schnelle Erwärmung bei Sonnenschein aus. Findet dann diese Spinne noch einen Platz mit konstanter Luftfeuchtigkeit – am Kalkfelsen unter Steinen, im Kiefernwald unter Rinde, im Moor zwischen Moospflänzchen –, so wird sie das Gebiet mit hoher Individuenzahl besiedeln.

In dem eng umgrenzten Lebensraum halten sich in der Regel auch die Insekten auf, die der Spinne bevorzugt als Nahrung dienen. Das geht so weit, daß Spinne und Beute in ihrem jahreszeitlichen Auftreten wie in ihrem Verhalten genau aufeinander abgestimmt sind. Doch dazu später.

Die Bevorzugung ziemlich kleiner Lebensräume ist bei Spinnen sehr stark ausgeprägt. So leben die beiden Wolfsspinnen *Pardosa pullata* und *P. amentata* fast immer gemeinsam auf einer Wiese. Beide jagen kleine Insekten, aber *P. pullata* tut dies auf dem Erdboden, während *P. amentata* große Blätter in höheren Schichten der Vegetation vorzieht.

Netzspinnen, die vorwiegend fliegende oder springende Insekten fangen, sind dabei ebenfalls an bestimmte Teile des gesamten Lebensraumes gebunden. Trichternetzspinnen findet man in Bodennähe, während im Gesträuch darüber Baldachinspinnen leben.

Die Netze der Baldachinspinnen sind an bestimmten Orten so häufig, daß sogar an eine direkte Bindung an Pflanzen – zum Beispiel *Prolinyphia peltata* an Fichten – gedacht wurde. Dies ist allerdings unwahrscheinlich, da Spinnen keine Pflanzenfresser sind und die Baldachinspinne *Prolinyphia peltata* so ziemlich alle Insekten frißt, die ihr ins Netz gehen. Später stellte sich dann heraus, daß die Spinnenart auch an anderen Pflanzen häufig ist, dies aber nur – und hier findet sich die Lösung des Problems –, wenn Feuchtigkeits- und Windverhältnisse sowie Anzahl und Haltbarkeit der Zweige als Anheftungsstellen für das Netz etwa dem entsprechen, was für eine Fichtendickung typisch ist.

Außerhalb des dichten Gestrüpps, an der Außenseite von Baumkronen und Sträuchern, an Waldschneisen und ähnlichen Orten, finden wir dann die Netze der Kreuzspinnen, die mit ihrer Fläche meist quer zum Wind und damit in der Hauptflugrichtung vieler Insekten stehen.

Die Kreuzspinnen *Mangora acalypha* und *Araneus bituberculatus* bauen zwischen höheren Pflanzen am Waldrand senkrecht stehende Netze. Über kahlen Stellen im Heidekrautgebüsch werden dieselben Radnetze waagerecht gebaut und überspannen oft die gesamte Blöße zwischen den Zwergsträuchern. *Araneus angulatus* baut sein Netz an Baumstämmen, und zwar senkrecht zur Rindenoberfläche, oder hängt es an meterlangen Fäden zwischen den Stämmen auf. *Larinioides ocellatus* dagegen bevorzugt die äußersten Spitzen der Zweige als Anheftungspunkte für das Netz. Eines aber haben die Netze der hier genannten Kreuzspinnen gemeinsam: Sie stehen in der Flugrichtung jener Insekten, die frühmorgens mit den ersten wärmenden Sonnenstrahlen auffliegen.

Das sich ständig vermehrende Wissen um diese Zusammmenhänge ist die Grundlage für das „Gefühl" des erfahrenen Arachno-

Männchen der weltweit verschleppten *Heteropoda venatoria*.

logen, „das ihm sagt", wo er welche Spinne zu suchen hat, unter welchem Stein, an welchem Baum usw. Der verantwortungsbewußte Naturfreund wird deshalb niemals alle Steine seines „Jagdgebietes" umdrehen, sondern nur die „erfolgträchtigen" – und diese danach wieder an ihren Ort zurücklegen.

Vielen Naturfreunden ist bekannt, daß man Wolfsspinnen – in den meisten Fällen handelt es sich um *Pardosa lugubris* – am besten im Juni/Juli beobachten kann. Die Herbstspinnen haben ihren deutschen Namen wegen des gehäuften Auftretens

der bekanntesten heimischen Art in dieser Jahreszeit.

In jeder Publikation über die Spinnenfauna eines Gebietes finden sich Angaben zur Jahreszeit, in der die Spinnen gefangen wurden. In der Regel handelt es sich dabei um die Reifezeit der Spinnen, jene Zeit, in der geschlechtsreife Tiere mit voll ausgebildeten Begattungsorganen auftreten. Dies ist unter anderem begründet darin, daß zur sicheren Bestimmung der meisten Arten eine genaue Untersuchung dieser Organe notwendig ist.

Die Reifezeiten sind für die meisten

einheimischen Arten ziemlich genau bekannt. Die Spinnen werden danach eingeteilt in eurychrone – von ihnen kann man während fast des gesamten Jahres geschlechtsreife Tiere antreffen – und stenochrone Arten mit eng begrenzter Reifezeit.

So sind fast alle in Höhlen und Häusern wohnenden Spinnen eurychron. Sie finden während des ganzen Jahres relativ gleichbleibende Bedingungen für Fortpflanzung und Entwicklung. Aber auch im Freiland trifft man zum Beispiel von der Dickkieferspinne *Pachygnatha clercki* und der Sackspinne *Clubiona phragmitis* zu jeder Jahreszeit sowohl Jungtiere als auch erwachsene Spinnen an.

Ausgesprochen stenochron ist dagegen die Kugelspinne *Enoplognatha lineata*, von der im Hochsommer nur für wenige Wochen erwachsene Tiere beiderlei Geschlechts angetroffen werden. Umstritten ist das Problem diplochroner Arten, das heißt solcher mit zwei Reifezeiten im Jahr. Viele dieser Arten (zum Beispiel die

Baldachinspinnen *Dicymbium nigrum* und *Lepthyphantes cristatus*) dürften eine ausgedehnte Reifezeit haben, die aber von einer zeitweiligen Phase der Inaktivität im Sommer oder im Winter unterbrochen wird. Dementsprechend sind die Reifezeiten Frühjahr und Herbst oder Herbst und Frühjahr, wobei in den jeweiligen Zwischenzeiten gelegentlich ebenfalls erwachsene Tiere gefunden werden können.

Aus diesen Erkenntnissen lassen sich interessante Rückschlüsse auf die Entwicklungszeit und das vermutliche Alter der einzelnen Spinnenarten ziehen. So ist unsere Gartenkreuzspinne *Araneus diadematus* etwa im August reif. Die Paarungszeit zieht sich in den September hinein, und die Männchen sterben danach. Im Körper der Weibchen entwickeln sich die Eier, die im September/Oktober abgelegt werden. Danach sterben auch die Weibchen, während in großer Menge Jungtiere schlüpfen.

Zur Zeit des Altweibersommers bis weit in den Herbst hinein verbreiten sich die

Selbst in tiefen Erdspalten leben Spinnen – Netz einer Zwergspinne.

Jungen durch den Flug am Fadenfloß. Sie suchen dann geschützte Orte auf, um zu überwintern. Das kommende Frühjahr sieht allerdings nur einen geringen Prozentsatz der ehemals geschlüpften Tiere. Die meisten fielen Kälte, Nässe, Vögeln und anderen Feinden zum Opfer. Im Hochsommer und Herbst ist dann wieder Fortpflanzungszeit…

Wir sehen, daß eine Gartenkreuzspinne etwa ein Jahr alt wird, und das dürfte das normale Lebensalter für die meisten einheimischen Spinnen sein. Auch können wir feststellen, daß der Entwicklungszyklus der Gartenkreuzspinne, das Auftreten von Jungen und erwachsenen Tieren, recht gut übereinstimmt mit dem jeweiligen Angebot an Insekten, die als Nahrung benötigt werden.

Wer nun glaubt, daß im Frühjahr nur Jungtiere, im Herbst nur geschlechtsreife Spinnen auftreten, der irrt. Im selben Lebensraum, mit der Gartenkreuzspinne gemeinsam, lebt eine nahe verwandte Art, *Agalenatea redii,* deren Paarungszeit im April/Mai liegt. Der Lebenszyklus ist etwa derselbe wie bei der Gartenkreuzspinne, nur um ein halbes Jahr zeitlich verschoben.

Komplizierter scheint das Problem bei eurychronen Spinnen, etwa der Schilfsackspinne *Clubiona phragmitis,* von der während des gesamten Jahres Jungtiere und Erwachsene im selben engen Lebensraum – am Schilfstengel – zu finden sind. Nun geht es an einem solchen Schilfhalm nicht etwa paradiesisch zu, derart, daß die großen Spinnen nur große Insekten fressen und damit den kleinen die kleineren überlassen. Vielmehr sind die ärgsten Spinnenfeinde Spinnen. Die große Sackspinne frißt alles, was sie überwältigen kann, auch kleine Artgenossen.

Aber wie so vieles in der Natur scheint uns auch die Lebensweise der *Clubiona* sehr „sinnvoll und zweckmäßig" zu sein. Die Jungspinnen finden Unterschlupf und eine Vielzahl winziger Insekten als Nahrung am Grund der Schilfhalme. Außerdem ist dort die Luftfeuchtigkeit höher, was den empfindlichen Spinnen sehr zugute kommt. Mit zunehmendem Lebensalter rücken die Tiere nach oben, denn dort auf den Schilfblättern finden sie Blattläuse, die

Vorzugsnahrung der größeren Schilfsackspinnen. Im Verlaufe der Evolution wurden also Konkurrenz und Feindschaft auf ein Minimum reduziert, indem Jungtiere und erwachsene Spinnen verschiedene Vorzugsbereiche innerhalb ihres gemeinsamen Lebensraumes nutzen.

Sehr zahlreich sind die Beispiele anderer Spinnenarten, die sich in diesem Zusammenhang nennen ließen. Und immer wieder können wir feststellen: Die zeitliche und räumliche Trennung der Spinnenarten, aber auch der verschiedenen Entwicklungsstadien einer Art vermindern Konkurrenz um Nahrung und Wohnraum ebenso wie gegenseitiges Gefressenwerden.

Der Wissenschaftler spricht von einer ökologischen Nische, einem im wesentlichen durch Wohnraum, Nahrungsangebot, Tages- und Jahreszeit eng begrenzten Platz im Naturhaushalt, den jede Spinne – und jedes andere Lebewesen – für sich beansprucht.

Die ökologischen Nischen sind sehr vielgestaltig und in komplizierter Weise miteinander verschachtelt. Dies wiederum bedingt, daß alle Organismenarten nebeneinander existieren können – und daß wir zu jeder Jahreszeit in fast allen terrestrischen Lebensräumen Spinnen finden.

Spinnen um uns

Durch eine Vielzahl ökologischer Untersuchungen haben Wissenschaftler festgestellt, daß auf $1\,m^2$ Wiese etwa 130 Spinnen leben. Das sind 1,3 Millionen auf jedem Hektar! Anders ausgedrückt: Auf einer 100×100 m großen Wiese lauern ungefähr 2,6 Millionen Giftklauen!

Für uns viel wichtiger ist die ökologische Bedeutung dieser riesigen Spinnenschar. Wie viele Insekten fressen sie? Können Spinnen gegen Schädlinge eingesetzt werden?

Die Nahrungsmenge einer Spinne hängt von vielen, sich ständig ändernden Faktoren ab, so vom Futterangebot, von der Größe der Spinne, ihrer Fangtechnik usw. Unter Einbeziehung aller Spinnen, sowohl winziger Zwergspinnen als auch recht großer Wolfsspinnen, wurde ein Mittelwert berechnet, nach dem 0,1 g Beute pro Tag und Spinne verbraucht werden. Das sieht sehr wenig aus, auf einen Hektar Wiese bezogen sind das aber 47 450 kg Insekten, die jedes Jahr den Spinnen zum Opfer fallen.

Bevor wir daraufhin die Spinnen als ideal für die biologische Schädlingsbekämpfung ansehen, sollten wir uns erst einmal Klarheit verschaffen darüber, daß „Schädlinge" eigentlich ein Werk des Menschen sind, sowohl was den Begriff als auch die Tiere selbst betrifft.

Zahlreiche Insekten sind Futterspezialisten, die sich nur von einer oder ganz wenigen nahe verwandten Pflanzenarten ernähren. Wenn nun der Mensch solche Pflanzen als Nutzpflanzen kultiviert, kann das davon lebende Insekt zum Schädling werden.

Die Raupen des bekannten Kohlweißlings sind spezialisiert auf einige Kreuzblütengewächse, zu denen auch Kohl und Kohlrabi gehören. Ein Kohlfeld ist also die beste Nahrungsgrundlage für die Raupen und führt zur Massenvermehrung des Kohlweißlings, wodurch uns Menschen große Ernteverluste entstehen können.

Kurz, der Mensch baut die Nahrungspflanzen bestimmter Tiere in großen Reinkulturen an, und wenn die Tiere dieses Angebot voll ausnutzen, werden sie vom Menschen als Schädlinge erkannt.

Spinnen dagegen „kennen" keine Schädlinge. Auch ist es falsch anzunehmen, daß sie wahllos alle Insekten überwältigen und fressen. Einmal gibt es Spezialisten wie Krabbenspinnen, die sich von Wespen und Bienen ernähren, oder Kugelspinnen, von denen manche ausschließlich Ameisen fangen. Zum anderen unterscheiden die meisten Spinnen zumindest zwischen großen und kleinen bzw. harmlosen und gefährlichen Insekten.

Trotzdem, ein großes Kreuzspinnennetz ist eine gefährliche Falle für die meisten fliegenden Insekten. Aber sehr große und schnelle Tiere zerstören das Netz, viele Schmetterlinge und Käfer werden nur für einen kurzen Moment festgehalten, einige Insekten können dem Netz ausweichen

oder sich selbst befreien, vor Wespen reißt die Spinne gewöhnlich aus. All diese Tiere werden deshalb nur selten Beute einer Kreuzspinne.

Übrig bleiben zarte Insekten mit relativ großen Flügeln und langen Beinen, also Blattläuse und die verschiedenen Mücken und Fliegen. Tatsächlich können sich im Lauf eines Tages in einem Kreuzspinnennetz an die 300 Blattläuse fangen, die in der folgenden Nacht von der Spinne gefressen werden. Aber fast ebenso häufig fangen sich Florfliegen, die zu den wichtigsten natürlichen Feinden der Blattläuse gehören.

Auch müssen wir bedenken, daß fliegende Blattläuse oft bereits das Ergebnis einer Massenvermehrung sind. Die Kreuzspinnen und ihre Netze behindern zwar die weitere Ausbreitung dieser Tiere, der Schädlingsbefall an unseren Kulturpflanzen aber hat schon Tage oder Wochen vorher seinen Höhepunkt erreicht.

Viele diesbezügliche Versuche mit anderen Spinnen (Clubionidae, Salticidae) wichen im Ergebnis nicht wesentlich von unserem Kreuzspinnenbeispiel ab. Die Wissenschaftler sind sich einig, daß Spinnen unter Umständen große Mengen schädlicher Insekten vernichten können, eine gezielte Schädlingsbekämpfung mit diesen Tieren aber unmöglich oder zumindest unökonomisch ist.

Wesentlich einfacher und auf lange Sicht wirksamer ist die Erhaltung von Flächen mit einer Vielzahl von Lebensräumen für Spinnen und andere Tiere. Das können ein „verunkrauteter" Feldrain, eine Hecke, ein Tümpel oder ein großes Naturschutzgebiet sein. In einem solchen Refugium findet eine große Anzahl verschiedenster Tierarten optimale Lebens- und Vermehrungsbedingungen. Von hier aus wandern sie in die umliegenden Kulturflächen, die potentiellen Schädlinge zusammen mit ihren natürlichen Feinden – zum Beispiel den Spinnen.

Eine ganze Reihe von Spinnenarten lebt ständig in und an Häusern, dringt in Wohnungen ein, und nur im Sommer findet man einige von ihnen auch abseits von Gebäuden. Wissenschaftler sprechen von synanthropen Spinnen, was besagt, daß diese Tiere mit dem Menschen zusammen leben.

Die meisten „Hausspinnen" sind ursprünglich wärmeliebende Fels- und Geröllbewohner, die in südlicheren Breiten entsprechende Lebensräume im Freiland besiedeln. Andere suchen im Herbst Häuser als Winterquartiere auf, und einige können sich auch in Wohnungen erfolgreich vermehren.

Trotz einiger Unannehmlichkeiten, die uns diese Tiere bereiten können, sollte man ihnen nicht den Kampf ansagen – wir würden diesen Kampf auf die Dauer sowieso nicht gewinnen. Vielmehr sollten wir beim gelegentlichen Entfernen der Spinnweben im Zimmer einmal nach deren Erzeugern suchen.

Ohne großen Aufwand lassen sich nämlich Beobachtungen über die Lebensweise unserer Hausspinnen anstellen, zum Beispiel über das interessante Beutefangverhalten der allgegenwärtigen Fettspinne

Steatoda bipunctata oder einer Winkelspinne der Gattung *Tegenaria*. Die Brutpflege der eigentümlichen Zitterspinnen ist in einem nicht zu kalten Keller, oft sogar in Wohnräumen am besten zu beobachten. Das Netz der Sektorenspinne *Zygiella x-notata* finden wir regelmäßig am Fensterrahmen, der oftmals auch Lebensraum der Trichternetzspinne *Textrix denticulata* und von Springspinnen der Gattungen Salticus und Sitticus ist. Etwas schwieriger zu beobachten sind die nächtlich aktive Speispinne *Scytodes thoracica* und die winzigen Zwergsechsaugenspinnen der Gattung *Oonops*.

Ich kenne Menschen, die durch solche Hinweise Interesse an den Spinnen gefunden haben und diese Tiere nun „mit ganz anderen Augen sehen". Schnell wächst der Wunsch, weitere Spinnenarten in freier Natur kennenzulernen. Dazu bedarf es keiner gut ausgerüsteten Expedition, sondern nur des Vorsatzes, während des nächsten Spazierganges einmal auf kleinere Tiere zu achten. Wer dies zum ersten-

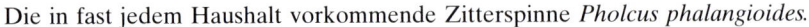

Die in fast jedem Haushalt vorkommende Zitterspinne *Pholcus phalangioides*.

Nicht zu verwechseln: Männchen der Röhrenspinne *Eresus niger.*

mal tut, wird erstaunt sein, welche Vielfalt tierischen Lebens ihm bisher verborgen blieb.

Um einzelne Spinnenarten zu untersuchen und bestimmte Lebensvorgänge gezielt zu beobachten, muß man zunächst in Erfahrung bringen, wo und wann die gewünschten Tiere zu finden sind. Und dann sind Ruhe und Geduld die besten Hilfsmittel. Wie bei allen Beobachtungen an lebenden Tieren müssen wir schnelle Bewegungen vermeiden, denn Spinnen reagieren sehr empfindlich auf Erschütterungen, Luftzug und plötzlich auftauchende oder verschwindende Schatten.

Beobachtungen über längere Zeit lassen sich ohne größere Mühe im Terrarium durchführen. Hierbei gelten alle Hinweise,

die zur Terrarienpflege anderer Tiere gegeben werden. Unbedingt zu beachten ist, daß es heute verboten ist, „wildlebende Tiere … ohne vernünftigen Grund zu fangen, zu verletzen oder zu töten". Für das Fangen und Halten im Terrarium könnten Forschung und Lehre (d. h., falls man seine dadurch erworbene Erfahrung weitergibt bzw. anderen Gelegenheit zur Beobachtung gewährt) ein „vernünftiger Grund" sein – solange man mit den Lebewesen schonend und artgerecht umgeht; doch wird man heute jederzeit damit rechnen müssen, daß man sein Handeln zu rechtfertigen hat, z. B. gegenüber einer Behörde. Ein wesentlicher Vorteil der Haltung von Spinnen im Terrarium besteht darin, daß die meisten nur kleine Behälter benötigen. Sehr gut eignen sich durchsichtige Plastikdosen, die man mit kleinen Löchern versieht. Der Deckel kann durch eine mit Klebeband befestigte Glasscheibe ersetzt werden.

Es ist immer günstig, einige kleinere Terrarien fertig eingerichtet zu haben, bevor die Spinnen gefangen werden. Wir können während dieser Zeit die Feuchtigkeitsverhältnisse regulieren und für ausreichende Lüftung sorgen. In einem optimal eingerichteten Terrarium gibt es weder Zugluft noch sichtbare Schimmelbildung oder Schwitzwasser.

Als verantwortungsbewußte Naturfreunde fangen wir niemals mehr Tiere, als wir unterbringen und jederzeit mit lebenden Insekten versorgen können. Transportiert werden Spinnen einzeln in geeigneten Gefäßen mit luftdurchlässigem Verschluß. In jedes Gefäß bringen wir ein frisches grünes Blatt, das die Luftfeuchtigkeit reguliert und der Spinne zum Festhalten dient.

In der Regel muß man Spinnen einzeln halten, da es in der Enge des Behälters oft zum Kannibalismus kommt. Nur in größeren Terrarien mit vielen Versteckmöglichkeiten können mehrere gleichgroße Tiere einer Art gepflegt werden.

Immer beliebter wird die Pflege tropischer Spinnen. Mit Recht, denn die oft großen und attraktiven Tiere vertragen die Bedingungen eines Terrariums in der geheizten Wohnung wesentlich besser als einheimische Spinnen.

Bei allem Interesse und aller Tierliebe muß der Pfleger tropischer Spinnen größte Umsicht walten lassen, denn einige Arten können dem Menschen gefährlich werden. Auf jeden Fall muß man die Tiere so unterbringen, daß sie nicht entweichen können und Unbefugten kein Zugang möglich ist. Außerdem ist es ratsam, seine Pfleglinge einem Fachmann vorzustellen, der weitere Auskünfte geben kann. Die Informationen in dem vorliegenden Buch – das nicht zur Bestimmung von Spinnenarten geeignet ist – reichen nicht aus, um „irgendwelche" Spinnen ohne fachmännische Hilfe oder eigene Kenntnis zu halten.

Es hat auch Versuche gegeben, Spinnen „aufzuspießen" und in Insektenkästen aufzubewahren. Die Freude währt aber nur so lange, bis das Tier verfault und vollkommen zusammengeschrumpft ist. Auch in wissenschaftlichen Sammlungen werden Spinnen nicht wie Schmetterlinge oder Käfer genadelt, sondern man legt die Tiere in hochprozentigen Alkohol (in Apotheken erwerben, Warnhinweise und Gebrauchsanweisungen beachten) und versieht das Gläschen mit einem Zettel, der alle wichtigen Daten für das betreffende Tier enthält. Auf diese Weise konservierte Spinnen halten sich über viele Jahrzehnte und sind jederzeit für wissenschaftliche Untersuchungen verwendbar.

Die wissenschaftliche Bearbeitung einer Spinnensammlung erfordert sehr viel Erfahrung, schwer zu beschaffende Spezialliteratur und optische Hilfsmittel. Der interessierte Naturfreund sollte sich deshalb immer zunächst an einen Fachmann wenden, bevor er beginnt, Spinnen zu sammeln. Auf keinen Fall dürfen Töten und Sammeln zum Selbstzweck betrieben werden.

In vieler Hinsicht günstiger ist das Fotografieren von Spinnen. Die dabei aufzuwendende Mühe zahlt sich aus in Form gelungener Fotos und Farbdias, mit denen man auch jenen Menschen eine Freude machen kann, denen ein im Alkohol konserviertes Tier nichts sagt. Die Fotografie ist bestens geeignet, Interesse an den Spinnen zu wecken, an Vertretern jener Tiergruppe, die in diesem Buch vorgestellt wurde.

Spinnen sind ganz anders, wurde eingangs gesagt; Grund genug, diesen Tieren mehr Aufmerksamkeit zu schenken, ihre Biologie zu erforschen und sie als Bestandteil der Natur zu erhalten – deren Teil wir selber sind.

Spinnen kennenlernen

Wie man Spinnenkenner wird

Die verschiedenen Spinnenarten in der Natur zu erkennen und sogar mit Namen zu nennen, das ist sehr schwierig, aber auch wieder nicht so schwer, wie Sie vielleicht vermuten. Keinem noch so versierten Fachmann ist es möglich, alle Spinnen Mitteleuropas, geschweige denn der Welt, Art für Art und ohne Hilfsmittel sicher zu erkennen. Die Erfahrung bringt es allerdings mit sich, daß die meisten „Arachnologen" – wie die Spinnenkenner sich nennen – auf Anhieb sagen können, zu welcher Spinnenfamilie ein Tier gehört. In einzelnen Fällen kann die Zuordnung zu einer Gattung, mitunter sogar einer Art erfolgen. In einer letzten Stufe schlägt dann auch der Fachmann in einem der ihm bekannten Bücher nach, um letztlich das fragliche Spinnentier zweifelsfrei zu bestimmen. Die grundlegende Fähigkeit aber, „einen Blick" für Spinnen zu haben, kann man erlernen und trainieren – und hat er erst diese Stufe erreicht, fällt es auch dem geübten Hobbybiologen nicht schwer, in einem Fachbuch gezielt nach weiteren Informationen zu suchen. So wächst die fachliche Kenntnis mit der Erfahrung.

Als ich mich schon bald fünfzehn Jahre lang intensiv mit den Spinnen beschäftigt hatte, -zigtausend dieser Tiere untersucht, bereits mehrere wissenschaftliche Publikationen veröffentlicht hatte, war es mir noch nie gelungen, eine Zwerg-Sechsaugenspinne zu Gesicht zu bekommen. Doch eines Morgens bewegte sich ein orangefarbiges Pünktchen an der Tapete, und ich wußte sofort, das war eine Zwergsechsaugenspinne. Diese Farbe, dieses Art, sich zu bewegen, diese Winzigkeit, das konnte kein anderes Tier sein. Durch das Mikroskop sah ich dann – es war ein Männchen der Zwergsechsaugenspinne *Oonops pulcher*. Ganz ähnlich erging es mir mit der Speispinne *Scytodes thoracica*. So manche Nacht habe ich Keller und Badezimmer abgesucht, mich später auf die Zimmerdecke konzentriert, da *Scytodes* dort entlanglaufen soll. Während vieler Jahre konnte ich auf diese Art und Weise ungezählte Kugel- und Baldachinspinnen fangen. Und irgendwann lief am Bücherregal eine Spinne – eine *Scytodes,* das sah ich auf den ersten Blick. Von nun an konnte ich auch diese recht seltene Spinne öfter beobachten, hatte ich „einen Blick" für unsere einheimische Speispinne.

Auf Exkursionen, vor allem, wenn Spinnenspezialisten unter sich sind, hört man oft solche oder ähnliche Sätze: „Da läuft ein *Zelotes*.", „Wieso?", „Den erkennt man doch am „Gnaphosiden-Schritt'." – „Das kann keine *Linyphia* sein, so hangelt nur *Neriene*." – „Du hast noch nie ein *Hyptiotes*-Männchen gesehen? Hier sitzt eines, dort auch. Die sehen genauso aus wie Fichtenknospen, nur eben etwas mehr nach *Hyptiotes*."… Erst mit Lupe oder Mikroskop wird sich bestätigen lassen, daß die Fachleute ihr Blick nicht trügt.

Spinnen kennenlernen können auch Sie, und zwar auf zwei verschiedenen Wegen: Zum einen können Sie das Tier fangen und töten (was allerdings nach der heutigen Gesetzeslage nur möglich ist, wenn Sie „vernünftige Gründe" haben, z. B. zu Forschungszwecken), es dann präparieren, unter dem Mikroskop die Stellung der Augen und die Länge bestimmter Borsten ergründen, mit Abbildungen und Beschreibungen in Fachbüchern vergleichen – und sich dann womöglich von einem Fachmann sagen lassen, daß der apikale Fortsatz der Medianapophyse am Bulbus des Tasters „Ihres Tieres" ganz anders gebogen ist als bei der Art, die gefunden zu haben Sie glauben. Oder – die zweite Möglichkeit – Sie erweitern Ihr Wissen über Spinnen auf einfachere Art: Sie finden in der Natur z. B. ein kleines Radnetz, in dessen Zentrum Sie eine hellgrüne Spinne entdecken, staunen über die auffallend orangefarbenen Spinnwarzen des Tieres und freuen sich darüber, eine lebende Kürbis-

Herbstspinne der Gattung *Meta*.

Zebraspinne oder Wespenspinne, *Argiope bruennichi*.

Männchen der Streckerspinne *Tetragnatha extensa.*

kreuzspinne beobachten zu können – unabhängig davon, ob es sich um *Araniella cucurbitina* oder *Araniella opisthographa* handelt.

Jeder, der Spinnenarten bestimmen will, weiß von den Schwierigkeiten bei der Benutzung der üblichen Bestimmungsschlüssel für Spinnenfamilien. Erfahrene Spinnenkenner überspringen deshalb den Anfang solcher Schlüssel und beginnen ihre Arbeit gleich bei den Kategorien Familie oder Gattung. Aus eigener Erfahrung weiß ich aber auch, wie schwer es ist, einen allgemeingültigen Schlüssel, der der

Hierarchie Ordnung – Familie – Gattung – Art folgt, zu erstellen. Immer wieder muß da auf Ausnahmen hingewiesen werden.

So lassen sich fast alle Baldachinspinnen auf Grund ihrer Beinbestachelung deutlich von fast allen Kugelspinnen abgrenzen – aber eben nur fast alle von fast allen. Dann werden Merkmale im Bereich der Begattungsorgane herangezogen, wonach sich die Männchen beider Familien sicher unterscheiden lassen. Weibchen vieler Kugelspinnen dagegen könnten allein nach ihren Geschlechtsorganen auch Kreuzspinnen sein. Hier hilft oftmals nur das

137

„Gespür" dafür, daß dieses Tier eine Kreuzspinne, eine Kugelspinne oder eine Baldachinspinne sein muß (oder sein könnte).

Mir ist sehr gut bekannt, welche Merkmale der Tiere von Fachleuten immer wieder beachtet werden, um eine Spinnenart „auf den ersten Blick" dieser oder jener Familie zuzuordnen. Bei Vorträgen und Seminaren konnte ich auch in Erfahrung bringen, wie eine Spinne – und gegebenenfalls ihr Netz – von Laien wahrgenommen wird. Dabei erscheint es nicht so wichtig zu sein, welches Merkmal zuerst zu suchen ist sondern vielmehr was der Nichtfachmann wie sieht. Und das sind bei einer Kreuzspinne nun einmal das Fangnetz, die Zeichnung des Hinterleibes und erst dann dessen Form. Danach folgen Beobachtungen über das Verhalten der Spinne – und die Feststellung, es müßte sich um eine Kreuzspinne handeln. Ein gängiger Bestimmungsschlüssel dagegen würde zunächst nach der Form der Cheliceren, der Augenzahl und -stellung, der Anzahl der Krallen an den Beinen, der Ausbildung des Spinnapparates, der Stellung bestimmter Sinneshaare und Borsten fragen.

Im folgenden möchte ich Ihnen deshalb einige Spinnen vorstellen, die Sie auf einem Spaziergang häufiger entdecken werden und auch leicht beobachten können. Wenn Sie dann einige Merkmale beachten, die auch der weniger versierte Naturfreund schnell finden kann, werden Sie viele einheimische Spinnenarten kennenlernen - und zwar als lebende Tiere in ihrem Lebensraum, nicht als Präparat.

Spinnen kann man zu jeder Jahreszeit und fast überall finden. Abgesehen davon empfehle ich Ihnen, Ihre Entdeckungsreise an einem schönen Frühlingstag so gegen Ende Mai oder zur Zeit des Altweibersommers im Frühherbst zu beginnen. Frühmorgens fällt dann oftmals Tau, und die Millionen Wassertröpfchen lassen jeden Spinnenfaden wie eine Perlenschnur glitzern. Zunächst werden Sie wohl über die ungeheure Menge von Spinnenseide in der Natur staunen. Und recht schnell lernen Sie, die Netztypen verschiedener Spinnenarten zu unterscheiden.

Mit auffallenden Spinnennetzen soll deshalb die folgende Bestimmungshilfe auch beginnen. Neben Radnetzen und Netzdecken lernen wir auch unregelmäßige Gespinste und Kinderstuben mit ihren Bewohnern kennen. Danach folgen Spinnenarten, die dem aufmerksamen Naturfreund wohl auffallen, bei denen er aber nur äußerst selten, wenn überhaupt, Spinnenfäden entdecken wird.

Vergleichen Sie dabei die im Text genannten Kennzeichen mit dem Tier, das Sie kennenlernen wollen. Wenn wirklich alle beschriebenen Merkmale zutreffen, können Sie mit ziemlicher Sicherheit sagen, die im Anschluß namentlich genannte Spinne oder Spinnengruppe vor sich zu haben.

Radförmige Netze

• Die Nabe des Radnetzes ist offen, nicht mit Fäden übersponnen. Die Spinnen strecken bei Beunruhigung die Beine nach vorn und hinten. Ist der Spinnenkörper länglich, mehr oder weniger stabförmig, handelt es sich um **Streckerspinnen** *Tetragnatha*. Einen eher gedrungenen Körper mit etwa dreieckigem Hinterleib haben **Herbstspinnen** *Meta*. Streckerspinnen sind besonders häufig in der Nähe von Gewässern zu finden, Herbstspinnen überall in dichter Vegetation, vor allem im Herbst.

• Die Nabe des Radnetzes ist zugesponnen. Es handelt sich dabei um ein leuchtend weißes Gespinst, das als Band (oftmals in Zick-Zack-Form) bis zum Rand des Netzes verlaufen kann. Das Netz ist relativ klein und frei zwischen Zweigen – meist von Fichten – aufgehängt. Die kleine, dunkel gefärbte Spinne versetzt bei Beunruhigung sich selbst und das Netz in kreisförmige Schwingung: **Kreiselspinne** *Cyclosa*. Findet sich das Netz in offenem Gelände, niedrig zwischen Gräsern, handelt es sich um die **Wespenspinne** *Argiope*. Männchen und Jungtiere sind sehr klein und silbrig glänzend. Ab August finden wir erwachsene Weibchen, sehr große Spinnen mit (wie bei einer Wespe) gelb-schwarz gestreiftem Hinterleib.

• Die Radnetze haben ebenfalls eine übersponnene Nabe, aber ohne auffallende weiße Gespinste. Viele der Spinnen hängen tagsüber in ihrem Netz. Die Merkmale lassen auf Kreuzspinnen schließen; vier besonders häufige und leicht zu erkennende Formen wollen wir näher kennzeichnen:

① Eine dieser Kreuzspinnen versetzt bei Störung sich und das Netz in Schwingung. Der Hinterleib ist „wappenförmig" – im vorderen Drittel am breitesten, nach hinten schmaler – und oberseits mit einem deutlichen Kreuz aus weißen Flecken. Färbung ansonsten sehr variabel von hellgelb über rotbraun bis schwarz. Im Frühherbst ist die Spinne häufig an Waldrändern und in Gärten zu finden: **Gartenkreuzspinne** *Araneus diadematus.*

② Eine andere Art klettert bei Störungen zu einem Schlupfwinkel außerhalb des Netzes. Der Hinterleib ist nahezu kreisrund, Färbung sehr variabel, aber immer mit vier großen weißen Flecken auf dem Rücken. Im Sommer und Frühherbst häufig an Waldrändern und auf Wiesen, oft in Gewässernähe: **Vierpunktkreuzspinne** *Araneus quadratus.*

③ Der Hinterleib der Spinne ist länglich oval, auf dem Rücken mit einer Zeichnung ähnlich einem Eichenblatt aus weißen Flecken. Färbung sonst variabel. Die Radnetze dieser Art sind immer auffallend regelmäßig gewebt. Häufig vor allem in den Mittelgebirgen an Gräsern und Sträuchern: **Eichenblattkreuzspinne** *Aculepeira ceropegia.*

④ Vor allem an Zweigen zwischen Blättern und Nadeln an der Außenseite von Bäumen finden wir kleine, sehr regelmäßige Radnetze. Seltener sind die handtellergroßen Netzes auch an Gräsern und Kräutern. Die Spinne fällt durch allgemein hellgrüne Färbung auf. Die Umgebung der Spinnwarzen und oft auch der Vorderkörper sind leuchtend orange. Sehr häufig im Sommer: **Kürbiskreuzspinnen** *Araniella.*

• Wird die Spinne fast ständig außerhalb des Radnetzes in einem Schlupfwinkel angetroffen, handelt es sich meist um die **Schilfkreuzspinne** *Larinioides cornutus.* Die Spinnen haben einen länglich-ovalen Hinterleib mit hellbrauner Zeichnung. Oft sitzen Männchen und Weibchen gemeinsam im Schlupfwinkel. Die Art wird ganzjährig sehr häufig an Gräsern, vor allem in Gewässernähe angetroffen.

• Häufig werden Sie sauber gewebte Radnetze finden, in denen sich nur nachts eine Spinne aufhält. Solche Netze, die oft eines am anderen in unmittelbarer Nähe von Gewässern, an Brückengeländern, Straßenlampen aufgehängt sind, gehören zu der großen und dunkel gefärbten **Brückenkreuzspinne** *Larinioides sclopetarius.* Während der warmen Jahreszeit findet man Tiere unterschiedlichen Alters immer in großer Zahl zusammen.

• Finden Sie Netze an altem Holz, an Schuppen und Bäumen mit vielen Spalten, handelt es sich meist um die **Spaltenkreuzspinne** *Chinestela umbratica.* Die Spinne ist sehr dunkel, mitunter schwarz, gefärbt und hat einen breiten, extrem flachen Hinterleib. Tiere unterschiedlichen Alters finden sich ganzjährig in sehr engen Holzspalten oder unter loser Baumrinde.

• Einer der oberen Sektoren des Radnetzes ist frei von Fangfäden. In diesem Teil des Netzes führt ein Signalfaden zum Schlupfwinkel der Spinne. Die Tiere sind zierlich, mit relativ langen Beinen, samtig behaart und meist von gelblicher Farbe. Oft befinden sich Weibchen und Männchen zusammen in einer Gespinstwohnung. Im Sommer häufig an alten Bäumen, Dächern und Fensterrahmen: **Sektorenspinnen** *Zygiella.*

Deckennetze und Gespinströhren

Netze mit einer dichtgewebten, waagerechten Decke gibt es mit oder ohne separaten Schlupfwinkel.

• Gespinstdecke ist etwa dreieckig, eine Ecke in einen röhrenförmigen Schlupfwinkel übergehend. Liegt der Eingang zur Spinnenwohnung oberhalb der Decke, und die Spinne läuft auf dem Netz entlang, handelt es sich um Trichternetzspinnen (Agelenidae). Die Spinne erscheint durch Zeichnung auf dem Hinterleib bunt. Ihre Spinnwarzen sind sehr lang und von oben zu sehen. Netze in dichter Vegetation, selten unter Steinen: **Labyrinthspinnen** *Agelena.* Andere Arten sind hell grau-

Charakteristische Rückenzeichnung der Gartenkreuzspinne.

Vierpunktkreuzspinne mit typischer Rückenzeichnung.

Kürbiskreuzspinne der Gattung *Araniella* in ihrem Nctz.

Baldachinspinne *Linyphia* mit Beute.

braun und auffallend langbeinig (eine Art mit rostrotem Mittelstreifen auf dem Hinterleib). Ihre Spinnwarzen sind von oben nicht zu sehen. Hier haben wir mit Sicherheit eine **Winkelspinne** *Tegenaria* vor uns. Die Netze hängen meist an altem Holz, an Mauern sowie unter Steinen. Ihre Wohnröhre verbergen Winkelspinnen fast immer in Spalten und Löchern.

• Der Schlupfwinkel liegt unterhalb der Netzdecke. Und auch die Spinne hangelt an der Unterseite des Netzes. Es sind zierliche, langbeinige und dunkelbraun gefärbte Tiere. Das Netz wird meist an schattigen Stellen von Baumstämmen, Holzstapeln sowie in Häusern angelegt: eine **Baldachinspinne** der Gattung *Neriene.*

• An der Gespinstdecke finden wir keinen Schlupfwinkel. Sie ist frei in einem größeren Gespinst aufgehängt. Die Spinnen sind sehr unterschiedlich groß, aber immer zierlich und langbeinig. Stets hangeln sie unter der Netzdecke entlang. Sehr viele verschiedene Arten: **Baldachinspinnen** *Linyphia, Lepthyphantes* und andere.

• Mitunter finden Sie Gespinste ohne Netzdecke frei zwischen Bäumen und Ästen gespannt. Ein solches Netz kann flach dreieckig sein und in der Form – manchmal auch in der Größe – an einen Tennisschläger erinnern. Mit einer Lupe entdecken Sie Kräuselfangfäden und – am Stiel des „Tennisschlägers" – die **Dreiecksspinne** *Hyptiotes paradoxus.* Die Art ist häufig in Fichtenwäldern, wegen der Feinheit des Netzes aber sehr schwer zu finden.

• Unregelmäßige Gespinste, mit langen Haltefäden zwischen Bäumen hängend, gehören meist zur **Mondspinne** *Achaearanea lunata.* Im Zentrum des Netzes hängt ein mit Nadeln, Blättern und/oder Rindenstücken getarnter Schlupfwinkel, in dem die Spinne zu finden ist. Sie läßt sich bei geringster Störung aus dem Netz fallen. Der Hinterleib dieser Kugelspinne ist wesentlich höher als breit und oft auffallend bunt gemustert in den Farben Schwarz, Braun, Rot, Gelb und Weiß.

• In den Winkeln von Astgabeln, Blattachseln, Zaunlatten, Mauern usw. finden

Sie im Sommer sehr häufig kleine, unregelmäßige Gespinste. Auch die dort lebenden Spinnen sind zierlich, klein, kugelförmig (senfkorn- bis pfefferkorngroß) und oft sehr schön bunt gemustert. Es handelt sich um **Kugelspinnen** *Theridion* und andere. Ebenfalls zur Familie der Kugelspinnen gehört ein am ganzen Körper auffällig glänzendes Tier, dunkelbraun mit heller Zeichnung. In trockenen Kellern und Holzschuppen, unter loser Rinde, Steinen sowie in Mäuselöchern lebt die stellenweise sehr häufige **Fettspinne (*Steatoda bipunctata*).**

• Gespinste mit auffälligen weißen Fangfäden, an denen man mit einer Lupe die Kräuselwatte erkennt, gehören den **Kräuselspinnen.** Die Netze finden Sie im Sommer häufig in den Blattachseln oder oben auf der Blattspreite größerer Pflanzen. Die Spinnen sind klein, gedrungen, kurzbeinig und samtig behaart. Hellbraun gezeichnete Arten gehören fast durchweg zur Gattung *Dictyna.* Im Herbst finden wir eine auffällig hellgrüne Kräuselspinne der Gattung *Nigma.*

• Vor allem in Häusern gibt es sehr große, oft girlandenartig von einer Wand zur anderen reichende, unregelmäßige Gespinste. Wenig benutzte, warme Kellerräume können mit der Zeit gänzlich von Fäden durchzogen sein. Die dazugehörigen Spinnen sind recht groß aber sehr zierlich, Jungtiere mitunter durchscheinend. Typisch sind die extrem langen und dünnen Beine. Bei Beunruhigung versetzen die Tiere sich und ihr Netz in heftige Schwingungen: **Zitterspinne** *Pholcus.*

• Wohl überall gibt es röhrenförmige Gespinste in Spalten und Löchern. Ist vor der Röhrenöffnung ein Gewirr aus leuchtend weißen Fangfäden gesponnen, wohnt dort eine **Finsterspinne** *Amaurobius.* Die Tiere sind kräftig, schwarz, seidig glänzend oder gelblich grau mit dunkler Rückenzeichnung.

• Etwa bleistiftdicke Röhren ohne das weiße Gespinst liegen meist in Erdlöchern. Die Mündung ist trichterförmig und aus hellgrauem Gespinst. Die großen, kräftigen Tiere von gedrungener Gestalt sind dunkelbraun bis schwarz gefärbt. Cheliceren sehr kräftig. Im Herbst finden wir häufig Weibchen mit ihren Jungen in der Röhre: eine **Trichternetzspinne** der Gattung *Coelotes.*

• Kleinere Röhren, im Durchmesser wie eine mittlere Stricknadel, sehr gleichmäßig gewebt, in engen Felsspalten oder unter loser Baumrinde gehören der **Sechsaugenspinne *Segestria senoculata.*** Vor der Mündung finden Sie einzelne Stolperfäden in sternförmiger Anordnung (Lupe). Spinne ist sehr schlank, gelblich grau mit dunklem Zackenband auf dem Rücken. In Ruhe sind stets drei Beinpaare nach vorne, eines nach hinten gerichtet. Das Tier kann sich in der Röhre sehr schnell bewegen.

Gespinste wie Zelte

Viele dieser Gespinste sind annähernd kuppelförmig, und in den Blüten- und Fruchtdolden von Doldengewächsen, Schafgarbe oder Rainfarn sowie unter zusammengesponnenen Grashalmen und Binsenblüten angelegt. Nach unten offene Gespinstkuppeln dienen oft als Kinderstube. Handelt es sich um ein sehr lockeres Gespinst, aus dem bei (derber) Berührung sehr viele winzige Spinnen herauskommen, sich dann aber wieder im Gespinst sammeln, haben wir die Kinderstube einer **Kreuzspinne** vor uns.

• Manche Kuppel-Gespinste werden von einer schlanken, hell gefärbten Jagdspinne bewacht. Später sind schnell bewegliche Jungspinnen zu beobachten, die nach Störung selten zum Gespinst zurückkehren: Kinderstube der **Raubspinne *Pisaura mirabilis.***

• Die Kuppel findet sich, oft mit Beuteresten bestückt, sehr fest verwebt mit Blütendolden oder ähnlichen Pflanzenteilen. Die Spinne ist kugelig und meist bunt gemustert. In der Regel wird ein grünlicher Eikokon bewacht. Später läßt sich die Pflege der Jungen leicht beobachten: eine **Kugelspinne** der Gattung *Theridion.*

• Manche Kuppeln ähneln der eben genannten, sind aber oben spitz und unter einem umgeknickten Grasblatt gewebt. Die Spinne ist groß, langbeinig, meist hellgelb oder grünlich, oft mit roter Rückenzeichnung. Der Eikokon ist weiß

oder gelblich: **Eier-Kugelspinne *Enoplognatha lineata.***

• Einige Spinnen-Kinderstuben sind rundum zugesponnen. Häufig finden wir an den Fruchtständen von Binsen und Gräsern weiße und sehr feste Gespinste von Daumennagel- bis Faustgröße. Meist wird es von mehreren Spinnen mit ihren Jungen bewohnt. Die Tiere kommen nur bei grober Störung heraus: eine **Springspinne** der Gattung *Sitticus.* Zwischen zusammengewebten Grashalmen auf feuchten und warmen Wiesen – allerdings nur an wenigen Orten in Deutschland - können sie das Nest der **Dornfingerspinne *Cheiracanthium*** finden. Die Wandung des Gespinstes wird relativ locker gewebt. Einzelne Fäden reichen zu anderen Pflanzenteilen. Die Spinne ist groß, gelb mit dunklem Rückenstreifen, Cheliceren sehr lang. Vorsicht, das Tier kommt bei Gefahr „herausgeschossen" und beißt oft schmerzhaft zu.

• Zur Verwandtschaft der Dornfingerspinne gehören Arten mit nicht zu verwechselnden Kinderstuben. Diese Gespinste sind kaum sichtbar in einer Tasche aus einem auffallend „dreieckig" gefalteten Grasblatt verborgen. Zuerst wurde die Blattspitze nach unten gebogen und festgeheftet, dann wieder nach oben geknickt und als Tasche zusammengesponnen. Die Spinnen sind kräftig und mit länglichem, meist hellbraun gefärbtem Körper. In dem eigenartigen Gespinst treffen wir sie fast immer mit Eikokon: eine **Sackspinne *Clubiona.***

• Gar nicht so selten können wir kugelförmige Gespinste von Senf- bis Pfefferkorngröße, die oft an einem Faden hängen, entdecken. Ist die Gespinstkugel außen mit gelblichen oder bräunlichen Fadenschlingen belegt (Lupe) und an einen Faden an Zweigen oder in Hohlräumen unter Steinen aufgehangen, handelt es sich um den Eikokon eines **Spinnenfressers** – ***Ero,*** meist *E. furcata.* Kugelförmige Gespinste an Blättern werden meist von einer sehr kleinen Spinne bewacht. Sind diese Gespinstkugeln nicht größer als ein Senfkorn und außen mit weißen Watteflöckchen besetzt, haben Sie den Eikokon der **Kugelspinne *Theridion pallens*** vor sich.

Wohnröhre der Finsterspinne *Amaurobius* mit Kräuselfäden.

Wohnröhre der Trichternetzspinne *Coelotes*.

• Kugelförmige Gespinste, die deutlich größer als eine Erbse sind und an mehreren Fäden zwischen Pflanzen hängen, finden wir häufig im Herbst, mitunter auch im Winter. Gespinste im Durchmesser von etwa 1 cm, außen mit weißer, gelber oder brauner Watte belegt und rundum geschlossen, sind meist Eikokons verschiedener **Kreuzspinnen** der Gattung *Araneus.*

• Mitunter finden Sie Gespinste mit einem Durchmesser größer als 1 cm. Die Außenseite glänzt golden mit gelben Fadenschlingen. Oben finden wir eine Öffnung, die mit weißer oder brauner Watte verschlossen ist. Im Herbst und Winter in dichtem Gras nahe dem Erdboden: Eikokon der **Wespenspinne** *Argiope bruennichi.*

Getarnt und ohne Netz

Die folgend genannten Spinnen weben kein Fangnetz und werden in aller Regel nicht in Gespinsten angetroffen. Große Tiere, die durch ihre hellgrüne Farbe auffallen und sich sehr schnell und ruckartig bewegen. Trotzdem sind sie schwer zu finden, da sie im Gras sonniger und feuchter Wiesen und Waldränder dank ihrer Körperfärbung hervorragend getarnt sind: Weibchen der **Grasgrünen Huschspinne** *Micromata rosea.* Begegnet Ihnen eine andere Spinne, bei der nur Vorderkörper und Beine hellgrün sind, gibt es zwei Möglichkeiten. Einmal kann es das Männchen der Huschspinne sein, mit etwa gleichlangen Beinen und hellgelbem Hinterleib, der oft einen roten Mittelfleck trägt. Oder es sind die Vorderbeine deutlich länger und kräftiger als die Hinterbeine; der Hinterleib ist hellgelb oder ocker, oberseits braun. Dann handelt es sich um die sehr häufige **Krabbenspinne** *Diaea dorsata,* die an Blättern und Gräsern, im Winter unter Baumrinde zu finden ist.

• Eine ganze Anzahl von Spinnen scheinen Ameisen nachzuahmen. Die kleinen und zierlichen Tiere können wegen ihres

Eikokon eines Spinnenfressers der Gattung *Ero.* ▷

145

Aussehens und ihrer Bewegungen leicht mit Ameisen verwechselt werden. Einige Arten leben auch in der Nähe von Ameisennestern. Da sind einmal die **Ameisenspinnen** der Gattung *Micaria.* Ihr Körper ist meist schwarz mit metallischem Glanz und weißer Zeichnung auf dem Hinterleib. *Micaria*-Arten laufen bei warmem Wetter und in der prallen Sonne blitzschnell über Steine und Baumrinde. Zum anderen gibt es bei uns auch **Ameisenspringspinnen,** die vom Nichtfachmann nur schwer von Ameisen unterschieden werden können. Ihr Körper ist hell- oder dunkelbraun mit gelber oder schwarzer Zeichnung. Die Tiere sind vor allem an senkrechten Flächen – Mauern, Gartenzäune, Schilfhalme – in voller Sonne zu beobachten. Während Ameisen mit den Fühlern „winken", benutzen die Spinnen dazu meist das zweite Beinpaar. Eine Art ist stellenweise häufig, zwei weitere sehr selten.

• Hochinteressant und gar nicht einmal so schwer zu finden sind Spinnen, die sich vorwiegend an größeren Blüten aufhalten und der Blütenfarbe anpassen. Die Vorderbeine sind wesentlich länger und kräftiger als die Hinterbeine. Haben Sie ein relativ großes Tier mit dreieckigem Hinterleib entdeckt, dessen Vorderkörper in der Augenregion ebenfalls deutlich eckig ist, handelt es sich höchstwahrscheinlich um eine **Krabbenspinne** der Gattung *Thomisus.* Die Färbung ist sehr variabel, meist durchweg leuchtend gelb, seltener weißlich und oberseits rosa.

Zierliche **Krabbenspinnen** mit rundlichem Hinterleib, meist vollkommen weiß, seltener grünlich, bräunlich, rosa oder hellgelb, gehören zur Gattung *Misumena.* Diese Spinnen kommen auf blühenden Wiesen und an Waldrändern stellenweise sehr häufig vor. Auch sie können ihre Körperfärbung den Blüten, an denen sie lauern, anpassen.

Glänzend schwarz mit auffallender Zeichnung in leuchtendem Gelb oder Orange auf dem Hinterleib ist die recht seltene **Krabbenspinne** der Gattung *Synaema,* die sich ebenfalls an Blüten auf sonnigen und warmen Wiesen aufhält. Die Männchen der eben vorgestellten Krabbenspinnen sind sehr viel kleiner als ihre Weibchen und dunkler gefärbt.

Alles braune Laufspinnen?

Spinnen, die am Erdboden, auf Blättern sowie an Baumrinde umherlaufen und meist braun, selten schwarz, gefärbt sind. Bei näherem Hinschauen werden Sie verschiedene Zeichnungsmuster auf dem Spinnenkörper bemerken, wobei die Farben Braun, Ocker und Hellgrau in jedem Falle überwiegen. Viele der einheimiischen Formen können Sie auf den ersten Blick leicht unterscheiden, wenn Sie etwa die Proportionen der Körperteile vergleichen.

• Der Hinterleib, oft auch der Vorderkörper der Spinne ist etwa so breit wie lang, mitunter auch breiter. Alle Beine haben etwa die gleiche Länge und werden sternförmig nach allen Seiten ausgestreckt. Die Spinnen sind extrem flach und drücken sich in Ruhe an den Untergrund, mit dem sie farblich oftmals verschmelzen. Auf der Jagd laufen diese **Laufspinnen** der Gattung *Philodromus* scheinbar ziellos und sehr schnell umher. Ganz ähnlich aussehende Tiere mit länglichem Hinterleib gehören zur Laufspinnengattung *Tibellus.* Sind die Vorderbeine deutlich länger und kräftiger als die Hinterbeine und werden sie eng aneinandergelegt und seitlich nach vorn gerichtet, handelt es sich um **Krabbenspinnen** der Gattungen *Oxyptila* und *Xysticus.* Die Spinnen lauern – farblich meist gut getarnt – auf Beute. Viele Arten laufen „vorsichtig" zwischen Laub und Altholz am Boden.

• Der Hinterleib ist deutlich länger als breit, der Vorderkörper ebenfalls länglich. Die Spinne ist sehr groß, dunkelbraun – seltener mit olivgrünem Schimmer – und trägt auf jeder Körperseite einen auffallenden weißen oder hellgelben Streifen, der von den Augen bis zu den Spinnwarzen reicht. Das sind die sicheren Erkennungsmerkmale der **Gerandeten Listspinne *Dolomedes fimbriatus.*** Jungtiere haben auf dem Hinterleib zwei Reihen weißer Punkte. Immer in der Nähe von Gewässern in hohem Gras, oft unmittelbar an der Wasserfläche. Das Tier bewegt sich sehr schnell, kann auf der Wasseroberfläche laufen und bei Gefahr für längere Zeit untertauchen.

• Nahe verwandt mit der Listspinne ist eine große, bunt erscheinende Spinne mit länglichem Hinterleib, der hinten deutlich schmaler wird. Charakteristisch ist ein Büschel hellgelber Haare, das vorn am Körper die Augenregion wie ein Zipfel überragt. Es handelt sich um die **Raubspinne** *Pisaura mirabilis*, die sehr häufig auf den Blättern von Brennesseln und anderen hohen Pflanzen zu finden ist. Jedes Tier hat einen Stammplatz zum Sonnen und kehrt nach Störungen dorthin zurück.

• Auch die folgenden Spinnen haben einen länglichen Hinterleib. Die Hinterbeine sind nur wenig länger als der Hinterleib. Eine recht große Spinne erscheint auf den ersten Blick leuchtend orange, der Hinterleib ist walzenförmig, in der Farbe gelblich oder hellgrau. Die Tiere sind meist nachts unterwegs, tagsüber in Spalten oder unter Steinen zu finden. Bewegungen ruckartig und sehr schnell. Vorsicht, große Exemplare beißen (ohne für den Menschen gefährlich zu sein)! – **Sechsaugenspinnen** der Gattungen *Dysdera* und *Harpactea*. Auch einige Vertreter der **Plattbauch-** und **Sackspinnen** haben einen länglichen Körper. Die Tiere sind mittelgroß, hell oder dunkler braun, oft mit zopfähnlichem Muster auf dem Hinterleib. Der ganze Körper ist samtig glänzend behaart. Bei vielen Arten überragen die Spinnwarzen das Hinterende und sind auch von oben zu sehen. Die Spinnen gehen häufig nachts auf Beutefang, ansonsten sind sie in ihren mit Seide ausgekleideten Verstecken zu finden.

• Viele Spinnen lassen sich daran erkennen, daß das hintere Beinpaar doppelt so lang ist wie der Hinterleib. Laufen solche Tiere ruckartig und oft nur über kurze Strecken, drücken sie sich bei Gefahr flach an den Untergrund und sind ihre Augen in zwei Querreihen angeordnet, handelt es sich mit ziemlicher Sicherheit um verschiedene Arten aus der Verwandtschaft der **Plattbauch-, Sack-** und **Laufspinnen.**

• Andere Spinnen mit langen Hinterbeinen bewegen sich flink, aber nicht ruckar-

tig und scheinen sich ständig für ihre Umgebung zu interessieren. Bei Beunruhigung suchen sie Schutz unter Blättern und Steinen, kommen aber bald wieder hervor. Männchen winken regelmäßig mit den Vorderbeinen oder trommeln mit den Tastern auf dem Boden oder auf trockenen Blättern. Die Vorderaugen sind klein und in einer Reihe, die hinteren Augen auffallend groß und an den Ecken eines gedachten Vierecks angeordnet: Daran erkennen Sie mit Sicherheit **Wolfsspinnen** (Familie Lycosidae).

• Und dann gibt es Spinnen, die jedem Naturfreund zuerst durch ihr Verhalten auffallen. Sie sind ausgesprochene „Augentiere" – wie wir Menschen – und „neugierig". Sobald sich in ihrer näheren Umgebung etwas bewegt, wenden sie ihre Augen dorthin. Auch eine menschliche Hand wird anvisiert und – sofern sie sich nicht allzu heftig bewegt – angesprungen. Es handelt sich um kleine, oft sehr schön und bunt gefärbte Tiere mit kurzen und kräftigen Beinen. Die vorderen Augen sind auffallend groß: **Springspinnen** (Familie Salticidae).

Nicht ohne Grund stelle ich diese Tiergruppe an den Schluß des kleinen Exkurses zu den häufigsten und auffälligsten Spinnen unserer Heimat. Sind doch die Springspinnen – aus menschlicher Sicht – nicht so ganz anders wie andere Spinnen. Springspinnen sehen die Welt etwa so wie wir und verhalten sich entsprechend. Zudem sind sie recht klein, und durch ihre Neugier „richtig niedlich". Sie können mit diesen intelligenten Winzlingen persönliche Freundschaften schließen und mit ihnen spielen – so wie ich das am Anfang des Buches erwähnte.

Und jeder kann dabei vergessen, an die weitverbreitete Spinnenfurcht zu denken.

Männchen von *Diaea dorsata,* einer häufigen Krabbenspinne.

Jungtier der Raubspinne *Pisaura mirabilis.*

Alopecosa, eine „typische" Wolfsspinne.

An den Augen erkennt man Springspinnen wie die *Evarcha.*

Stichwortverzeichnis

151

152